史圈 我是达人

LISHI QUAN WO SHI DAREN

成向阳 著

山西出版传媒集团 山西教育出版社

图书在版编目（CIP）数据

历史圈·我是达人/成向阳著．—太原：山西教育出版社，2014.5
ISBN 978-7-5440-5321-1

Ⅰ．①历… Ⅱ．①成… Ⅲ．①历史人物-生平事迹-中国-古代-通俗读物 Ⅳ．①K820.2-49

中国版本图书馆CIP数据核字（2014）第060784号

历史圈·我是达人

LISHI QUAN·WO SHI DAREN

出 品 人：雷俊林
策　　划：刘晓露
责任编辑：刘晓露
复　　审：赵　峰
终　　审：刘立平
装帧设计：陈　晓
插　　图：久　月
印装监制：贾永胜

出版发行：山西出版传媒集团·山西教育出版社
（太原市水西门街馒头巷7号　电话：0351-4035711　4729801　邮编：030002）
印　　装：山西三联印刷厂

开　　本：890×1240　1/32
印　　张：9.375
字　　数：222千字
版　　次：2014年5月第1版　2014年5月山西第1次印刷
印　　数：1—5000册
书　　号：ISBN 978-7-5440-5321-1
定　　价：21.00元

如发现印装质量问题，影响阅读，请与印刷厂联系调换。电话：0351-3592438

在历史的光芒中飞行

成向阳

正如你将看到的，我是写下了这本小书的那个人。同时，也正如你的直觉，这是一本与中国历史和历史中的少数优秀个体密切相关的常识性书籍。

我的历史启蒙，起源于三十年前乡村午夜的一张木板床。我的爷爷，一个乡村戏班里唱戏的铁匠在讲述戏曲故事的过程中，向我呈现了某种历史的迷人风景，并用他生满老茧的手为我推开了一扇通向历史深处的窗子。

爷爷去世十六年之后，我开始摸着历史的肋骨自己去寻找并尝试着讲述。历史，开始安静地躺在我的面前，像我既精瘦又丰富的爷爷，在时间的暗夜里用一对嘴唇，向对面的我传播神秘。走进祖父一般深刻的历史之中，捕捉黑暗中蝙蝠一样的灵光并使自己成为一个带回历史之光的人，便是我在这本书中所做的事。

诚然，正如你所见，此书只是对历史常识的书写。但我并不羞愧自己写出了一本常识性的历史书，恰恰相反，在这样一个严重缺乏常识的时代，能够用自己的文字影响一个或几个缺乏常识的人，那简直就是一件可以称得上功德的事情。我甚至想说，如果有一天我完全放弃了自己的纯文学写作，我会选择去做一个永久性的常识写作者。但此刻，我只能承认自己是一个诗歌的学徒，一个在语言的艺术中练习飞行术的青年，而涉足历史并进行书写只是一次偶然的逸出，就像一根本来向着云端生长的白桦的枝条一不小心走进了半山腰的瀑布里。但我珍惜这完全来自于偶然的机会，就像白桦珍惜来自于瀑布的清凉。

为了让这本小书的读者能够觉得有益并好看，为了能够使我可敬的出版方实现初衷，我动用了自己关于诗学、叙事学、社会学、传播学以及音乐、绘画等几乎所有的知识储备来丰富我所述说的这一段段历史，这一个个我用嘴唇使之站立起来的人。

甚至想说，在这本小书里我呈现了某种诗意的东西，并力所能及地提供了我所认为十分珍贵的那种智慧型的幽默。

当代中国，“80后”和“90后”一代人，多是通过粗糙鄙陋的古装剧和张艺谋式的所谓史诗大片来认识历史。但具有讽刺意味的是，历史并不是银幕上的露胸装和硬挤出来的乳房。真实的历史，其实总以意想不到的方式让我们瞠目结舌。古人的居城、古人的睡床、古人的妆台、古人的发型、古人的眉毛古人的唇，其实都并非我们通过电影所想象的那个样子。

真实的历史，其实隐在博物馆里，在秦砖汉瓦上，在古书古画中，在唐诗宋词元曲明人笔记之后。翻一翻这些历史的遗迹，闻一闻历史的余味，想一想历史的道理，我们急躁而轻浮的步伐会稍显厚重一些。

作为一个当代中国人，我们其实应该沐浴在历史的光芒中并向着人类文明的云端飞翔。透过我称之为“达人”的这种在某一个或几个领域内的出类拔萃者，仰视他们曾经攀登的海拔、俯视自己灵魂卑微的高度、思考并寻找我们究竟是谁究竟去往何地，是一件重要的事。其实，也只有在对历史的亲近与浸润中，我们才会愈发对自己的民族身份、文化质地、精神梦想有更贴切的体认，才会更清楚地找到自己的来路，以及即将去往的方向。

此刻万籁俱寂，一个冬天的清晨正在万物的沉睡中向着黎明生长，我写下这些话在这本书的扉页。愿读到这些的你，能够欢喜，就像面对新的一年里必将到来的那些丰盛的晶莹，那些绽放的美丽。

目录

蒙面的巨商
——商贸达人范蠡

越国上将军范蠡突然人间蒸发了。

就在越王勾践率领三千越甲吞灭吴国并砍下吴王夫差的头颅时，一叶扁舟却载着越国最智慧的大脑驶离了会稽的水岸。

一个月后，一封带着齐国海岸苍茫水气的来信送到了越国重臣文种的手中。这为举国上下正热烈庆祝灭吴胜利的一片洋洋喜气陡然增添了某种不祥的阴冷。

不久之后，当重臣文种被越王勾践赐剑自刎时，他才想起那封署名邸夷子皮的齐国来信，其中的两句话让他不由得潸然泪下——“飞鸟尽，良弓藏；狡兔死，走狗烹”。文种识得，那是老朋友范蠡的笔迹。

就在一代谋略家文种含恨自刎的时候，在千里之外的齐国海岸，一位老者正带领着全家围海造田。他便是曾经闻名诸国的越国智囊——范蠡。因认清越王勾践的险恶人性而急流勇退的他，从此告别巍巍庙堂而隐于江河湖海之间。

而这一隐，便隐出一位名动青史的中国商圣来。

1

离开越国的范蠡，率领全家浮槎跨海登上了齐国荒凉的海岸。面对浩淼的大海，他感觉自己如出笼之鸟，彻底赢得了自由。

在阵阵海涛声中回望人生，范蠡觉得自己其实是用波澜起伏的前半生达到了一个“士”所能够达到的事业顶峰。而在归隐江湖之后的下半生，他想换一种活法。就像这眼前的大海，自己为自己而辽阔、悠远一样，他决定再创一份独属自己的辉煌，让自己做自己的君王。

海边滩涂，千里无人。举目远望，尽皆无主之地，正可在此填海造田，发展临海农业，顺便捕捕海鲜、拾拾海货、淘淘海盐，实在是广阔天地，大有作为啊！说干就干，范蠡打鱼，西施织网，他们分头带领陆续从越国赶到的全家上百口人一起投入到了热火朝天的集体大生产。他们这一生产不要紧，中国有史以来的第一家民营海岸农垦公司便诞生了！

在中国，再次出现这样大规模的民营海岸农垦公司，还要等到两千四百年后。在江苏南通，一个叫张謇的下海状元郎，组建了近代中国的第一家临海农垦公司。

范家海岸农垦公司的生产目的，已经超越了春秋时期生产是为了满足吃饭和简单物质交换的小农经济意识，而完全是为了积贮商品，以备转运贸易。就这么辛辛苦苦干了几年，范家的海边仓库里积累了大量的海产品。范蠡在对周边各地区进行了详细的商品调查之后，便命家人或用船载或用车拉，将家中海货尽数发往需求强烈之地进行贸易。不到数年，范家就积累起数十万家产，成为百里之内著名的富家大族。其名声甚至连齐王都被惊动了，齐王听说海边有这么一位善于搞活经济的大能人，觉得很惊讶，派人一打听，此人原来竟是从越国出奔的大智囊范蠡。齐王心想这正是海风里刮来香饽饽啊，于是套上车直奔范蠡家，一见面就交给范蠡一个大包袱当见面礼。范蠡一层层打开包袱皮，一看，这不是齐国的相印么？齐王笑眯眯地说："对对对，寡人正是这个意思，就是想请你出任我齐国的宰相啊！"出手不打送礼人，何况还是这么大的一个官帽，何况自己还是在人家的地盘上免费种着人家的地，"吃"着人家的海，你总该回报回报、意思意思吧？想到此，范蠡郑重地说："既然您这么看重我，那我就干干试试吧。"

于是范蠡就走马上任干了几天齐国宰相。但这顶多算是客串，因为不久之后，齐国海岸遭遇了百年不遇的大风暴，沿海居民统统受难。范蠡马上把自己累年积攒的近百万家财拿出来以齐王的名义进行赈灾，给齐国百姓发了救灾款。钱发完了，范蠡把相印一挂，带着家人像几年前来时那样消失了。

这正是，悄悄地我走了，正如我悄悄地来，挥一挥衣袖，不带走半片儿云彩。

在出走的路上，长子越吉问范蠡："父亲，您为什么要挂印出走呢？我们在齐国不也很好么？"范蠡说："咱家藏着那么多的钱财，我又当着一人之下万人之上的高官，时间长了，灾祸就会降临。钱财与名声都是身外之物，不如散去重新来过！"御者独山问："我们这是要往哪里去呢？"范蠡面对苍茫寒夜，微微吐出一个字："陶！"

2

曹国，乃蕞尔小邦，但其在整个春秋时期却是最著名的金融贸易中心。天下纵横如棋盘，而曹都陶邑则位居天下棋盘之正中。这座济水岸边的城市“襟带河济，扼控鲁宋”，水陆交通极其便利，形成了当时最完善、最发达的商品经济系统。数不尽的商品与货币就像滚滚的流水，在此汇聚成一片大海。而离开齐国的范蠡则像一条大鱼，带领家族的鱼群，悄悄地游进了这一片经贸的大海中。这里，才真正是他风生水起之地。

不久，陶邑城里便出了一位令名商巨贾叹服不已的神秘人物。这位年近古稀、鹤发童颜，对外报号朱公的神秘老者出手豪阔、手法诡异，几单生意下来，已成为陶邑最厉害的商家。而随着无数行商小贩的四处宣传，春秋诸国就都知道了陶朱公的大名。

陶朱公究竟是怎么做生意的呢？如果从现代商学的眼光来看，陶朱公，也就是范蠡，其经商做到了四个第一。

首先，范蠡开了中国商情预测之先河，成为我国第一个进行商情预测并能准确捕捉商机的商人。范蠡说到底是一位穷通天地、胸藏韬略的兵家，越王勾践之所以能灭吴称霸，主要是靠范蠡的谋略之功。而范蠡把做生意也当成军国外交、战场杀伐那样的大事来郑重经营。他最看重的便是做生意之前的商情预测，因此，他的商品贸易呈现出惊人的预见性。也就是说，当人们的需要尚未形成的时候，范蠡家的货物已经提前预备好等在那里了。而当这种商品需求一露头，范蠡家的货物便马上抢占先机供应市场。这其实就是兵法中“料敌于先”、“兵贵神速”在商战中的运用。

其次，范蠡是第一个吃透中国市场经济规律并据此安排商贸活动的商人。在当时的人们对商品的价格涨跌规律还普遍感到神秘莫测的时候，范蠡就超前地掌握了商品价值理论。作为第一个吃螃蟹的人，他明确指出：一种商品贵到了极限，就必然会下跌；而下跌到极限，就会上涨（论其有余不足，则知贵贱；贵上极则反贱，贱下极则反贵)。所以作为商家，就要懂得“积贮之理”和“待乏贸易”，也就是在洞悉商情的基础上，瞅准某一商品价格最低的时候大量低价收购，并把它们像珍宝那样积存起来，等到市场因缺乏这种商品而价格上涨时，就迅速地把它们像粪土一般倾销出去（贱取如珠玉，贵出如粪土)。而想做好“积贮”、“待乏”，是要讲究智慧和眼光的。

这些我们今人看似平常的商品经济规律，在两千五百年前的商场上可是绝密。只有像范蠡这样聪明的人才能参透其中的奥秘，而一旦按照这些神奇的规律去操控自己的商品活动，那简直就是无往而不利。

但千万不要以为掌握了商品经济奥秘的范蠡会像如今某些囤积居奇、祸乱市场的黑心商人那样大发昧心财。不，范蠡作为一个不但有智慧，而且有操守，更有理想的大商人，根本不屑于欺行霸市卖假货。相反，他是第一个提出质量、流通和低价三大理论体系，并以高质量和低利润使商品在不断的流通中增值的中国商人。

范蠡做生意，常常念叨两句话。第一句就是“务完物”。“完物”就是完好无缺的物品，就是我们今天所说的高质量的商品，而“务完物”就是商人务必要让自己商品的质量完好无缺，因为这是一切买卖的前提。第二句话就是“勿息币”。“息币”就是“休息”下来的钱，也就是我们今天所说的“死钱”，而“勿息币”就是强调商人千万不能让手里的钱成为死钱，而要尽快将之变成货物让其在流通中增值。范蠡提出了自己的“薄利多销”理论，即“候时转物，逐十一之利”。也就是说，不求暴利，商机来临时，只要有十分之一的利润就可以迅速地把商品像粪土那样毫不怜惜地倾销出去。

高质量、低利润、勤流通，如此一来，范蠡家的生意岂能不如有源之水？

最后，范蠡还是中国第一位以人为本、知人善任的企业家。从今天的眼光来看，范蠡是大领导下海摸虾米，知人善任是其专长。在办企业做生意的过程中，他总能找出最适合的人才来做最适合的事儿。比如，他的长子越吉是个非常有商业头脑又爱学习生意经的人才，于是范蠡在多番考察之后就将家族的生意交给他来管理。而越国渔民出身的仆人渔十三非常精通水产养殖，于是范蠡就提拔他做家族海产业的总管。甚至连自己的司机兼保镖独山，范蠡都发现了他吃苦耐劳、胆大心细的特长，让他负责家族生意的运输与销售工作。人尽其职，范蠡家的生意岂能不蒸蒸日上？

既然做生意做到了四个第一，那范蠡家的生意究竟做得有多大呢？这么说吧，范蠡曾经在十九年中一连三次将个人资产做到了“千金”这个数目，而其子孙继承他的经验不断发展，使范家产业积累到“巨万”！在商品经济初萌的春秋时期，“千金”是个很大很大的数目，有千金之资便可富比王侯了。而所谓“巨万”便是万万，亿万也！范家在当时已经做到了亿万富翁的超级商家级别。

作为一位名动天下的大企业家，范蠡还像如今的大商人潘石屹、任志强等一样，喜欢把他的经商理念和实战经验写成商业学著作印行天下。这些著作分别是《致富奇术》《养鱼经》《陶朱公商训》，想得天机而发家致富的人不妨找来一读哦！

3

一个商人，能把自己做成亿万富翁并不难，难的是成为亿万富翁之后你该做点什么？这是每一个有理想、有追求的商人都该去认真思考的事情。而范蠡先生的思考和他立即付诸的行动最终将他推上了中华商圣的宝座。

所谓圣人，就是在所有的道德范围内都做到了极端完美的那一类人。作为商圣，范蠡都做了些什么呢？

首先，范蠡是一位很善于帮扶同道的人。他从来不把自己的生意经藏着掩着，而是十分大方地拿出来与人分享。用今天的流行话语来说，范蠡是一个能够先富带后富的好人。

比如鲁国有个穷士叫猗顿，这家伙是个笨伯。在遇到范蠡之前，他从事过很多职业，但都一无所成。他务农从来种不活庄稼，所以吃不饱肚子；他种桑树搞纺织但饿死了蚕宝宝，所以穿不起衣服（耕者常饥，桑者常寒）。就这么一个倒霉蛋，还梦想着经商致富。他听说范蠡很会做生意，就厚着脸皮来讨教。按说，商场如战场，致富法宝怎么可能告诉别人呢？但范蠡很大方，也很自信，他不觉得给别人一盆水，就能倒空他的智慧之海。他不但教给猗顿畜牧养殖致富的办法，而且还赠给了他启动资金。

就是这个当年吃不饱穿不暖的猗顿，靠着范蠡的指点和启动资金，回家喂猪养羊，不到十年就比当地的公卿王侯还有钱了！

不但不吝于和别人分享他的知识产权，不但不吝于资助别人做生意，范蠡还甘于把自己的全部家产拿出来做慈善。范蠡十九年内曾“三致千金”。这是怎么回事呢？原来，每当家产达到千金这个数目时，范蠡就会把自己的钱全部分给当地的劳苦大众和小生意人，而自己则搬迁到另外一个地方去做生意，把成熟的市场让给别的商人来做。范蠡去过很多地方，每到一地，他总能带动当地商业经济的发展，提高百姓日常生活水平。

所谓商圣，并不是说你做了多少亿万的生意，而是说你的生意曾经给多少人带去了幸福！正是在这个意义上，因散尽家资而两手空空的范蠡成了万世商人景仰的圣人，因为他的“富好行其德”（司马迁语）为所有的商人树立了一个完美的榜样。

范蠡被后世的浙商、鲁商、豫商奉为鼻祖。浙江的商人说："范蠡是从我们浙江私奔的，当然算是浙商鼻祖了！"山东商人不答应，他们反驳道："范蠡是在我们山东经商成名的啊！怎么能是你们浙商的鼻祖呢？"而河南商人呵呵一笑说："两位莫争莫争，若非俺们河南南阳生出范蠡来，你们又能去哪里找你们的鼻祖呢！"

不但被众多后世商帮抢着奉为鼻祖，范蠡还被后世的陶业尊为祖师爷，比如以出产紫砂壶而闻名的宜兴，就供奉范蠡为祖师爷，而河南豫北农村的陶工作坊里，也供奉着范蠡塑像。每年的三月半和十月半人们都要隆重祭祀他。更神奇的是，善于致富理财的范蠡在中国民间逐渐被神化，在豫东民间传说中，范蠡死后化为一只黑蝙蝠，他飞到哪里，哪里便会富裕，老百姓因此将之视为财神。而在山东以及潮汕等地，人们也都将范蠡尊为文财神，每年在六月二十日这一天祭奠他，甚至连会计用的账本也以"陶朱录"命名。

而更多的人喜欢将这位两千五百年前的巨商奉为中华慈善鼻祖。因为在他之前，还没有任何一位商人敢一连三次把自己的全部财产捐给穷苦大众。

商圣范蠡，因而成为一个不老的传说！

【"达"得有理】

史上第一海岸农垦实业家、春秋第一富豪、中华商圣以及慈善鼻祖，哪位敢说范蠡不"达"？

相印
老爸,我们又有钱,又有权,为什么还要走呢!

雄狮身边的猴子
——滑稽达人东方朔

建元三年（前138）九月，一场声势浩大的公务员选拔活动在西汉帝国的版图上轰轰烈烈地展开了。初登大宝的汉武帝刘彻从大袖里伸出一只手，向着天下逸才发出了热烈的邀请——学好文武艺，货与帝王家。来来来，我这儿出高价。

皇帝征召孝廉秀才、文学智士的诏书一下，全国各地的孝子、廉吏、贤士、良工、文人、奇人、怪人都闻风而动，告谢爷娘，离别妻子，打起铺盖奔向了京城。在滚滚涌向京城长安的人才大军中，有一位来自山东平原的青年。这位风尘仆仆的带剑青年一踏进长安城便不吃不睡，开始埋头炮制一封自荐信。

他究竟是个身负绝学的天才呢？还是个头脑狂热的疯子呢？

这不重要。重要的是，他在自荐信上署下了东方朔的名字。而这封神奇的信即将引出中国历史上最幽默而神秘的人生传奇。

1

对自己想要的人生，山东青年东方朔有着超乎常人的狂热与执著。放眼中国史，在求职这件事上，恐怕无人能超过东方朔。

他首先是敢于自我营销，而在给自己打广告这件事上，他从来不惮于大肆吹嘘。为了得到天子青睐，他敢把广告从人间一直打到天庭上。于是帝国公务员选拔的最高负责人——汉武帝刘彻，就收到了中国历史上最传奇的自荐信。之所以说这封信乃史上最奇，首先是因为此信不但长得离谱，而且重量惊人——如用现代文印术语来描述，这封信一共用掉了三千张 A4 纸，而且重得需要雇两个壮汉才能抬起来；长得汉武帝整整看了两个月才算完。当然，西汉还没有纸，更没有标准 A4 打印纸，但有标准的木牍，咱东方哥的信就写了整整三千片木牍。

这封重吨位的自荐信被两名力士抬举到武帝面前，武帝就感觉写这信的娃很不简单，很奇伟，因为还没哪个应征的孝廉秀才贤良方正敢抬这么一堆木头来皇帝面前显摆啊。这个东方朔既然敢，就说明他不怕；他不怕，就证明他很自信、很能耐。

可不，东方朔在这封史上第一自荐信中，像做电视销售广告一样把自己大大地神话了一把。他说："我东方朔是个苦孩子，自幼父母双亡，由哥哥嫂子抚养长大。但我 13 岁便开始学习文化，只用了三个冬天，就精通了文史。15 岁，我开始学习剑术。16 岁又开始学习《诗经》《尚书》等儒家经典，熟读了 22 万字。19 岁，我又开始学'万人敌'，研究孙武和吴起的兵法战策，也熟读了 22 万字，对行军打仗、排兵布阵的学问了然于胸。此外，我还学会了子路从政治国的大本事。这样一来，我胸中至少有 44 万字的大学问了啊!"

这么看来，东方朔完全就是个没有条件也要创造条件发奋成才的典型，而且是个文武双全、经邦济世的超级精英啊！千万别以为读44万字没什么了不起，在文盲率高得吓人的西汉初年，只要识字就是人才，更别说已熟读了44万字经典，那完全是可以治理国家大事的超级人才了。

吹完满腹学问，东方朔又把自己的综合素质狂“踿”了一番。因为这些学问可能好多人都会，光“踿”学问还不够独特啊。他必须用自己烙铁一般的广告词给皇帝留一个因滚烫而难忘的印象，于是他说:“臣东方朔今年22岁，我个子很高，身高九尺三。我的眼睛很亮，就像夜明珠那样发着光。我的牙齿很白，就像排列在一起的贝壳那般光洁。我相貌英俊，人见人爱，但我绝非一个绣花枕头。你看啊，如果论举重，我力大无穷，比古代大力士乌获还厉害；如果论武功，我勇猛无比，比古代最有名的武术冠军孟贲更厉害；如果论轻功，我矫捷如豹、身轻如燕，比古代轻功最好的庆忌还要厉害。虽然有这么多本事，但我不骄傲、不腐败，我谦虚谨慎、清正廉洁啊。如果让我当干部，我肯定比古代的鲍叔牙还要两袖清风，比宁可抱着桥柱淹死也不毁约的尾生还要诚信。陛下啊，像我这样的人才，真该被您委以重任啊!"

信看完了，但汉武帝的官也不是那么好当的。一句“待诏公车”就把东方朔给打发了。什么叫“待诏公车”？就是你被看上了，但先到招待所等信儿吧！当然，皇帝关照过的人才，也不能让其干等着，当然也不会让其太滋润，每月1小布袋粟米外带240块钱补助，不管你有多大个子多大本事，反正就这么点儿待遇。

东方朔就郁闷了，心说我一米九的大个子、“万人敌”的大学问，怎么能和住在隔壁的一群侏儒领一样的补助呢？看着窗户纸上那些活蹦乱跳的侏儒的影子，东方朔想出了侏儒搭台自己唱戏的一招。

一大早，东方朔敲开了隔壁侏儒们的门，进去就说："你们这些小个子，祸事来了。你们看看你们自己吧，个子不大，饭不少吃，武不能当兵打仗，文不能挥笔草檄，还月月领补助吃俸禄，上面说了，要把你们统统地干掉！"

侏儒们不信，但一看东方朔一脸正经义正辞严，就害怕了，于是就问："东方哥，那你说我们该怎么办呢？"东方朔伸手一指："皇上一会儿就从门外经过，你们跪在车前求饶去吧！"

于是汉武帝就从拦车求饶的侏儒们的嘴里听说了东方朔的名字。武帝心说，东方朔这小子不是在造谣吗！侏儒也是人才啊！我怎么会无故杀他们呢？马上叫人传东方朔前来。

于是东方朔便踩着一串侏儒的影子，来到了武帝的车前。面对这位帝国级别最高的老板，东方朔一开口就承认谣言是自己造的，可是老板我找您有正事！理由是：我是您征召来的人才啊！我可不仅仅值每月 1 袋粟外加 240 块钱啊！你看我这么高的个子，这点东西养不活我呀！我说陛下，您要是人才太多来不及用我呢，我能不能先回山东老家等着呀？要是计划用我呢，就麻烦您给我换一个合适的位置吧！

武帝一听这话哈哈大笑，普天之下，还没人敢用这种办法这种语气和皇帝套磁，而且讨价还价这么干净利索，让你恨不是，爱也不是。这样的人，太狂，也太可爱，如果委以重任，怕会出事，可是不用又实在可惜。要不就放到身边当个乐子吧。

于是武帝说："东方朔，我看你这相貌这身板这大嗓门，有个位置很适合你——金马门还缺个站岗的，你先到那里上班，等我进一步安排你吧！"

有人会说，啊——东方朔费了这么大力气就混了个看门的职务？非也非也，金马门那可是皇帝家的大门口，当时最有才华的精英都在那里等着皇帝召唤，能到这么显眼的地方看门站岗，就已经算是手眼通天了。

于是东方朔就从一个乡村青年蹿到了皇帝鼻子底下，成了金马门前待诏的侍郎。

2

东方朔的职务是侍郎——千万别以为这个侍郎就是隋唐以后的那种给国务院各部领导当副手的侍郎。西汉时代，郎官是公务员序列里级别最低的侍从职务，这种预备官员数以千计，而且很可能没有编制，算是给皇帝服务的临时工。像东方朔这样的郎官，在宫里，其职责是给皇帝把守门户，跟皇帝出巡，担任车前的骑兵，拱卫皇帝车驾（掌守宫门，出充车骑），总之，也就是皇帝身边的保安。但是就这么一位保安，却最终出落成了中国历史上首屈一指的幽默大师，其言谈诙谐堪比郭德纲，其举止雷人堪比憨豆先生。这样的人，在任何时代都是活宝。

作为一个身怀绝代之才的保安，东方朔总是能以极其搞笑雷人的言谈举止让皇帝注意到自己不容置疑的存在。他在宫里吃完饭后，将盘子里的剩肉用衣服一裹就带回家去了，以致他的衣服长年累月都是油腻腻的。他把自己的工资用来娶妻，而且一年就要娶一个。他还经常在宫廷酒宴上喝得大醉。有一次醉后他急着找厕所，但同事们缠着不让他出去，他就干脆在金銮殿里公然便溺。

西汉宫廷里隔三差五地会给各级官员们发福利，赏赐些肉和布帛之类。两千多年前的单位福利制度其实和现在的国企也差不多，得由工会出面，派专人按一定的品级和秩序发放。而当时宫廷里发肉这项工作是由大官丞来主持的。有一次宫里发肉，正值三伏天，成扇的猪肉摆出来了，领肉的干部职工也都在大太阳底下排好队了，但分肉的大官丞摆谱，直到太阳快落山还不露面。其他人都乖乖地等着，可东方朔不干了。他一摇一摆地走到案桌前挥刀就把最好的一块五花肉给割走了，还扭头对同事们说："大热天儿，肉不早领就要臭了，我先领回去了啊！"大官丞火了，马上就到武帝面前告了东方朔一状，说这个东方朔私自割走的可不是一块肉啊，他这是带头破坏我大汉法度啊。于是武帝把东方朔找来质问。

东方朔一进门就摘掉帽子，一连两次跪下给武帝行大礼，然后说："陛下啊，我昨天不等分肉的通知下来就私自割肉确实很无礼啊！"武帝刚想说："你原来也知道啊！知错就改，那就写份检查去吧。"不想东方朔接下来却说："虽然无礼，不过呢，臣敢于挥舞宝剑割肉，多么威武雄壮啊！臣给自己切肉，却半两一钱也不多割，多么廉洁啊！臣拿上肉回家就全部交给妻子，多么仁义啊！"

汉武帝听罢一愣，然后哈哈大笑，指着东方朔笑骂曰："你这东西，我让你自我批评，你却自己表扬开自己了。不过你这一番话说得朕十分开心，割肉的事就不追究了，再赏你一些美酒和鲜肉，带回家交给你老婆吧！"

汉武帝很喜欢听东方朔说笑话，心情不好的时候尤其喜欢与东方朔逗乐。很多人都说汉武帝是一位好大喜功，劳民伤财的皇帝，这让汉武帝很郁闷。于是他就问东方朔："你觉得我是个怎样的帝王啊？"东方朔马上说："我觉得陛下的功德比著名的三皇五帝要厉害得多了。要是历史上那些著名的贤人知道了您，肯定都会抢着为您效劳。比如周公旦等大政治家可以给陛下当总理，孔丘可以当监察部长，吕望可以当国防部长，毕公高可以管信访办，卞庄子可以当警察，皋陶可以当大法官，后稷可以当农业部长，伊尹可以当政法委书记，子贡可以管外交部，颜渊可以管教育部，子夏可以管文化部……所有的贤人都会抢着来为陛下您服务！”汉武帝听了这话喜不自胜，哈哈大笑。

于是汉武帝就又问：“东方朔，朝中现在人才济济，你看像丞相公孙宏、大夫倪宽、博士董仲舒、作家司马相如、吾丘寿王、主父偃、朱买臣、严助、汲黯、胶仓、终军、徐乐这些人，每一个都是学富五车的大知识分子，如果和他们比，你觉得自己咋样呢？”

东方朔马上回答道：“臣虽然不怎么样，但比上面这些家伙加起来还要强！”

这话很快就被东方朔看不起的那些家伙们知道了，他们恨得牙根痒痒，一致决定要找个机会让东方朔出丑。机会很快来了，武帝召集新近选拔出来的文学才士与朝中重臣举行宫廷辩论会，东方朔恰恰是这种辩论会的积极参与者。他每次都能出其不意，把大臣们辩得理屈词穷。但这一次不一样，文学才士们决定和朝中大臣们团结起来，集中火力对付东方朔一人，而且把讽刺的矛头对准了东方朔的弱点——身份低下。

讽刺者说：“东方朔，你号称有苏秦、张仪那样的大学问，但人家苏秦挂六国相印，张仪两为秦相，号称纵横家鼻祖，而你自命身负绝学，海内无双，怎么在宫里混了这么久还是个执戟看门的郎官啊？你能不能告诉我们这是为什么呢？”

东方朔反唇相讥说：“你们觉得苏秦、张仪本事大吗？告诉你们，此一时，彼一时，时代不同了呀！如果让苏秦、张仪和我一同生在我们这个时代，凭他俩的智慧还不一定能给咱们伟大的陛下执戟看门呢！姜子牙在渭水钓鱼一直钓到70岁才遇到周文王，从此他的声名七百年不衰。我们这些修学行道的人正该孜孜不倦地努力啊，哪能停止呢？哪能因为现在为皇帝执戟看门就嘲笑他呢？”一席话把一群讽刺者说得面红耳赤，以后他们再也不敢和东方朔叫板了。

3

东方朔不但拥有一颗四核处理器般的超级大脑，一张甜时如蜜糖毒时如蜂刺的嘴，更牛的是，他好像还拥有一双可以透视的X光眼。这双似乎可以看穿一切的眼睛，使他成为中国历史上最厉害的射覆大师。

所谓射覆，就是用瓦盆扣住任何一个物件，让人猜盆底扣的是什么东西。这是西汉时代最富神秘色彩的赌博游戏，无论在宫廷还是在民间都相当流行。这种游戏难度很大，相当于要一个盲人描述一件他看不见之物，没有任何依凭，只能靠运气。但事实上，这是一个很有技巧的智力游戏，射覆高手靠的不是眼睛，而是占卜。而东方朔正是他那个时代最善于用占卜射覆的大师。

汉武帝用瓦盆扣住一个东西让很多人猜，都猜不对。东方朔在一边说：“臣善于用《易经》占卜射覆，就让我来试试吧。”然后他摆开占卜用的蓍草算了一番，心中马上有了数。他神秘地对汉武帝说：“陛下，您瓦盆所覆之物像龙但头上没有角，像蛇但又有脚，善于爬墙，臣以为它不是壁虎就是蜥蜴！”武帝一揭瓦盆，下面果然是一只壁虎，于是赏赐东方朔布帛十匹。武帝问：“东方朔，你还敢再射吗？”东方朔笑嘻嘻地说：“只要陛下有赏，臣就敢再猜。”于是他又连续射了多次，没有一次不中。东方朔因此连连得到武帝的赏赐。

这就气坏了旁边的郭舍人。郭舍人也是射覆的高手，而且善于阿谀奉承，所以很得汉武帝的欢心。他比东方朔进宫要早很多，现在看着东方朔这个后来的小子竟然抢了自己的风头，顿时气不打一处来，抢上前去对武帝说："陛下，您千万别被东方朔这点小伎俩所蒙蔽，他无非是侥幸猜中或者暗中捣鬼。臣覆一物让他射，他若射中，臣甘受一百鞭笞。若他猜不中，他挨打，我受赏！"汉武帝有心看热闹，于是准了。

郭舍人在瓦盆下藏了一个谁也想不到的东西。这东西既不是动物，也不是植物；既不是金银铜铁，也不是木石竹玉。郭舍人心想，东方朔你就等着挨打吧。东方朔不慌不忙地占卜，然后眼睛定定地看着郭舍人说："这里面可是个小玩意啊！你说对吗？"郭舍人顿时蹦起来说："陛下您看，东方朔果然猜不中，快打快打！"话音未落，就听东方朔继续说道："我猜盆下是个寄生果！"打开一看，果然！

于是汉武帝毫不客气，让人剥了郭舍人的裤子就用竹鞭打屁股，直打得郭舍人鬼哭狼嚎连连求饶。郭舍人心有不甘，挨完打又跑到汉武帝跟前告状。他哭着说："陛下，臣心甘情愿受您的惩罚，可是臣作为您的亲信侍从，不能受东方朔这小子的侮辱啊。您也听到他刚才怎么辱骂臣了——口无毛，声嗷嗷，尻亦高！按我大汉律法，辱骂天子近臣必须斩首弃市！"东方朔马上辩解道："谁说我辱骂你了啊，我那是突然来了灵感，编出了一个谜语！你看，嘴上没毛，叫起来嗷嗷的，屁股又撅得高高的，这不就是一只仙鹤吗？"汉武帝心知肚明，不由得更加佩服东方朔的才华。

东方朔除了会猜谜，还特别善于推理和预测。有一天，雨过天晴，汉武帝闲来无事就坐在未央宫门前想心事，这时他忽然听见在殿堂外站岗的东方朔正喃喃自语，就问："东方朔，你念叨什么呢？"东方朔忙说："回陛下，咱殿后的大柏树上，有只喜鹊正立在枯枝上，头向着东方鸣叫！”武帝就派专人去殿后查看了一番，情况果然和东方朔说得一模一样。汉武帝很奇怪，问：“东方朔，我看你一直在门前站岗啊。没见你去殿后啊，你怎么就知道喜鹊立于枯枝，而且头向东方呢？难不成你脑袋后长着千里眼？”东方朔连忙说：“非也非也，这完全是由臣的人生经验推理而得知。陛下您看，现在刮的是东风，风从东方而来，喜鹊尾巴很长，它如果逆风站立就容易掉下来，侧风而立呢也容易站不稳，所以它必定顺风而立，头朝着风来的东方。而天刚刚下过雨，嫩树枝沾水很光滑，喜鹊是站不稳的，而枯枝干涩，可以站稳，所以喜鹊当然是站在枯枝上了！”汉武帝大笑，立刻就给东方朔升了官。

有一年，皇城里突然出现了一只奇怪的动物，汉武帝听说后赶忙带人去看。一看，这种动物很像鹿，但又不太像。武帝于是问身边博学多才的大臣们这是什么东西，可谁也答不上来。汉武帝很失望，想了想说，把东方朔给我叫过来。于是东方朔来了，他一看，就说：“微臣恭喜陛下了，这是个好东西啊，我认识！”汉武帝赶紧问：“这究竟是什么动物？”不想东方朔这个时候偏偏卖关子，说：“陛下，臣听您召唤可是急急忙忙赶过来的，饭还没吃，能把您宫中的好酒好菜让臣饱餐一顿吗？”汉武帝手一挥说：“满足他！”于是东方朔大吃了一顿，吃饱后，他又嬉皮笑脸地说：“陛下，城外皇家公田鱼池里有好几顷的芦苇，公家也没什么用，不如就赐给微臣吧。给我，我就告诉您那动物是什么！”武帝又一挥手：“满足他！”于是东方朔才说：“这动物叫驺牙，是吉祥兽。大家看，它满嘴的牙齿都是一样的，根本没有大小之分，而是排列得齐齐整整前后如一。而驺牙一出现，好事就要来了。我预测，不久之后将有远方的敌人要来投降我们了！”

果不其然，未满一年，匈奴浑邪王因为内讧而率领十万部族投降了汉朝。汉武帝想起东方朔当初的预言，一高兴就又赏赐了东方朔许多钱财。

神奇的射覆之技使东方朔在后代历史中成为伟大的传奇。他不但被后人推崇为盲人算命的祖师爷以及猜谜活动的创始人，更被道教列为可以上天偷桃、入海求道的仙人。

而与东方朔生于同一时代的司马迁，则怀着赞叹的心情来抒发对这位滑稽之雄的无限景仰。他说："伟哉方朔，三章纪之。"

【"达"得有理】

滑稽之雄，幽默达人；射覆大师，占卜鼻祖。东方朔虽官不过侍郎，位不过执戟，但名留汗青，史上无双。

哈哈哈，
这个人真是
太可爱了！
你计划用我呢，就快点，
不用呢，我立马走人。

红粉时代的舞者

——舞蹈达人赵飞燕

舞者是美丽的，她们是降临在音乐之河中的天使。但舞者又常常是不幸的，尤其是当舞蹈被作为酒宴的附庸而存在的时候。披红挂绿的舞者常常和美酒佳肴一起被强权者抓在手中，啃啮、吞食、唾弃。

舞者是单纯的，她们的心灵常如未琢之璧。但舞者又常常被时代复杂地书写。身体有多美丽，名声就有多肮脏。

因为美丽、热情以及单纯，因为曾经被强权裹挟进历史的涡流并成为其中最柔弱而隐讳的部分，在纪年的竹书中，舞者常常成为被遮蔽的失语的一群。

在来自遥远西汉的浮雕中，就有这样一位舞者。她以神奇的舞蹈见宠于帝王，又因万千宠爱而贵为一国之后，但帝王对她身体的消费，却使她以污浊之名被历史辱骂。多少年来，无数的道学家、小说家、诗人把她存进香艳的银行，逐年咀嚼她花边的利息，直至如今。

但其实，她面纱之后的本来面目，只是一个舞者，一个来自于世纪初年的舞蹈之神。她有一个让历史微颤的名字——赵飞燕。

她的故事，是凌空飞举的传奇，也是砰然坠地的悲剧。

1

燕赵多佳人，美者颜如玉。被服罗裳衣，当户理清曲。

公元一世纪前的赵国很像日后欧洲的奥地利，既是盛产美女的温床，也是孕育音乐和舞蹈大师的摇篮。舞者赵飞燕出神入化的舞技，即习成于赵地。

西汉时，曾经的赵都邯郸，是国都长安、东都洛阳之下的第三大名都，尤以音乐歌舞闻名于世。当时大多数的著名音乐人都出身赵地。比如汉武帝设乐府广采赵、代、秦、楚音乐时，任命的首位乐府都尉李延年就是赵人，而李延年能歌善舞的妹妹后来成了汉武帝宠爱的李夫人。乐舞成为民间传统在赵地广泛流传，无论穷巷贫女，还是富贵娇娥，几乎人人都能来舞上几手绝活。这些身材曼妙的赵地女子，喜欢踩着后跟高高的鞋子，挥舞长长的衣袖，和着悠扬的琴声，在北方的晨风与灯影间唱歌跳舞。

正因如此，微服猎艳的汉成帝刘骜才特别喜欢往赵地跑。所谓微服猎艳，就是摘了皇冠脱下皇袍，化装成“高富帅”到民间泡妞。这和如今很多富二代有事没事好去艺术学院门前溜达一样。成帝的溜达很有成就，在赵地阳阿公主家的酒宴上，他邂逅了舞者赵飞燕。而飞燕的席间一舞，顿时让猎过无数美女的成帝瘫倒在她的石榴裙下。

飞燕之所以能够以如此闪亮的出场晃花成帝的眼睛，一是因为她独一无二的腰骨，二是因为她艳丽华美的踽步舞。

成帝和表弟富平侯张方莅临阳阿公主家，其实无非是猎艳途中一次无目的的歇脚，完全没有任何艳遇的心理准备。所以当侑酒的音乐在幕后响起，歌儿舞女依次出场时，成帝连眼皮都没抬。对这些艳脂俗粉、宫廷乐舞，他已经厌了。酒过三巡时，成帝捏着水晶杯竟在席间假寐起来。

但就像一个闻厌香水的人突然嗅到一阵清新而浓郁的橙子味顿感心脾大开那样，在幕后陡然变化的音乐声中，合着眼皮的成帝突然感觉一道闪电划过眼前。他赶紧睁大眼睛，于是惺忪的睡眼在满屋灯影间恍惚看到一丛又一丛盛开的水莲花儿。

不，那不是水莲花，那是一个疾速旋转的舞者。随着大幅度的旋转，成帝耳间飘过一连串清脆连绵的叮咚之声，那是舞者腰间环绕的玉铃铛互相碰撞而发出的乐音。这动听的声音把成帝的目光引到了舞者摇摆中的细腰上。那小蛮腰恰似一节青竹，仿佛盈盈一握便可折断，但又仿佛春风中初生的柳枝那般柔韧。更奇特的是，舞者的腰骨好似可以三百六十度旋转，那每一转都让成帝空洞而黑暗的大脑中开出一朵明艳欲滴的莲花。

成帝把瘫倒的身体坐直，这时场中飞旋的舞者突然跃到了成帝席前，从长长的舞袖中甩出一截白玉般的手臂，纤指轻扬，朝目瞪口呆的成帝一勾，然后又迅速地后退，眨眼间便舞至场中央。翠绿色的舞裙如翻滚的波涛，踏波而行的舞者仿佛根本没有抬腿动脚，而是驾驭着一阵来去自如的熏风。这仿佛驭风的舞者围着偌大的宫殿飞旋，让腰间的铃响盛开在宫殿的每一个角落。每一次回旋至成帝席前时，成帝都希望看清那方白面纱下的容颜，但舞者的身影实在是太快了。成帝恍惚中一松手，竟然把水晶杯掉落在地上。

就在侍者纷纷上前收拾残局时，幕后音乐戛然而止，而那神秘的舞者一个回旋，竟也消失了。

翌日，成帝回宫时，宝马后多了一乘香车，轿内便是前晚的舞者赵飞燕。

色欲熏心的成帝看中的是舞者的颜色，而他未必知道那晚幻觉一般的舞蹈，其实是世间难得一见的踽步舞。

赵飞燕擅长的踽步舞，是在赵地歌舞之风中习成的。踽步，又称禹步（古时踽、禹同音），相传是大禹治水时因两腿常年浸于水中萎缩变形，不能正常行走而生出的一种快速挪动的“病步”。但就是这种“病步”，却被后来的巫师们竞相模仿（大禹同时也是其时代中最大的巫师），逐渐演变为一种整齐有序、规范严谨的巫术步法，用于求雨、祭祀之时，后又形成了更加复杂而神秘的“踽步”。据说这种踽步步法有72种之多，如今在西南少数民族的某些神秘仪式中仍能看到其流风余韵。

这种将神秘的踽步步法化入舞者下半身运动的舞蹈形式，便是踽步舞。当舞者身穿曳地长裙飞旋而舞时，观舞者只能看见舞者柔媚曼妙的两臂和摇摆蠕动的腰腹，却很难看清舞者裙下运动的腿脚，只觉如花生风中，来去自如间灿然开放。

赵飞燕之所以敢跳踽步舞，与她得天独厚的身体条件有关。飞燕除了俏丽的面孔，身上最奇特的部分便在于长了一根美妙的腰骨。《飞燕别传》称飞燕：“腰骨尤纤细，善踽步行，若人手执花枝颤颤然，他人莫可学也！”

这让人想起美女手执鲜花款款摇摆的舞步，可真是令人销魂啊。难怪成帝宝马香车载得美人归。

2

成帝迷恋飞燕，载之回宫后立即为她修了一个大豪宅——昭阳宫。这个大豪宅，黄金为门槛，白玉为台阶，屋梁中间夹着蓝田碧玉，装饰着夜明珠和孔雀羽。其间的一切构造，莫不玲珑巧妙。最奢华的是百宝床上那套令人想都难想的床上用品——九龙帐、象牙箪、绿熊席。

作为阳阿公主家里的文工团演员，舞者飞燕本是无所谓梦想的。她尽其美丽的头颅所有的想象，制造出的最大梦想卫星，也无非是能在有朝一日被主家放出，成为某位达官贵人的侧室。但她完全没有想到，在那个春风沉醉的夜晚，来客在舞罢之后的接见中，竟在她耳边说出了这样一句话："朕乃当今天子!"

当成帝对飞燕说出要带她入宫之后，飞燕霎时间哭成了一枝雨后的梨花。因为这样的富贵，她其实从未想过。虽然有人说过，自己与孪生妹妹合德乃姑苏公主与乐人冯万金的私生女，但她对此并不相信，只知道姐妹二人是被父母遗弃的孤儿，是曾靠织草鞋求温饱的贫女。被继父赵临收养后，自己到长安官家做侍婢，又被阳阿公主买来做舞者。对人生富贵，她并无奢望，只求能与妹妹于温饱间安度此生。而谁料想自己竟"一舞通天"，并让天子为之倾倒，这荣华富贵便从天而降了。

女为悦己者容，女为悦己者舞。于是，将天生之容颜与十多年来修成的舞艺献于宠爱自己的帝王，便成为飞燕必为之事。但飞燕从未想过，自己竟能凭借一舞而成为这个庞大帝国的第一夫人——皇后。

成帝后宫嫔妃三千，除了正宫许皇后，尚有大才女班婕妤之类才貌俱全、出身高贵的侧室以及集合起来数一遍都费事的众多美人。但这些美女，在飞燕的舞姿面前统统失色了。成帝这个自幼荒唐的君王，此时便如一个痴迷的婴儿无意中闯入了极乐仙境。飞燕的舞蹈在他眼里宛如出涧的溪流、月光下盛开的牡丹、清晨草地上晶莹的露珠，生动，活泼，使之迷而忘返。当飞燕挥舞起优雅的手臂，成帝便觉得那是玫瑰花在开放；当看见飞燕提裙抬脚踏过草地，他就感觉是枫树之叶在飘然落地。

而飞燕对宫中的日子也颇为满意。当她弹起成帝命良匠专为其凿就的凤凰名琴，对着一池秋水婉转而歌时，她的内心亦是柔软而湿润的。所谓幸福，便是如此吧。但面对枫叶秋霜，一股油然而生的怅惘仍是充斥心胸，她于是唱出了这首《归风送远》："凉风起兮天陨霜，怀君子兮渺难望，感予心兮多慨慷。天陨霜兮狂飙扬，欲仙去兮飞云乡，威予以兮留玉掌。"

风起云涌，霜天红叶，难免让美人心生悲慨，怀念也许并不存在的谦谦君子，并生出一股强烈的随风而去达至遥远之境的奇妙心情。但成帝对美人心情的微妙浑然无知，听美人弹琴歌罢，便命侍郎冯无方吹笙，以助飞燕凌水而舞。于是飞燕便在笙歌阵阵中跳起有楚地风韵的"翘袖折腰舞"。在悠扬的笙乐中，成帝稳坐龙椅，一手举着白玉杯，一手执饰有花纹的犀牛簪在杯沿敲击，不想水上突起大风，身材细瘦、飘摇而舞的飞燕衣带飘飘，竟然有被大风吹掠而去之势。就在飞燕华容失色，即将风吹落水之际，眼疾手快的冯无方抢上前去抓住了飞燕的双足，一把将美人拉回并托举起来。站在冯无方宽大的手掌中，惊魂甫定的飞燕突然生出就这般迎着大风跳掌上之舞的念头。

于是她不待冯无方将其放下，便脚尖轻点，一腿高高翘起，以单足回旋于冯无方的掌中，将方才尚未舞完的"翘袖折腰舞"继续跳下去。一朵洁白的莲花在冯无方的手掌上冉冉绽放了。飞燕在汉成帝的眼中，顿时成了上天派下的美神！

于是痴迷不已的成帝终于爆发了，他难以忍受这至美的女子不是其皇后的事实，下了一连串旨意，废除许皇后，疏远班婕妤，把赵飞燕立为西汉帝国的皇后。

遍观历史，靠一舞而被封后者，五千年中，唯飞燕一人耳。

3

作为西汉舞蹈的集大成者，史上最轻盈曼妙的女舞蹈家赵飞燕通晓她时代中的任何一种舞蹈形式。无论是杂糅武术、杂技、滑稽表演乃至魔幻术的“百戏舞”，还是融歌舞于一体的情节舞；无论是“以舞相属（邀）”的交谊舞，还是气势磅礴、多声部组合的“相和舞”，赵飞燕都能舞出自己独特的风采。

作为一国之后、舞蹈之神，赵飞燕擅长“巾袖舞”。这种舞与我们今天的“红绸舞”略微相似。飞燕跳舞时，“香散飞巾，光流转玉”、“罗衣从风，长袖交横”、“裙似飞鸾，袖如回雪”。我们后人虽不能亲眼目睹她的舞姿，但仍可从当时的记述文字中联想其风采。

赵飞燕擅长的还有“建鼓舞”、“巴俞舞”等等。但让赵飞燕在舞蹈史上树立起无上丰碑的，却是“盘鼓舞”。所谓“盘鼓舞”，顾名思义，就是舞者以盘子或者鼓面为舞台的舞蹈形式。不说别的，光这个舞台就能淘汰大多数舞者。

自从赵飞燕恍如飞仙做“掌上舞”以后，成帝便迷恋上了这种凌空飞跃的舞蹈，但总不能让皇后在侍者的掌中跳舞啊！于是成帝灵机一动，请良匠专门打制了一个一尺见方的水晶盘，以之为飞燕的舞台。为了让身体瘦弱的飞燕跳舞时不至于被风吹去，成帝又在太液池（汉宫内湖）上建起了一座“七宝避风阁”。虽然史书对此避风阁并无详细的记述，但想来是一种既可自由观望水上风景，又不至于遭受雨打风吹的敞轩亭阁。我们甚至可以设想，这是一座四壁拥有自由升降式玻璃幕墙的豪华舞蹈室。

每当月白风清之夜，成帝便携飞燕登舟下池，琴瑟和鸣，吹吹打打，航向避风阁。当侍者两手高高举起水晶盘时，穿白色轻纱舞衣的飞燕便一跃登盘，对月而舞。月光旖旎，清辉如水，而飞燕便是这月光之水中活泼泼的鱼儿。

舞低长安一片月，舞尽扇底杨柳风。飞燕的盘上之舞，真能沉水中之鱼，落天上之雁啊。

而更神奇的还是鼓上之舞。这种舞，是在宫殿里排列一行或者一圈大鼓，舞者飞身上鼓，在鼓面上飞跃而舞。可以想见，这种舞蹈对舞者的轻盈灵活有多高的要求！而当飞燕在牛皮蒙面的大鼓之上回旋舞蹈时，那鼓面竟无一点儿声响。而当她在飞跳中对着远处的鼓面送出长袖时，那被舞袖拂中的鼓面竟被敲得“砰砰”怒响。

据说，飞燕不但身材纤细轻盈，而且“善行气术”，也即精通某种气功，故能身轻如燕，跳鼓上之舞。

“盘鼓舞”作为赵飞燕舞蹈艺术的代表作，成为整个汉代舞蹈的精品，同时也代表了汉代舞蹈的最高水平。

4

一千九百多年后，当美国总统罗斯福看了舞者邓肯的舞蹈后说：“在我看来，她像是一个在晨曦沐浴的花园里跳着舞、采摘着想象之花的天真无邪的孩子。”这句话奠定了邓肯现代舞之祖的声誉，同时也拉开了世界现代舞革命的大幕。

“丰若有余，柔若无骨”，这是汉成帝对舞者赵飞燕的描绘。香艳的词语并不关涉舞蹈，而直接指向舞者的身体。

事实上，包括舞蹈在内，成帝消费的无非只是赵飞燕的身体，而非其身体的艺术。由此便可解释，为什么成帝在消费掉飞燕之后，还要将飞燕的妹妹合德也召进宫。而合德妹妹作为一件成帝的消费品，却做了一件影响西汉历史的大事——屠戮皇子。

据史书载，赵合德亲手将成帝前皇后许美人及曹宫人生下的两个婴儿活活闷死在柳条筐中。更奇幻的是，不久后的某日清晨，从赵合德床上下来的成帝在穿衣时竟突然中风，旋即死亡。

这一切与舞蹈无关，与此时虽为皇后但已被冷落的舞者赵飞燕亦无直接关系。但新皇登基后，合德即以蛊惑谋害先帝之罪被赐死，作为皇太后的飞燕亦被株连。

数年后，皇后赵飞燕被废为庶人。在被摘掉后冠的次日清晨，一代舞者在《归风送远》的旋律中，最后一次倾情舞蹈，随即在长安北郊的满天清霜中乘风而逝。

人皆曰其为自杀，但我宁视其为舞至力竭而归于一阵轻风。像一朵蒲公英那样，她消逝于世纪初盛大的秋天里。

【“达”得有理】

靠一舞而封后者，五千年中，唯飞燕一人耳。其踽步舞、盘鼓舞皆代表汉代舞蹈的最高水平。

光耀东方世界的女人
——史学达人班昭

东汉永元四年（92），一位叫种兢的洛阳县令突然批捕并处死了一位大名鼎鼎且红得发紫的史官。县令之所以逮捕史官，是因为史官没有管教好自己横行不法的儿子和仗势欺人的奴仆，导致为公子出头的悍仆竟然借酒撒疯当众侮辱堂堂县令。县令怒不敢言，因为史官的后台乃过于强大的窦大将军，大将军的后台则是临朝专政的窦太后。

而如今，县令之所以敢批捕史官并迅速将其折磨致死，是因为一场针对窦太后及其亲族的政变刚刚胜利结束。发动政变的两位花季少年，一位是年仅 14 岁的汉和帝，一位是 16 岁的皇兄清河王。而少年帝王的政变之所以能成功，与哥俩研习的一本教科书有莫大关系。正是这本记载外戚兴亡的历史教科书催发了哥俩的智慧与热血。著作并进献此书之人，便是刚刚丧命的史官。

这本成功指导了政变的书叫《汉书》，政变中枉送性命的史官叫班固。

正是因为班固之死，另一位伟大的史学权威、宫廷教师、政治顾问、文学大师，方得以步出斗室，登上历史的高台。

这位以其才华之光照耀此后东方世界的女人，便是班固之妹——班昭。

1

史书没有修完，是令人遗憾的事，而更令人郁闷的是，班固的《汉书》遗稿过于深刻，而且被前去抄家的种兢毁得缺张少页、凌乱不堪，帝国所有的高才博士竟无一人可以读懂这本残书。

班固以自己的死亡为帝国学术界留下一道难题，同时，也为自己的妹妹开辟了一条进入历史的通道。班昭于是奉诏出场了。这位夫君早死的女人，在历史的窗口上第一次露脸便已44岁。

对班固之死，汉和帝本就懊悔。而当听说《汉书》尚缺“八表一志”时，他立即发布一道特别任命：让寡居的班昭接替其兄史官之职，前往东观续补《汉书》。所谓东观，其实是东汉帝国的皇家图书馆兼经史研究中心。这个位于东汉南宫里的学术机构，拥有帝国当时所有能收罗到的典籍与文献，班昭前来这里主持工作，便可坐拥书林，披拣文献，续补校订亡父亡兄遗留的残作。

《汉书》在班彪、班固父子手中已具雏形，但直到班固死时，这部后来照耀中国史学界的经典仍未定型，其零散篇章虽曾被作者或少数读者抄录，于宫廷之间暗自流传，但并未被官方正式刊刻。更主要的是，其中的“八表一志”久而未成。“表”不但是《汉书》四大体裁之一，而且对一切史书起着提纲挈领的作用。而班固未修的“八表”又都是与西汉帝王、皇亲国戚、王朝公卿以及文武百官、各路名人、高人、红人密切相关的履历式档案表。修这些履历表，就相当是给皇帝的列祖列宗、公侯将相以及大大小小的各路神仙立神主、建牌位。枝枝蔓蔓、繁琐无比尚在其次，关键是这里有太多的禁区与雷区，一不留神就可能因忤逆哪片龙鳞、捋错哪根虎须而被雷霆之怒炸得粉身碎骨。而另外未完成的“一志”则是

《天文志》，在极其重视谶纬之学的东汉，天文星相乃上天打出的信号弹与 GPS 导航。作为记录这些信号与导航的史官错之分毫辄有杀身之祸。这也许就是为什么“八表一志”久而未修的深层原因。

也就是说，续补《汉书》，专业能力很重要，但胆略与心机更重要。而从专业角度讲，“八表一志”也的确是整部《汉书》中最需耗神费力、非专家而不能为的部分。

说白了，续补《汉书》是一项无数须眉男儿都不敢接任的高难度技术活儿。但 44 岁的班昭从搜录前朝文献资料的琐碎工作做起，在浩瀚如海的东观书堆里埋首十余载，酷暑挥汗，严冬呵墨，耗尽心血，终于完成了《汉书》“八表”，并指导一个叫马续的助手，完成了《天文志》的写作。在此基础上，她又以一个历史编辑家的胆魄以及一个女人的细心，投入对《汉书》的编撰整理之中。对父兄两代先人的这部心血之作，班昭以自己的学术敏感，根据当时东汉云谲波诡的政治现实，对其中的数十处进行了结构性的调整。而正是在班昭手中，《汉书》正式定型并由官方予以刊刻。而班昭不但因此成为第一部王朝史的续补者与定型者，而且也成为整个二十四史编撰者行列中唯一的女性史学家。

因续补勘定《汉书》而声名卓著的班昭，在多年之后又被朝廷主政的邓太后任命主持另一部大型帝国现代史《汉记》的续修工作。这部当时上起光武帝建武年间，下至安帝永初年间的现代史，由两位皇亲国戚亲自带头修订，但本次修史，不但编辑人选听取了班昭的意见，而且史书的命名、体例都由班昭一手创制。而因其著作处在班昭主持工作的东观，因此被命名为《东观汉记》。这部史书在范晔的《后汉书》面世之前，与《史记》《汉书》并称为“三史”，人多诵习，风靡于世。

作为一位伟大的女性历史学家，班昭还以巨大的精力投入到妇女史的研究整理工作中。她在西汉刘向所著的八篇《列女传》的基础上，调整结构、添加史例，增补“西汉一事”、“东汉十五事”，进而形成了今本十五卷的《列女传》。有后世史评家说，女性按照自己的角度描述妇女史，班昭为第一人！

2

其实以班昭之才，东观修史，续补《汉书》根本用不了十二三年。而之所以耗时长久是因为她经常受到来自汉和帝的干扰。和帝实在太仰慕班昭的才华了，这位少年皇帝可能认为，只让这样一位博学多才的阿姨钻在故纸堆里修史简直太浪费人才了。她的才华学识与人格魅力理应发挥在更重要的地方。而最重要的地方，当然莫过于皇家内廷了。和帝虽然年少，但已经有了包括阴皇后、邓贵人、周贵人、冯贵人等嫔妃。这些“莺莺燕燕”聚在一起，就知道宫斗争宠，把个内廷弄得剑拔弩张。和帝这只气呼呼的“小公鸡”于是决定想办法管教一下自己成群的妻妾，而最好的办法，就是给她们找一个无论学识还是为人皆可谓楷模的先生，让她们跟着学习读书和做人。而班昭正是和帝慧眼选中的宫廷女师。

于是班昭就在主持东观修史与进行学术研究工作的前提下，兼任了宫廷女师的职务。大概在四十六七岁时，她在皇帝的隆重邀请下，成为后妃们眼中教书育人的“曹大家”（数召入宫，令皇后诸贵人师事焉，号曰“ 大家”）。而之所以被称为“曹大家”，是因为班昭夫家姓曹，“大家”则为尊称。

曹大家刚一入宫，就在这群居于深宫且读书甚少的后妃们面前露了一手。在这帮十六七岁的小女子眼中，皇帝聘来的这位大家，简直就是位天上掉下来的文曲星。她不但精通文史，《诗》《书》

《史》《汉》《楚辞》以及《列女传》张口成诵，而且天文历算、星相阴阳之学也无不通晓。她张口能读能诵，下笔能写能算，女红竟也十分了得。而更让小女子们暗自倾心的是，这位曹大家精通一门宫廷女人必学的“心灵柔术”。

这门“心灵柔术”后来被班昭阐发为一部影响深远的女性伦理道德教科书《女诫》。这部一共七篇的《女诫》日后成为中国封建社会女子立身修德、相夫教子、敬奉舅姑的思想圣经。而在宫廷执教后妃之时，《女诫》虽然尚未写出，但其核心思想与具体的方法论早已在班昭的头脑中呼之欲出。这门女子“修身养性”课其实并非像很多人诟病的那样，是要用儒家思想把女子束缚成丧失独立意志、唯男子之命是从的附庸与奴隶。相反，班昭提倡一种示人以弱而以弱反制的以柔克刚术。也就是说，她教导女人自甘卑弱、侍奉丈夫、屈从公婆、取悦小姑等等其实都是手段，而其目的则在于通过曲线方式先保护自身再获取发展的权利。而这正是封建社会中的妻妾臣子都要熟练掌握的阴柔权术。小到家庭，大到宫廷，只要把这一套玩熟练了，就没有摆不平的人和事。而直到今天，各种“成功太太”培训班，兜售的仍然是班昭近两千年前的这一套。

班昭最好的学生是一个叫邓绥的贵人。这位身高七尺二寸的美女，同时也是一位极其热爱学习的知性女子。她在班昭的辅导下，不但学通了五经，而且掌握了天文和算术，能够看懂当时预示政治征兆的各种图谶，还能利用《周易》和阴阳之学来占卜算卦。而更厉害的是，她努力学会了班昭的“心灵柔术”并将之运用于宫廷争宠的斗争实践中。于是她很快便从嫔妃群中脱颖而出，先是固宠有术、立于不败，继而便战胜阴皇后并取而代之。在和帝死后，她又名正言顺地登上了太后的宝座临朝专政十五年。而班昭也理所当然地成了至为尊贵的太后之师。

作为当时声名显赫的女教育家，不但宫廷后妃们跟着班昭学习，就连帝国最有学术潜力的知识精英也拜倒在班昭门下。比如马融就天天跟着班老师学《汉书》(时《汉书》始出，多未能通者，同郡马融伏于阁下，从昭受读)。这相当于今天的著名博导招研究生。而班昭的这个学生，日后出落成了一代经史大师，其门生动辄数千人。而他们皆可谓班昭的再传弟子。

不但知识精英们对班昭趋之若骛，彼时，班昭主持的东观作为皇家图书馆与帝国学术中心，藏书如林，声名日隆，也成为一座辐射智慧之光的象牙宝塔，时人将其比之为老子当年所守的藏书室和收藏幽经秘录的蓬莱仙山。当年的东观就像如今国外的常青藤大学以及国内的北大、清华、复旦一般，贵胄富豪子弟人人争抢名额，都想入其内拜班昭为师，镀一层金粉，以备将来的履历表能闪闪发光（是时学者称东观为老氏臧室、道家蓬莱山，宗室外戚稍有才华子弟，皆以起家东观校书郎为荣)。

到了最后，连宫廷里的宫女、太监都抢着分批轮流到东观接受培训，以沐浴曹大家的春风化雨。

所以，《中国教育家传略》毫不犹豫地将班昭列入教育大家之林。

3

邓太后之所以能在与阴皇后的宫斗中接连获胜并如愿以偿地临朝专政，与其身后深藏不露的政治顾问班昭有着极大的关系。

在邓太后还只是一名贵人时，班昭就教其“专心不妒”之术，不但不为和帝宠幸其他嫔妃而吃醋，反而以自己不能生育为借口，挑选品貌端正的妙龄女子进献给皇帝。这一招大受和帝赞扬。而反观阴皇后，不但对和帝宠幸邓贵人而争风吃醋，更与其祖母一起在后宫大搞巫蛊诅咒之术，并扬言她将会像吕后迫害戚夫人那样，在和帝死后要将邓贵人砍去手脚泡在酒池里当“人豖”。邓贵人于是按照班昭的教导向皇帝求救，并做出了准备自杀的样子。和帝于是大发雷霆，一怒之下便废了阴皇后，而将邓贵人晋为新任皇后。

邓皇后入主后宫之后，很好地执行了班昭的策略，每当皇帝有所赏赐，邓皇后总是再三推让。皇帝每次计划给皇后的兄弟加官晋爵，皇后也总是拦着不让。所以直到和帝去世前，皇后的哥哥邓骘还是个小小的中下级军官。

而这一切都是通向最高权力的手段。邓皇后所等待的只是一个芝麻开门的机会。果然，就在和帝咽气去世的当晚，不能生育的邓皇后马上抱出一个和帝的私生男婴并将其奉为新君，而自己立即升级为皇太后，并临朝专政。而这一“专”，便是漫长的十六年。

在邓太后专政的那些年中，班昭作为政治智囊多次对政局发生过影响。比如，在邓太后之母去世的时候，掌握朝廷兵权的国舅邓骘兄弟按照礼法应该主动辞职，回家替亡母守孝。但邓太后担心这样一来兵权会落到别人手里而对自己不利。她举棋不定，于是向老师班昭咨询。班昭马上上书，引经据典劝说邓太后批准邓骘兄弟辞职。她说，你的兄弟辞职，的确对您掌权会有所损失，但权衡利弊，如果不这样做，您将会失掉世道人心，损失更大。邓太后心有灵犀，马上让自己的兄弟退居二线。

东汉一朝，先后有六位太后专权，但只有邓太后得以专权终身，以病逝善终。她之所以能久持权柄，主要是因为其身后站着班昭这样一位智者。邓太后对此心知肚明，深知自己的成功多因“班母一言”。为了报答班昭，她不但视其如母，而且屡次提拔班昭的独子曹成，先把他从一个微末的小官（司徒掾）提拔成只领俸禄不用干事的清闲中级官员（中散大夫），最后又将其封为享租千石的关内侯。

而在班昭71岁去世时，邓太后亲自为她戴孝举哀，并专门派人为其大办丧事，极尽哀荣，以报答班昭的资政之恩。

班昭不但是那个时代最杰出的史学家、教育家以及政治智囊，还是一个“赋颂并娴”、诸体皆通的文学大师。其传世的赋、颂、铭、诔、问、注、哀辞、书、论、上疏等共有十六篇，被其儿媳丁氏编成一本《大家集》。

作为女性文学的先驱，班昭是后世《昭明文选》收录的唯一女性作者。她的文学才华让中国第一部文学总集的编者承认，即使在男尊女卑的中世纪暗夜，女性的才华之光也仍可照进男权充斥的文学史。

【“达”得有理】

班昭堪称中国历史上第一女史学家以及著名教育家、文学家和高级政治顾问。

巫术暗夜里的占星者
——科学达人张衡

当汉儒董仲舒抡着天人合一的信仰之锤将天人感应的铁钉敲入汉武帝的脑腔，一股神学气息便笼罩了整个西汉帝国。两百年后，当一群神经质的方学术士拥着皇帝在一个叫白虎观的地方把体现天道意志的神学图谶写进法典，东汉帝国便彻底匍匐在了神学的黑袍之下。高高在上的天成为无所不能的遥控器——天幕之上的每一颗星辰，都像遥控器上的一个按钮，遥遥对应并控制着天下州县与万方人物。帝国子民的行为必须严格按照上天的表情行事。一旦哪里稍有违犯上天意志的苗头，上天便会以流星示警！而流星所至之处，必会有大片人头落地。

于是仰观上天的表情——观测、收集、分析、研究日月星辰的细微变化成为神圣的使命。帝国最优秀、最执著的知识分子被安排到这个离天最近、离地最远，因而也最孤独冷清的位置上，一边等待接收上天为帝国政治预警的信号弹，一边替帝国沉睡的死魂灵们持灯守夜。就在这些守夜人中，出现了一个神奇而伟大的智者。因为这颗智者头颅的存在，近两千年前的中国史才有幸获得科技与人文之光的双重照耀！近两千年后，透过残存的史籍，我们依然会因他灼人的智慧之光而瞠目结舌。

这位璀璨如星的智者，名叫张衡。

1

张衡37岁的时候被提拔到太史令（国家天文台台长）的位置上，享受着国家俸禄。其本职工作便是研究日月星辰、编制国家历法。这一工作，他前后两次一共干了十三四年之久。在这些与星辰长相厮守的无尽暗夜里，独对宇宙苍穹的他被星辰所召唤，悄然进入了一个玄奥而神秘的太虚之境。在这个崭新的境界中，仿佛被灵光照耀，这个本来只能被动等待并接收记录上天遥控信号的人，竟然一个跳跃，发现了遥控器内部的奥秘。

这些遥控器里的奥秘，便是我们今人所谓的科学。

在一千八百多年前的夜晚，东汉帝国的六百石太史令，成为人类历史上第一个看清上天面孔并敢于同上天展开深刻对话的人——他用一本叫《灵宪》的不朽天文学著作写出了他大脑中认识的宇宙天地和日月星辰。张衡认为，天地万物并非神造，而是源于原始未分的混沌元气，而元气又分阴与阳。不同质量、不同特性的阴阳二气在无尽的时间和广阔的空间中相互影响作用，进而发展成为宇宙万物。他进而认为，宇宙是从无到有、从小到大，而且生生不灭、永远处于变化发展之中的。这些宇宙生成理论与发展规律在遥远的西方世界，要等到十八世纪的1755年，才被伟大的德国哲学家、天文学家康德所提出。康德认为太阳系源于一团星云的“星云说”，被恩格斯誉为是“从哥白尼以来天文学取得的最大进步”，是在“形而上学的思维方式观念上打开了第一个缺口”。我们真的无法想象，比康德要早一千六百多年，比哥白尼要早一千四百多年的张衡，是如何嚼着东汉的稻米在河南洛阳的星空之下完成这一完全超越其时代认识水平的伟大创见的。

张衡不但指出了宇宙的来历和生成规律，还在另一部叫《浑天仪图注》的著作中描摹了他心目中的宇宙图景。张衡热切地写道："浩浩茫茫的宇宙就像一个鸡蛋，天像椭圆的蛋壳，而地像其中的蛋黄，天大而地小，天的表面有水，包容着里面的地。天地各自运转又无穷无尽，它们运转的轨迹是浑圆的，所以又把宇宙称为浑天。"这便是标志着中国古代宇宙发展观念新飞跃的"浑天说"。在此基础上，张衡进一步指出，天是一半盖在地的上面，一半隐藏在地的下面。所以太阳是白天照在大地之上，夜晚则运行到大地之下。由此他确定了近代天文科学意义上的黄道与赤道、南极与北极。更让人吃惊的是，公元二世纪沉沉夜幕下的张衡，竟然用他的观测与推算洞若观火地掌握了黄道与赤道的精确关系。

作为一个伟大的天文学家，张衡还是世界上第一个科学解释日食和月食成因的人，第一个提出崭新行星运动理论并正确阐释月光的来源（月光生于日之所照）的人。他超前的宇宙结构理论和卓越的天文发现，为世界天文史掀开了不朽的一页。

也许正是在这个意义上，世界科学组织才于1970年把月亮背面的一座环形山命名为"张衡山"，又于1977年把太阳系中编号1802的小行星命名为"张衡星"。中国"科学之圣"、"阴阳之宗"张衡的名字，便这样屹立于苍穹之间，与日月同辉，与宇宙不老！

2

张衡作为一个世界级科技巨人的神秘之处在于，他不但有一颗外星人般奇幻的大脑，更有一双鬼斧神工般的魔术之手。他不但能让自己的思维凌虚高蹈抵达太上幽微之境，更能用灵巧的手指造就令世人眼前一亮的诸般神器，让人类的前途更加光明而充满希望。

虽然一千八百年的兵火劫难已经毁去了张衡留给后世的大多数发明成果，但现存于世的“两仪两车”、“候风铜鸟”、“独飞木雕”等神器，仍足以让我们领略发明家张衡的伟大才华。

40岁时，已经熟窥宇宙奥秘的张衡为了向世人演示宇宙“浑天”运转的神奇图景，发明了世界上第一台天文钟——水运浑天仪。当水运浑天仪在放置它的地下密室里随同宇宙时间一起运转的时候，仪器上的日月星辰结构便演化出如宇宙实物一样的奇幻景象。人类不必走出密室，便可知道何星东升，何星西落。宇宙运转的奥秘，便这样活生生地被张衡搬到了人类眼前。

54岁时，已经把宇宙搬到了人们眼皮子底下的张衡，为了掌握大地的奥秘，又制造了一件后来令西方科学家震惊不已的地震预测装置——地动仪。这是全世界第一架准确测量地震方位的仪器。类似的仪器，欧洲直到1880年才出现，比之张衡晚了将近一千八百年。

而与“浑天仪”、“地动仪”并称的“两车”指的是“计里鼓车”与“指南车”。据说，“计里鼓车”中间安置着三只奇特的轮子，驱动之后可以计算行驶里程；而“指南车”，顾名思义，具备在行驶中自动指示方向的功能，相当于汉代的GPS导航！

张衡还发明了可以测定风向的“候风铜鸟”。这一气象仪器经著名科学家竺可桢的考证，类似于西洋屋顶上的“候风鸡”（又名风信鸡）。但不得不说的是，西洋“候风鸡”直到十二世纪才见于史册，比张衡的“候风铜鸟”整整晚了一千多年！

而更值得一提的是信史所载的“独飞木雕”。这只张衡发明的鸟形木制大雕“腹中施机，能飞数里”。有人考证，这是世界上最早的飞机！据说，张衡在鸟腹中安置了精密螺旋桨一类的动力装置，因此可使木鸟单独飞行数里之遥！考证者认为，这绝非虚构的神话传说，而是实实在在的张衡制造！

神学搭台，科学唱戏。为东汉帝国神权政治服务的太史令张衡，在神权为他搭起的戏台上唱出了享誉世界的好戏！对巨匠张衡的科学才华，其密友崔瑗曾由衷地感叹说：“张衡啊，你天文历法占卜方面的学问，已经穷尽了天地的奥秘，你发明制造方面的技术水平已经可与上天造化媲美！”（数术穷天地，制作侔造化）东晋方士葛洪则送了张衡一个神秘兮兮的绰号——“木圣”！

3

其实，投身科技事业是张衡三十而立之后干的事。30 岁之前，他是一个名动文坛的文学大师！

18 岁，张衡怀着文学梦出门远游。在骊山看了烽火台后，他泡在华清池的温泉中意气风发地决定挑战当时的文坛领袖。当时文坛的流行文体是篇幅庞大、句式豪华的大赋，代表作品为热烈赞美东都洛阳、西都长安的《两都赋》，而其作者便是以《汉书》扬名后世的大历史学家班固。年少气盛、自学成才的张衡认为，虽然大赋天生就是用来拍皇家马屁的，但班固拍得过于热烈以致得意忘形，而他所要做的，就是用大赋重写两都，好让班固惭愧。说写就写，但这一写就是整整十年！在没有现成的百科全书，没有成套的地方志，没有辞海，更没有“度娘”与“谷哥”的时代，要写排比句如秋后成串的葡萄一般的豪华大赋，要写出三十种鸟五十种树一百种花花草草来，你真还没有别的好办法，唯一的途径便是一头扎进竹简的海洋中广搜穷捕，或者一脚一脚地实地采风，问遍野叟故老。正是凭着这么一股子劲儿，张衡写出了崭新的《两京赋》。其中《东京赋》对当时帝王的骄奢淫逸进行了尽情地揭露与讽刺，而

《西京赋》则把人民的苦乐与帝国的安危联系起来，借此劝诫帝王要勤政爱民。

《两京赋》一出，文坛震动，年轻的张衡立即名列汉赋四大家。而后人左思则读着《两京赋》写出了后来一时洛阳纸贵的《三都赋》。《两京赋》之贵，由此可见一斑！而除了《两京赋》，张衡还有《归田赋》《思玄赋》《应间赋》《骷髅赋》等大量赋作。而在赋作之外，在新诗酝酿期的东汉文坛，张衡还广泛地进行了诗歌实践，在四言、五言、七言诸体诗领域，都写出了具有里程碑意义的不朽诗篇。

在五言诗方面，他以一首爱情题材的《同声歌》开创了东汉时代的五言新风。而在七言诗方面，一唱三叹、反复吟咏的《四愁诗》是典范化的七言诗的第一块里程碑，这一组诗歌不断被后世诗评家热烈赞美，被誉为“千古绝唱”、“百代情话，独畅此篇”。而诗圣杜甫正是读着《四愁诗》写出了《七歌》；鲁迅也正是模仿着《四愁诗》写出了《我的失恋》！

文丛豪客、诗坛圣手，张衡的才华直追“班马”。张衡除诗赋盖世外，他还是东汉六大画家之一；而在史学领域，他丝毫不让班固和司马迁，光对二人的驳斥意见就提了几十条！

一千八百多年后，另一位才华横溢的通才式人物郭沫若来到张衡墓前，发出了热情的赞语：“如此全面发展之人物，在世界史中亦所罕见。万祀千龄，令人景仰！”

【“达”得有理】

“数术穷天地，制作侔造化”，科学之圣，阴阳之宗；奇技伟艺，出神入化；才追“班马”，万世通才。

摇鹅毛扇的科技男

——发明达人诸葛亮

历史不容假设！但是，很多人都忍不住好奇——如果三国时期能够有如今这样的文化产权制度，那么蜀汉是不是会多出一个像比尔·盖茨那样的超级巨富？试想，如果一个国家军队中的每一把军刀、每一张弓弩、每一支箭矢、每一辆运输车、每一颗信号弹乃至每一顿饭中都有完全属于某个人的科技含量，那么作为享受专利的发明人，会在福布斯榜上排行第几呢？

发明并享受这些科技专利的必然是三国时代最聪明的男人——蜀汉丞相、全军总司令兼总参谋长——诸葛亮。这位号称“智圣”的卧龙先生，绝非是耍嘴皮子的国际辩论会总冠军，也绝非是照着八卦图操练大型团体操的三国运动会开幕式总导演，他的真正职业是一个运筹帷幄的军事统帅以及一个货真价实的军械发明大师。他那颗仿佛内置着四核处理器般的脑袋稍稍一转，蜀汉的武库里就会多出一件令曹魏军人头痛不已的兵器来。

而在军械的发明制造上，诸葛亮完全是一个精明而冷静的实用主义者。他的口号是：怎么厉害就怎么来。

让我们穿越火热的岁月梦回三国，在滚烫的古典战争中一一检阅超级军事科技男诸葛孔明的伟大发明与创造。

1

在后三国时代，曹魏军中有一壮一老两位骑兵司令。正值壮年的是猛将王双。这家伙惯使一把六十斤重的大砍刀，开得两石重的铁胎强弓，更厉害的是他冷不丁还会打出一手暗器流星锤。在曹军总司令曹真眼中，他的神勇不下当年排名第一的温侯吕布，而在蜀汉将士眼里，这杀神简直是英勇无敌。另一位老将叫张郃，这位早在官渡之战时便勇冠三军，经过几十年沙场历练，如今更是藐视天下，厉害得邪乎！

但这两位司令在与蜀汉的战争中不约而同都“挂”了，而且死法惊人一致，都是被万箭齐发射成了刺猬。尤其是张郃，在一个叫木间道的鬼地方，连同手下百员将校、万名精骑一起死于蜀军箭雨。

神弩响，死神降！让曹魏骑兵从此闻风色变的蜀汉新式连弩从此登上了战争舞台。

在蜀汉全军序列里，活跃着一支由善射的少数民族战士组成的特种部队——连弩士。这三千名来自榨菜之乡涪陵的夷人士兵人手一副当时最为先进的自动射击器——损益连弩。这种一扣扳机就能骤然射出十支剧毒铁箭的连弩有个十分霸气的名字——“元戎”。“戎”即兵器，“元”乃第一。“元戎”就是天字第一号的兵器。

发明这种新式连弩的兵器大师，就是蜀汉丞相、三军统帅诸葛亮。而诸葛总司令之所以要煞费苦心地发明这种“损益连弩”，完全是为了痛击曹魏骑兵。雄踞北方的曹魏不但经济实力雄厚、军事科技发达，而且占有大量天然的良马牧场，于是他们就拥有众多的骑兵，所谓“武骑千群”——数以千计的骑兵营。曹军不但数量多，而且骑士勇猛、装备精锐。曹家骑军里有虎贲勇士团组成的“虎豹骑”，还有以北方少数民族骑士组成的“乌丸骑”。这些周身覆盖着铁甲的骑兵装备着当时质量最好的长枪大刀、角弓羽箭。他们来去如风，一日一夜可奔驰三百里。昔日当阳长坂，先帝刘备就是被这些曹家骑兵追得落荒而逃，连老婆都被迫跳了井。而如今诸葛亮既然发誓要北伐中原光复大汉基业，首先就得想办法克制曹家铁骑。

于是新式连弩的图样就渐渐出现在诸葛亮的大脑中。

弩，本来便是一种在古代战争中杀伤力很强的射击兵器。弩的优点，就在于它能蓄势待发，有力地将箭射出去，击中预定目标。在火器发明之前的冷兵器时代，“发于肩膺之间，杀人百步之外”的强弩，绝对是先进武器。但是，用弩也很麻烦——由于每发一箭都要经过拉弩、张弦、上箭、击发等一系列动作，因此当敌人的骑兵集团全速冲锋时，弩手顶多射出三箭，敌骑便已冲到了眼前。为克服单发弩的局限，能够实现连发功能的连弩便在春秋时期产生了，但它们十分笨重。而诸葛亮六出祁山北伐中原，强烈地要求一种火力既猛携带又轻的单兵连弩的出现。于是，“损益连弩”便应时应地而生了。

“损益连弩，谓之元戎，以铁为矢，长八寸，一弩十矢俱发”（《三国志·蜀书·诸葛亮传》），这种后来俗称为“诸葛弩”的损益连弩，是诸葛总司令在秦汉连弩知识产权的基础上进行的一次革命性创新。其性能不但远超当时国际先进水平，而且正是蜀汉军队山地、丛林战中急需的“骑兵克星”。即使用现代兵工的眼光来看，“诸葛弩”也完全是一件划时代的杰作。

首先，公元三世纪的诸葛亮已经想出了现代枪械的弹仓技术——“诸葛弩”的弩臂上加有一个可以装填十支短箭的箭匣，这就实现了单弩的连续射击。其次，“诸葛弩”所用的八寸短箭可以说是当时国际上体积最小、速度最快的子弹。再次，“诸葛弩”运用了新式弩机并提升了瞄准器，提高了射击力度和精度。

“诸葛弩”马上装备了蜀汉部队。诸葛亮还专门成立了连弩特种部队——“后主延熙中，丞相亮发涪陵劲卒三千人，为连弩士”(《华阳国志·后主传》)。这些吃榨菜的大个子涪陵诸葛弩兵果然厉害，在北伐中原的战斗中把王双、张郃等骑兵猛将的部队射得落花流水。

很多年后，西晋镇南将军刘弘在参观诸葛亮故居时，对诸葛弩赞叹不绝。他实在想象不出，诸葛亮怎么能发明出这种神器？他说：“这种神器的连弩，是多么奇妙啊！”（神弩之功，一何微妙！《蜀书·诸葛亮传》）

2

在没有空投补给的古代山地作战中，军粮运输是个最让统帅头疼的问题。一旦粮食吃光了，你的将士再勇猛、仗打得再热闹，你也得赶紧往家里撤。如果不撤，那么不用敌军费力气，自己就把自己饿死了。

而诸葛亮北伐中原，选择的通道正是不利于曹魏骑兵大兵团作战的秦陇山地。战术上倒是扬长避短了，但山道崎岖，粮食补给却跟不上。更何况蜀道难于上青天，怎么把粮食从四川运到甘肃前线就成为天大的问题。

于是中华文明史上最神秘、最伟大的创造“木牛流马”就出现在了将近一千八百年前的蜀军粮道上。

所谓“木牛”就是木制的牛形运输车，而“流马”则是“木牛”的改进加强版。公元231年，诸葛亮率大军出祁山北伐时，蜀军粮道上就行进着首尾相接的“木牛”车队。三年后的234年，诸葛亮领兵出斜谷北伐时，粮道上往返运粮的则是络绎不绝的“流马”车队（建兴九年，亮复出祁山，以木牛运，粮尽退军，与魏将张郃交战，射杀郃。十二年春，亮悉大众由斜谷出，以流马运……《蜀书·诸葛亮传》）。但就在这一年的秋天，诸葛亮在宝鸡五丈原病逝。随着设计师的病故，内部造型复杂的木牛流马绝技便失传了。但在二百多年后，另外一个南北朝超级科技男竟然如诸葛附体一般复制出了早已失传的木牛流马，他就是那个在地上画着圈子就算出了圆周率的科技天才祖冲之（以诸葛亮有木牛流马，乃造一器，不因风水，施机自运，不劳人力。《南齐书·祖冲之传》）。但遗憾的是，祖冲之的复原技术竟然也没有流传下来，于是“木牛流马”就成为一个神秘的科技图腾而消失在中华文明的天空中。

但毋庸置疑的是，这种近一千八百年前的神奇军事运输车是真实存在过的。透过古迹斑斑的历史记载文字，木流牛马的具体形象便可闪现在我们眼前。这是一种在崎岖的山道上既可单独行驶，又可组合成列的牛形木制运输车。这种车的车厢在牛背和牛腹之间。其中载重量大的“木牛”最多可一次性装载军粮650斤，而载重量小的“流马”一次可载军粮140斤。这种运输车如果单辆行驶，一天可走七八十里，如果连接到一起集体行驶，则一天行二十里。可以想象，数百辆这样的车排列成行、满载军粮行驶在山道上的情景，那简直就是军事运输专列啊。

这种巧妙利用机械原理的军事运输车不但可以大大节省军粮运输的人力和畜力，同时还可通过隐形机关“牛舌”来为车辆上保险。一旦扭动牛舌，引动牛腹内的机关，内部机械立即锁闭，运输车便可停止工作。更神奇的是，敌人即使剖开牛腹，也难以完全复制这种木牛流马，由此可见，诸葛亮对自己的科技知识产权是多么善于保护啊！

对这种神秘的木牛流马，后人一直希望通过不懈的研究揭开它的神秘面纱。但千百年来人们仍是众说纷纭，莫衷一是。其实也是啊，智圣诸葛亮的神秘智慧，岂是后人可以窥见的？不如就让这一杰作，永久地保存在尘封的历史典籍中吧。

3

在现代信号弹和电讯技术发明之前，战地通讯基本上是一靠走，二靠吼。但在秦陇高山深谷之间作战，无论是靠走还是靠吼，都难以快速而有效地传递讯息，一不留神还容易丢失或泄露情报。尤其是在夜战中，点火为号，等于是提前通知敌人，而放狼烟，几里外的自己人又看不见。在这种情况下，司令部怎么把指挥命令神不知鬼不觉地传递出去，就成为一个重大的科研命题。

诸葛亮于是发明出了“天灯传讯”术。在公元三世纪的蜀汉军队里，可能有一套类似于现代电讯密码的通讯技术，而这种通讯技术得以实现的载体则是夜晚天空中飘来的“天灯”。根据风向放向各路兵马的天灯，就是信号弹，就是发令枪，就是总司令下达的攻击令。而根据天灯形制的不同，其承载的信息可能也不一样。这完全要看军队内部事先规定好的密码。而这种密码，对敌军而言是完全保密的。

可以设想，当千军万马在漫漫黑夜中顺着一盏飞灯的指引从四面八方杀向敌军时，敌军的哨兵可能正仰头对飞来的天灯迷惑不解呢！那种情形是多么富有意味！

这种诸葛亮发明的天灯就是我们今天仍在放的孔明灯。这种在今天看来原理十分简单的孔明灯，在近一千八百年前却绝对是高科技，尤其是与精心设置的密码结合之后，就完全形成了一支军队的通讯指挥系统。而用以传递军报的孔明灯也成为三国时代战争的象征。一旦天灯升空，则有死神从天而降。渐渐地，这种孔明灯也被作为对死亡士兵亡魂的悼念而放向天空，其承载的是全军统帅诸葛亮对死难烈士的愧疚与抚慰。他可能是希望，这一豆灯火，可以带着异地战死的亡魂越过万水千山，返回西蜀家园。

作为一个超级军事科技大师，诸葛亮围绕蜀军的“谋打赢”战略还有很多项新发明。比如“扎马钉”，其又名“铁蒺藜”。这种在战场上到处抛置的小玩意儿简直就是三国时代的“地雷”，让敌人骑兵不敢随意放马驰骋。

此外，诸葛亮还发明了一种新式锻造技术。按其法打造的三千口“神刀”锋利无比，据说可以轻而易举地把填满铁珠的竹筒一刀两断。而为了有效保护蜀汉士兵的身体，诸葛亮还发明了一种极其坚韧牢固的铠甲——五折钢铠。南北朝时，宋主刘裕仿制了这种“诸葛铠”，据说“二十五石弩射之不能入”。

更令人对诸葛亮的科技知识产权产生叹服之心的是，我们现在常吃的四川麻辣火锅，据说也是诸葛亮当年为增强蜀军体质而发明的“养生军饭”！

如果诸葛亮穿越回当代，那么每一个“麻辣火锅控”每享用一次美食都应该向孔明先生交一份专利使用费吧？

【“达”得有理】

诸葛神弩，骑兵克星；木牛流马，军运专列；孔明飞灯，隔空传讯。军事科技，史上第一。

把伤寒装进口袋里的人
——医学达人张仲景

越惨痛的死亡，越像一面清晰的铜镜，越能毫发毕现地留下生命的倒影，也就越能促使人类认识生命构造的积极性。医学便是人类在与死亡的赛跑中生成的一门自救之道。

三世纪之初，整个西方世界在随罗马一同悄悄苍老，而在东方，刘秀的东汉也正步入它的衰死期。桓帝和灵帝这两位生活奢华而时尚的皇帝，以自己的昏聩之鞭驱赶着数以百万计的子民跳入了死亡之渊。而在神秘的巫蛊气氛中，一场更为猛烈而漫长的瘟疫席卷了饿殍遍野的南北大地——仿佛建安年代的饥饿与兵火还不足以令奄奄一息的人民绝望，上天还要用伤寒杂病来考验人类存活的意志。

面对伤寒，一位叫曹子建的诗人含泪写道："家家有僵尸之痛，室室有号泣之哀。或阖门而殪，或覆族而丧。"而一位医生却在这种集体死亡的大恐怖中出现在暗夜里，他煎煮着一味又一味的草药，书写着一张又一张的药方。他像一颗沉默而温暖的星，为瘟疫时代的夜幕增添了亮色。

多年之后，一代又一代的医生读着他写下的药方治病救人；多年之后，他的思想成为影响整个民族医学的经典思想；多年之后，提起这位大瘟疫时期将伤寒装进自己口袋里的医生，人们开始称他为医圣——张仲景。

1

建安年间的这场大瘟疫究竟有多厉害？从一组数字便可看出：著名的建安七子，七位大诗人，除了孔融被杀、阮瑀早逝，剩余的王粲、徐干、陈琳、应玚、刘桢五位大师，一股脑地被放翻在这场瘟疫之中。彼时尚为曹操世子的曹丕为此写道：“亲故多离其灾，徐、陈、应、刘一时俱逝。”

作为当时最著名的医生，这场大瘟疫直接激发了张仲景的救世之心。而家族中三分之二的亲人死于瘟疫中伤寒热病的惨痛，更促使张仲景起而抗疫。他为此遍寻古方，勤加探求，写成了一部十六卷的《伤寒杂病论》。而在写这部书之前，行医数十年的张仲景已是当时最著名也最具权威的内科病专家。

话说有一天，医生张仲景遇见了诗人王粲。王粲时年十七，但已少年成名，位列“七子之冠”。张仲景一看他的面色，就说：“哎呀小王，你的身体不太好啊！应该赶紧吃些汤药，否则你的眉毛不到四十岁就会脱落，眉毛脱尽，半年内你就得挂了！”当时王粲正青春少壮，官场得意，哪听得进这些话，心说这不是在诅咒我吗？所以，尽管张仲景认真把脉，热情开方，积极送药，但是王粲就是不吃。三天后，张仲景又见到王粲，问：“小王小王，你吃我开的汤药了吗？”王粲撒谎说：“我吃了啊！你看我好点儿没有？”张仲景于是叹息道：“小王啊，你这面色根本就不像吃过我的药啊！你怎么这么不把自己的性命当回事呢！”于是这事不了了之。二十多年后，王粲果然就在 40 岁那一年开始脱眉，并于 187 天后因感染瘟疫，死于征吴道中。于是就有了《世说新语》中曹丕在王粲丧礼上大学驴叫的著名段子。

张仲景之所以能一眼定生死，完全是因为他已经洞透了那个时代内科医学的奥秘。

张仲景少年学医，当时著名的看相大师何颙一见他就说：“这小子思虑精深而不张扬，将来一定能成当世名医。”（用思精密而韵不高，必为良医）而张仲景也的确很快超出了他的师傅——南阳名医张伯祖（识用精微过其师），成为当时的京师名医，尤其是在诊治伤寒热病方面，更是全国第一（后在京师为名医，于当时为上手，古今治伤寒者，未有能出其外者也）。

作为全国第一的大专家，张仲景看病不摆谱儿，不收红包儿，更不怕麻烦，其医风甚至比其医术都更令人景仰。中医看病，把脉至为关键。东汉末年的中医把脉技术已经和我们现代差不多了，医生都是把一只手搭在你的脉搏上，三个指头先后在“寸”、“关”、“尺”上使力，综合此三脉变化而后判断病情。这种“寸关尺诊脉法”在当时的中医界已经普遍流行，但张仲景不用这个办法。他不是不会，也不是不知道用此法看病快，一天能多挣几个挂号费，但他就是不用，因为他觉得这种诊脉法轻率，凭此法开方下药太不慎重。他用的是西汉以前的古法——“三部九候诊脉法”。这种老办法是把人的身体分为上、中、下三个部分，每个部分再分出“天、地、人”三部，一共九个部位，称为“九候”。“九候”又分左与右，合为“十八诊”。张仲景看病，必定要一一诊遍这十八个部位才下决断、开药方。事实上，他出身富贵之家，本人甚至当过长沙太守这样的高官。但是为了行医方便，他放弃了仕途而专心医道。这样敢于放弃仕途前程而一心治病救人的医生，即使放眼中国五千年历史，大概也不多见吧。

张仲景之所以被后世称为中医内科之祖，是因为他荜路蓝缕，破天荒地开创出了中医学“辨证施治”的治疗方法。张仲景根据疾病所在部位和性质，将整个内科疾病区分为“表、里、上、下、虚、实、寒、热”八种，这就是今天中医运用的“辨证八纲”。根据这“八纲”，张仲景又提出了“寒者温之、热者清之、虚者补之、实者攻之”的“温、清、补、和、汗、吐、下、消”的治疗方法，后世称为“中医八法”。这就相当于开出了八条祛除疾病的具体道路。后世中医，只要根据“八纲”灵活辨证，运用“八法”综合施治，就可以药到病除。

自张仲景之后，中医都是遵照此法治病救人。难怪宋代名医许叔微曾说：“不读仲景书，犹如儒不知有孔子六经也。”也就是说，医学之有张仲景，犹如儒学之有孔仲尼，所以人称其为“医圣”。

2

药方是中医的命根子，这也是历代中医都看重秘方的原因。而所有的秘方，几乎都或直接或间接地来自于张仲景。后世中医，其实是将张仲景存在银行里，一代一代吃他老人家的利息。

孔夫子作为至圣先师，为后世留下了至高的典范——儒学六经，而张仲景作为医学圣人、一代宗师，给后世中医留下的则是一部堪比六经的医学宝藏——《伤寒杂病论》。这一部十六卷的大书综合了张仲景一生的医学理论和治疗方法，涉及病理学、诊断学、治疗学、方剂学各中医分支，在中医领域是填补空白的第一经典。

要想知道《伤寒杂病论》在中医史上有多伟大，就得听听专家怎么说。清朝医学家唐容川认为，在《伤寒杂病论》之前，中医就像一个没有睁开眼睛的盲人，是张仲景开了中医的“法眼”。为什么这么说呢？这是因为《神农本草》作为药学经典虽然明确了药性，但是没有配出具有实用价值的药方。《黄帝内经》中的《灵枢》《素问》作为病理学经典虽然指明了阴阳相生相克的病因病理，但是也没有药方。《难经》八十一章是内科经典，但仍然没有药方。直到张仲景的《伤寒杂病论》，才继往圣、续绝学，提出了一系列具有实际使用价值的药方。所以《伤寒杂病论》是为中医开了千百年之法眼。

《伤寒杂病论》原著保留了 133 个药方。这些药方，有的是张仲景搜求古医书所得，有的是他自己根据临床实践发明的独门秘方。后世根据他的原书，又编辑成了《伤寒论》和《金匮玉函经》。前者是专论伤寒即外感疾病的专门著作，后者论述内科、杂病、外科、妇科等病症。而《伤寒杂病论》也被称为众方之祖。

明代徐熔说："唐宋以来，名医虽多，但都是读张仲景医书的徒子徒孙。他们的用药虽然千姿百态，但没有一丝一毫不是出自张仲景。"（唐宋以来，如孙思邈、葛稚川、朱奉议、王朝奉辈，其余名医虽多，皆不出仲景书。又《汤液本草》，于孙、葛、朱、王外，添王叔和、范汪、胡洽、钱仲阳、成无已、陈无择云，其议论方定，增减变易，千状万态，无有一毫不出于仲景者。洁古张元素、其子张璧、东垣李明之，皆祖张仲景汤。）

神奇的《伤寒杂病论》中保留的大量药方如今仍然在发挥着强大的效力。比如发汗排毒的麻黄汤、桂枝汤，治乙型脑炎的白虎汤，治细菌性痢疾的白头翁汤，治急性阑尾炎的大黄牡丹汤等等。当现代人因伤风感冒而喝下一剂发汗的中药时，很少有人知道他是在享受张仲景的知识产权。

3

2010 年，京城出了一位神医张悟本。打着中医食疗养生的旗号、借助电视媒体而迅速蹿红的张悟本最终被证明是一个道德败坏、欺世盗名的骗子。但谁也不敢否认，中医养生是行之有效的保健之道，而真正的中医养生之祖正是医圣张仲景。

著名作家刘震云近年出过一本书叫《一句顶一万句》，而张仲景说过一句可以顶一万句的金玉之言——“不治已病治未病!”正是这句话开了我国中医养生的先河。

张仲景中医养生的核心理念是：“饮食有节，起居有常，劳逸适当。”而具体到食疗养生中，重点就在于一个“节”字上。张仲景提出：人要摄取对身体有益的饮食，而坚决杜绝不利于健康的饮食。吃东西的时候要注意搭配调节、注意时节，而且要注意食量有节。在他的医书中，提出了很多很多关于饮食有“节”的告诫。比如“葵心不可食”、“蟹未遇霜，多毒，不可食”、“羊肉不可共生鱼”、“马肉豚肉共食，饱醉卧，大忌”、“春不食肝，夏不食心，秋不食肺，冬不食肾，四季不食脾”、“桃子多食，人热”、“梅子多食坏人齿”、“李不可多食，坏人胪胀”等等。

在告诫人们不可暴饮暴食的同时，张仲景还提出了注重天地阴阳变化、顺应寒暑消长等一系列保健法。这些与食疗养生一起，共同形成了中国养生保健学中最核心的部分。

细细想来，如今打着食疗养生旗号的饭店和医家，似乎都该为张仲景交一份知识产权使用费啊。作为免费使用医圣技术专利的后人，请永远铭记并感谢这位东汉末年的医圣吧。

【“达”得有理】

中华医圣，方剂之祖；伤寒克星，养生鼻祖。

不要大牌
不收红包
表扬信
感谢信
表扬信
奖 状
有病的人不能面对现实、积极治疗，真是悲哀啊！

丑女的逆袭
——阴谋达人贾南风

人的相貌是生殖系统随机选择的结果。所谓长相美丑，天地随化，这是没有任何公平可言的。

于是在生命的迷宫里，有人美得充满出路，有人却丑得无路可走。机遇面前，天鹅与恐龙，就是这般泾渭分明。

而对一个丑女而言，寻找出路便是一个沉重的人生难题。

一个丑女的一生很可能是被世界袭击、嘲讽、冷落、遗弃的一生。她将不但是一个弱者，而且将作为弱者中的丑类接受来自审美世界的拷问。

但，有一个恐龙级丑女却出乎意料地完成了对世界的逆袭。这位史上奇丑的女子不但将她所在的世界踩在了脚下，而且将一个强大的帝国拖入了崩溃的边缘。

就像那个打开魔盒并释放出无穷灾祸的女子潘多拉，这个奇丑无比的女子，依仗她无穷无尽的“智慧”，将西晋皇朝至高无上的权力玩弄于股掌之上。她挥舞着衣袖，对着帝国王室甩出了一个又一个的阴谋。一个江山一统、井然有序的时代，便因这位丑女皇后的逆袭而分崩离析了。

1

翻遍中国历史，无论哪朝哪代，哪个皇帝，后宫里恐怕都找不出像贾南风这样丑得离奇的皇后。

按丑的星级而论，西晋惠帝的首任皇后贾南风无疑是排名第一的丑女皇后。谁也难以想象，这样一位人见人怕的女子，究竟是如何把自己嫁进皇宫，又是怎样母仪天下的呢？

贾南风的少女时代，西晋帝国里并没有“中国好声音”，也没有“非诚勿扰”，一个少女走红和嫁入豪门的出路，全在于自身的门第与长相。

而若以长相论，五星级丑女贾南风是连一条通往婚姻之门的缝隙都找不到的。这位姑娘不但个子矮，而且皮肤黑。这也罢了，关键是脸蛋儿长得极其魔幻——朝天的翻鼻孔（可能还有鼻毛儿），大龅牙（很狰狞的那种），厚嘴唇（其上胡子茬隐隐约约），眼角眉梢还有两颗硕大的黑痣。矮胖粗黑怪，丑女应该具备的五颗星，贾姑娘哪一颗都闪闪发亮。想一想经常与周星驰搭档的吴孟达先生，就基本可以知道贾南风长什么样了。这样一副尊容，天生就是来这个世界遭受袭击与嘲讽的。

但若论门第，贾姑娘可绝不含糊。她有一个智商极高、地位极显的爸爸贾充。贾充爸爸作为魏晋时代最出色的阴谋家之一，曾经在最关键的时刻，一连两次作为急先锋为司马氏父子篡权上位作出了巨大的贡献。但即便是贾爸爸这样的一流能人，也对自己女儿的婚姻感到头疼不已。这样的奇葩女儿，可不是陪上一辆宝马车外带一套大别墅就能嫁个好人家的啊。至于靠女儿的婚姻光宗耀祖这样的好事，贾爸爸从来就没有想过。

但突然有一天，有人一拍脑袋给贾爸爸出了个主意："您家的二小姐如果想嫁一般富贵人家是很难的，要嫁大族豪门更是难上加难，想也别想。但是，如果你非要让姑娘出嫁的话，那你就把这闺女嫁给太子吧！"贾爸爸一听大怒，心说这不是在拿老子开涮吗？难道我的丑女儿自己遭受这个世界的袭击还不够？连我这个老爸也得陪着一起被你们冷嘲热讽吗？出主意的人赶紧说："老贾，我说的可是正经话，你要是不想去前线跟那个疯狂的秃子打仗，你如果还想嫁闺女，就听我的，赶紧想想怎么和皇帝陛下结亲家吧！"

原来，贾爸爸当时正在为如何逃避兵役而苦恼。作为皇帝司马炎身边的红人，他被另外的几位红人打了小报告。皇帝司马炎脑子一发热，就想把老贾调到西北前线去和一个率众造反的秃子去打仗。那个秃子很厉害也很疯狂，皇帝派去镇压的前几位都成了打狗的包子有去无回。不想当肉包子的老贾于是开始认真考虑把丑女儿塞给太子当老婆的事。

正所谓天下事只有想不到没有做不到，任何事情一旦想着去做便有成功的可能。而所谓的困难，大多是被某些别有用心的人夸大的。贾爸爸很快就通过太子的老妈——当朝皇后杨艳女士把事给办了。贾爸爸对杨妈妈说："皇后啊，我知道您也正为咱们太子的婚事发愁。太子这个人太诚实，为了咱的江山大业，您可得给他找一位仁厚有德的太子妃啊！"杨妈妈心说，那当然，我儿子司马衷本来就是一个脑子不好使的智障，这么个傻儿子绝不能找那种狐媚女子为妃，于是嘴上说道："有才有德的女子不好找啊！老贾你若心里有人，一定别忘了给我推荐啊！"贾爸爸于是马上说出了闺女贾南风的名字。这一提名字可把杨艳吓坏了，心想，谁不知道你家姑娘是个恐龙啊？但又一想，这个贾姑娘虽然丑，但据说人聪明且很有才华啊。这样的女子要是到了儿子身边，儿子应该就不至于把那点儿少得可怜的智商用到荒淫误国上了吧？就这么一犹豫，贾爸爸立刻搬出了一大堆珠宝，杨妈妈眼一花，嘴一麻，这亲就算订下了。

西晋泰始八年（272），年方16岁的贾南风正式成为东宫太子妃。这位奇丑的少女不但没有因这桩被动的政治婚姻而惊慌失措，相反，她很快就让后背长出了阴谋的双翅，成为西晋后宫里人见人畏的凶猛翼龙。

2

权力是一门至为深奥的学问。有人穷其一生都不得其门而入，但有些人却无师自通，不需专门学习便深谙权力的攫取与使用之道。丑女贾南风，正是这样不世出的权力大玩家。

年方二八的贾南风刚一入宫就掌握了权力这条大蟒蛇的七寸。作为一个小女子，她丝毫没有因白痴丈夫的智障而哭哭啼啼，相反，她把傻太子司马衷当成潜力股而紧紧捏在了手中。她不但没有让其贬值，相反，她还要使出一切手段来促其升值。

贾南风很快就遭遇了一次看似风波不惊实则凶险暗藏的政治风暴。晋武帝司马炎终于对太子司马衷的白痴感到忍无可忍了。他请大学里的博士们出了一套国际政治兼文学艺术类考卷，派人送到了东宫让太子司马衷作答。老皇帝的意思就是：如果儿子能勉强及格，那就让他接班；如果敢在考卷上鬼画符，那就让这个大白痴趁早滚蛋，换别的儿子来干太子好了！这种更换储君前的综合智力测试，在中国古代可是惊天动地的大事件。

送考卷的人一进东宫，就受到了热情得有些过分的豪华版接待。但出来搞接待的却不是太子司马衷，而是太子妃贾南风。贾南风把一张丑脸笑成了好几朵牛屎饼花儿，她在来使吃好喝好玩好之后，委婉地表示：太子有点儿感冒发烧，太医正在诊断。天使稍等片刻，我拿考题去请太子作答。

贾南风拿上考题没有去找司马衷，而是自己躲到密室里三下五除二给答了个满纸生花。要说这贾南风，丑是丑到了极点，但那才华却是人间少有。她洋洋洒洒写好所有题目，然后便命东宫高级参谋张宏拿去让太子照样抄录，好考个满分。但转念一想，她又追出去要回了卷子，“欻欻欻”地把其中一些已经写好的题目又涂掉了。张宏一看，钦佩地说：“太子妃英明。知子莫如父，如果我们答出一份满分考卷，陛下一看，就会察觉，那我们就都得死，而这样一涂，太子刚刚及格，我们便富贵可期了！”

果然不出贾南风所料，老皇帝司马炎一看太子抄录的考卷，难一点儿的题目的确是一个不会，但常识性考题呢，却个个不差。皇帝很欣慰，对秘书们说：“看看，我的儿子我知道，笨是笨点儿，但这智商做个守成之君也够用了，你们就准备好好辅佐他吧！”太子的地位于是更加巩固。

贾南风在东宫实行的是“两手抓”政策，一手抓太子，不让潜力股贬值；一手抓后宫里的其他宫女嫔妃。贾南风的意思就是，太子是我一个人的，别人都没有份，谁抢我杀谁！

在贾南风的淫威面前，整个东宫里的人都屈服了，但不屈不服的人也不是没有。一日，贾南风身边的宫女匆忙来报：“娘娘，娘娘，不好了！奴婢听说宫里有人偷偷怀了太子殿下的孩子！听说时日已久，即将临产！”

贾南风闻听大怒，传令宫殿内的执戟武士速速将此人拿来问罪。

在大殿之前，贾南风召齐全部宫女嫔妃，又命武士将怀孕的宫人推出来。她先用刀尖在宫人的脸上划出道道血痕，在宫人凄惨的嚎叫与哀求中，贾南风非但没有手软，反而更加恼怒。她一把夺过武士手中的大戟，大叫一声："贱人该死！"便将戟狠狠地戳在了宫人高高鼓起的肚皮上。

锋锐的大戟深深插入宫人的腹部，鲜血顿时喷射而出。宫人疼痛难忍，两手使劲抓住戟杆，脸上露出垂死前哀凄的表情。但贾南风并不作罢，她转动戟杆，让戟两翼的锋刃在宫人的腹部旋转、绞动。在一阵阵令众人头皮发麻的喊叫声中，宫人肝肠寸断而死。而贾南风一把拔出大戟，戟刃上挑着的竟然是一个已然成形的男婴。只不过，他已经死了。

贾南风擦擦手上的血，面向全体嫔妃只说了一句话："有再犯者，怀一个，本宫杀一个！"全体嫔妃立即跪倒在地，高呼："娘娘千岁，奴婢不敢。"

跪地高喊的人里，其实还包括一个已然怀孕的谢才人。谢才人见贾南风如此凶悍，赶紧向皇帝打报告，她本来就是皇帝派到太子身边的女人。报告一批准，谢才人就立刻离开此是非之地。她一回去便生下了司马衷的儿子司马遹。但谢才人唯恐贾南风也把这个孩子给挑到戟尖上，更怕自己的肠子被人一寸寸绞断，于是一直没敢带儿子去东宫认亲爹。这让司马衷在三四年中都不知道自己竟然还有个儿子。

3

入宫十八年后，老皇帝一死，太子妃贾南风终于捏着白痴司马衷如愿以偿地成了西晋帝国的皇后。为了掌握最高权力，从此开始，这位丑女皇后开始打出了一套接一套的阴谋组合拳，整个西晋王室差点儿被她打得一蹶不振。

彼时，代替傻皇帝掌权的是皇太后杨芷和其叔叔杨骏。杨芷阿姨是杨艳妈妈的堂妹，在杨妈妈临终前嫁给了老皇帝。按说杨家人对贾南风入宫为太子妃是有恩的，但事到如今，贾南风却不能容忍杨家一族来做皇帝大权的经理人。如果皇帝必须有一个总经理，那也必须是她本人。于是她开始玩起一套秘密的“政治招标”游戏！她悄悄地向司马氏诸王发出标书——谁能带兵进京除掉杨氏一族，谁便取而代之！

司马炎第五子——21岁的楚王司马玮欣然中标，凭借一个风险投资者的疯狂悍然入京，帮助嫂子兵变。贾南风亲临一线指挥，将杨氏一党不分男女老幼，一气杀掉数千人。连杨骏的妻子，也就是皇太后杨芷的母亲庞老夫人也被杀掉了。至于皇太后本人，竟被贾南风先废为庶人，然后断其饮食。这个当年以美貌著称的太后婆婆竟被活活饿死了。

杨家人杀完了，大生意做成了，但作为风险投资者，楚王司马玮却没有分到丝毫红利。因为也许是武帝临死前宣汝南王司马亮辅政的遗诏被翻出来了，总之在政变中几乎没有出一点儿力的司马亮老头竟然大摇大摆地进京，成了晋帝国集团公司的首席执行官，而出了大钱且出了大力的楚王司马玮充其量不过是一个董事会成员。作为实际董事长的皇后贾南风忙着巩固自己的胜利果实，所以对这种权力分配没有什么表示。但司马玮坐不住了，他不能容忍这个爷爷辈的老头子骑在自己的脖子上发号施令，于是调动王府驻军披甲提枪，包围汝南王府，又假传皇命，征召首都附近36支卫戍部队由自己掌握，齐攻汝南王。乱兵杀入王府，乱刀砍死了司马亮。

就在楚王认为这下可以放心攫取政治红利的时候，作为这几场兵变总导演的皇后贾南风以“假传皇命，擅自屠杀王公大臣”之罪宣布了楚王的死刑。贾南风派出的重甲骑兵蜂拥上前，将楚王击落马下，捆起来押赴东市。及至问斩之时，司马玮还哭着喊着让嫂子贾南风来证明自己的清白。他始终不知道，这场政治招标，其实只是贾南风用权力为诱饵设下的一个借力打力的局。当强力对抗的双方互相消解之后，设局的人便成了最大的赢家。

掌握了帝国大权的贾南风很快发现，当年谢才人悄悄生下的那个男孩司马遹如今已经成了一枚钉子。虽然与杨骏、司马亮、司马玮这些超级大铁钉相比，这个被封为太子的男孩充其量只能算一颗微不足道的图钉。但这颗图钉却扎在了贾南风最脆弱、最敏感的痛处——作为女人，她生不出儿子。其实贾后不是没有生育能力，她一连生了四个女儿，但她期待已久的那个将来可以做皇帝的亲生儿子却久久没有面世。每当看到茁壮成长的司马遹，贾南风都感到这是上天对自己的羞辱，所以必铲除之而后快。

于是，贾南风先让著名美男文学家潘安按照她的要求写了一篇“命题作文”，然后派得力手下灌醉太子，让其在昏醉中抄录了这篇作文。翌日早朝，当着皇帝司马衷和文武百官的面，贾后命人出示太子手书的字幅，并当众朗读。百官于是听到了他们这辈子最为大逆不道的话。这是一个儿子写给他的父亲母亲的信。大致意思是说，父亲母亲你们赶紧自杀吧，不自杀我就杀了你们。杀了你们之后，我登大位，立我的儿子为太子，侧妃蒋氏为皇后等等。

以此为名，太子司马遹被废，与三个幼小的儿子一起被软禁在金墉城中，其生母谢淑妃以及侧妃蒋氏也被严刑拷打，最终冤死狱中。

太子虽然被废了，但在皇后贾南风看来，只要司马遹还没有被人们彻底遗忘，那就有必要再一次抹掉他。永康元年（300）春节刚过，贾后便威逼东宫太监——也就是司马遹原来身边的跟班自首，诬陷司马遹曾想联络外人造反。凭借这个莫须有的罪名，已成庶人的司马遹父子被人从金墉城里拖出来塞进马车，送往许昌宫幽禁。旅途颠簸，天又大寒，司马遹年幼的长子病死于途中。这位前太子是一手抱着长子的尸体，一手牵着另外两个孩子走进许昌的。

为了彻底斩草除根，贾后又紧锣密鼓地命太医炮制毒酒，连夜派亲信太监持毒酒赴许昌毒杀太子。太子被幽禁于许昌后，日夜担心有人在饭食中投毒，吃饭饮水都极其小心。但催命太监的到来，彻底断绝了太子的生路。

这位太监作为一名有经验的老手，先派人断绝太子的饮食。数日后，他破门而入，取出毒酒逼太子饮下。太子知是毒酒，坚辞不饮。太监便一手持酒壶，一手捏住太子的两颊强灌。太子踢打挣扎，太监大怒，顺手操起房内桌子上的一个捣药的药杵，照着挣扎的太子当头一击。太子立即倒地，抽搐数下，乃死。

杀死太子，贾南风似乎终于放心了。作为帝国权力的最高执掌者，她计划永久性地享受自己的权力了。于是这个奇丑而多诈的女人，竟置傻皇帝的尊严于不顾，公然挑选天下美男入宫，以供自己淫乐。

自作孽，不可活！元康元年（300）四月初三夜，洛阳城内花香弥漫。暗夜无边的静寂之中，从皇城脚下的黑暗中传来一通隐隐的鼓声——

随着这激越的鼓声，皇城门户洞开，从黑暗中突然涌出的大量宫外禁军在赵王司马伦、梁王司马肜、齐王司马冏的带领下蜂拥入城，撞开了皇后贾南风的宫门。贾南风翻身而起，就见齐王披甲仗剑，连杀殿内卫士数人后，冲到了自己的床榻之前。

贾后见此情景，转身问齐王道："不知起事者是谁?"齐王凛然答道："赵王、梁王，本王!"贾南风闻言伸出一只手，对齐王说："准备好的，都拿来吧!"然后接过齐王递过的酒壶，仰头将壶中毒酒一口咽下。

黑色的血慢慢地从贾后的七窍汩汩而出。贾后仆地挣扎片刻，便气绝了。从服毒酒到气绝的整个过程中，这个祸乱晋宫30年、直接干政9年之久的女人，至死都没有喊一声。其决绝、其强硬、其干脆利索，令人惊叹。

但她终究是死了。而她点燃的火药包却使整个帝国因之而崩溃！

【“达”得有理】

丑而多智，擅长权略，皆史上第一。其缜密入微的心术与专政弄权的手段，皆已达纯青之境。可叹其为反面人物，否则，若将这些谋略和勇气用于为国为民，将是何等光景？

疯狂的石头会唱歌

——音乐达人刘琨

“音乐，能使愤怒的铁拳温和，能使赫赫的野猪驯服。”

“音乐，能支配所有的东西，能放射出不可言喻的感化之光。”

当十八世纪的歌德说出这两句关于音乐的名言时，四世纪中国的一位音乐人和他那段著名的音乐往事已经流逝了一千四百年。但那一缕黑暗乱世中的音乐之光，却越过冥冥中的大洋，借伟人之口说出了音乐的力量。

这让我们这些听众有幸回到晋阳城头的音乐现场，重新谛听来自空中的胡笳歌唱，重新瞻仰那个矗立在城头与日月争辉的白衣男子，重新抚摸那个仿佛具有魔力的名字——刘琨。

刘琨，字越石，这块温润而疯狂的石头，这个西晋末年闻鸡起舞的著名浪子，这个以胡笳为歌让中国音乐史风生水起的名字，就这样再次成为我们叙述的中心。

1

在四世纪初的西晋帝都洛阳城中，有一个著名的青年音乐家叫刘琨。这个出身古老音乐世家——中山刘氏的贵族青年不但是当时最优秀的古琴演奏家，同时还是贵族沙龙里最受欢迎的摇滚歌手和词曲作者。

作为家族音乐文化的杰出代表，包括古琴演奏在内的正统礼乐乃是祖上家传。而刘琨真正的音乐志向是当时最为流行的异国音乐——胡乐。作为一个极富演奏天赋的乐手，他几乎精通当时传入汉地的每一种胡人乐器。无论是吹奏乐器画角、横笛、短笛、排箫、口弦，还是打击乐器鞸鼓、铜铃、方钟以及弹奏乐器箜篌等等，刘琨都能玩得头头是道。而在所有的胡乐乐器中，刘琨最喜欢也最擅长吹奏胡笳。

在洛阳城外一个叫金谷园的豪华别墅里，音乐家兼摇滚歌手刘琨常常为自己的贵族朋友们倾情献艺。他的朋友都是帝都最有权势、最有财富、最有才华的青年精英，其中包括别墅的主人、沙龙组织者、帝国最有名的超级富豪石崇，帝国第一美男文学家潘安，当朝皇后的侄子贾谧以及大作家左思、陆机、陆云等人。他们这一帮帅哥，在当时的洛阳城内被称为“文章二十四友”。他们一起创造了帝都最活跃、最奢侈、最疯狂的文化生活，而刘琨显然是其中最有声有色且不可忽视的部分。

但是有一天，我们的这位音乐家兼歌手突然前来向他的朋友们告别了，因为他欣然接受了一项政府任命。这项任命与音乐没有丝毫关系。当刘琨用他平日弹琴操弦的手把一张并州刺史的委任状举在朋友们面前时，所有的眼睛都瞪大了。他们一致认为这是浪子刘琨的又一次恶作剧，就像他们平日里酒后经常嬉闹玩耍的那样。

但这一次，朋友们却在刘琨的眼眸中发现了平日从未发现的精光，那是一种严肃而勇毅的眼神。这种眼神告诉他们这张委任状的确是真的。站在他们面前的已经不再是昔日斗鸡走狗、弹琴唱歌的伙伴，而是执掌帝国一方生杀大权的军政大员！

但即便这是真的，朋友们仍然感到吃惊。他们面面相觑，猜想刘琨是不是疯了，因为谁都知道，此时的并州乃是一块匈奴铁蹄下的“飞地”，只在理论上属于西晋皇帝管辖。如果不是疯了，音乐家刘锟放着好好的帝都不呆、放着好好的沙龙不混，为何偏偏要北上送死呢？

就在朋友们迷惑不解的眼神中，刘琨眼睛一眨，又恢复了往日嬉笑的旧面目。他笑嘻嘻地说：“弟将往并州一游，诸兄可有随行同往的？”轻松调笑的口吻，完全就像一个著名歌星邀请老友们参加他的全球巡演。

但事实上，所有的朋友似乎都忘记了，刘琨除了是一位杰出的音乐家，还是帝都里少有的剑术高手。他们只记得刘琨性好斗鸡玩狗，却忘了刘琨还曾有一个闻鸡起舞的传说。他们都不知道，在多年以前，少年刘琨曾在月明星稀的午夜，与一个叫祖逖的少年剑客一起相约：如果某日神州陆沉，我辈便要放下一切，重整河山！

而如今，匈奴刘渊已在晋地称王，中原板荡，生灵涂炭，音乐家刘琨要放下管弦，操起干戈，北上击胡，效命王室去了！

晋怀帝永嘉元年（307），主政的东海王司马越任刘琨为并州刺史，加振威将军，领匈奴中郎将，前往并州抵御反叛的匈奴五部。刘琨这个洛阳城中的著名音乐家，于是慷慨悲歌，踏上了北上击胡的英雄路。

2

曾经的著名歌手、如今的并州刺史刘琨没有想到，他很快就要在晋阳城头被迫举行一场惊心动魄的清唱歌会。而听众除了空城之中提心吊胆的妇孺百姓，便是城外的十万头“野猪”（正如歌德所言）。

不，这是比“赫赫野猪”更为勇猛也更为可怕的匈奴铁骑。正如洛阳城中的朋友们所言，如今的并州与其说是西晋国土，不如说是匈奴的后院。这些从公元前三世纪便登上蒙古高原的游牧民族，在六百年中已经无数次南下与迁移，如今他们的毡帐已经遍布晋地，而匈奴王刘渊的王廷左国城离晋阳仅仅三百里。奔驰如风的匈奴铁骑一日一夜便可跑个来回。

对大音乐家刘琨的“并州巡演”，匈奴王刘渊极其重视，也极其配合。作为早年在洛阳城中当过人质的匈奴贵族，他既见识过刘琨的琴风，也领略过刘琨的剑气。他深知这个既能操琴弄嗓又可一剑封喉的音乐人同时也是一名极其可怕的对手，于是他索性便一次送给刘琨十万名观众。当然，这十万观众不但带着耳朵，还带着武装到牙齿的刀枪。这些出身胡地的莽汉，对刘琨的琴乐与雅歌是没有兴趣的，他们真正想听的，是汉地妇孺垂死的哀哭与呻吟。

在刘渊一句“晋阳歇马”的号令下，十万匈奴铁骑于傍晚时分抵达了晋阳城下。他们狂呼大叫着将城池团团围住，并绕城纵马舞刀，来回奔驰，然后便到处放火。这是匈奴人即将攻城的前兆。当时晋阳城中兵不满三千，将只有刘琨一人，而城外胡骑却有十万，于是满城百姓惊慌失措，有胆子小的已经准备好了绳索与毒药，以备城破时自杀。入夜之后，城中没有一点儿灯火，满城军民躲藏在黑暗中竖着耳朵等待匈奴攻城。

无论城内还是城外，没有一个人预料到他们在这个夜晚将会听到史上最高水平的男声清唱，更没人预料到这场凭空而至的神奇演唱将会如何深刻地影响他们彼此的命运。但就在这种毫无心理预期的肃杀氛围中，一种起于丹田发自唇齿之间的男声清唱突然抵达了听众紧张无比的耳膜。

这一夜，巨大而洁白的月盘笼罩着原野尽头的孤独城池。明月照征人，征人起相思。在这清寒之夜，仰望头顶硕大而明亮的月亮，露营城外的匈奴骑兵油然生出怀念家乡亲人的悠远之思。而城内引颈待戮的晋阳百姓则在月光中祈祷着能够平安见到翌日早晨的太阳。

一轮明月，在提供最自然的灯光效应的同时，也为一场奇特的个人演唱会制造出神秘而空灵的心灵气氛。一切准备就绪，单等歌星上场。就在这时，一阵清奇悲苦的歌唱之声从城头烈然而出，这种仿佛从深不可测的丹田发出的悲吟，经过唇齿的激荡与共鸣，绵绵不绝地喷薄而来，循着月光无处不至地穿透了城外所有匈奴人的耳膜，同时也惊动了晋阳城内的老少百姓。于是城里城外凡是长着耳朵的人都一起睁大眼睛抬起头颅寻找那神秘的歌者。在旖旎的月光中，他们很快找到了那个旗帜一般挺立于城头的歌者。只见这个人一身白衣站在城楼之上，满头乌黑的长发披拂在肩头，正仰着清瘦的脸对月清唱。城内百姓立即认出城头的歌吟者正是他们的刺史刘琨刘大人。

同样一种演唱，于城内城外两种不同的听众而言，却是截然不同的两种意味。于城内百姓而言，他们知道自己的太守大人正在按照当时士林流行的风尚在“啸歌”。“气激于舌而清，谓之啸”（唐人孙广《啸旨》）。这种月夜歌啸，在平民百姓耳中听来，正是刺史大人风雅狂放的最好展演。大人好像以此啸声在告诉百姓，匈奴并不可怕，镇定自若，万众一心，同仇敌忾，自可战而胜之。

但在围城的十万匈奴耳中，此刻城上的歌唱却完全是另一种意思了。匈奴兵的第一反应是：这不是我们胡地的“长啸”吗？为何会出现在汉人城头呢？

原来，魏晋名士们崇尚的“长啸”、“歌啸”，其实从源头上来讲，正是包括匈奴在内的西北游牧民族的传统声乐艺术。在中古史书中，这叫“吹唇”或者“沸唇”，也就是气息从丹田上行抵达唇齿之间，并经过唇齿激荡共鸣而发出清脆啸声的一种歌唱。这种歌唱在现代声乐学中叫“唇边呼麦”，即通过翘起的嘴唇发出纤细明亮的丹田之气。作为胡地的传统声乐艺术，很多游牧民族的领袖人物都是歌啸高手。如匈奴王刘渊就曾在九曲黄河之滨啸傲天下，而羯族胡人领袖石勒也曾倚啸洛阳上东门。对于大多数的匈奴普通骑兵而言，这是他们宣泄内心忧愤与思念的最好方式，同时也是鼓舞斗志、以壮胆色的战歌。

而如今，城头上的清声歌啸却让匈奴人油然想起了自己祖辈游牧的蒙古高原，想起了他们水草丰茂的祁连山和胭脂山，想起了白发苍苍的父母和童稚的儿女。从刘琨喉咙里发出的这种类似于悲吟的歌唱太撩拨人的神经了。城外的一个匈奴骑兵听着听着不禁发出了一声凄然长叹，叹息自己在这样的明月寒夜为什么不是拥着妻子儿女围炉夜话，而非要在这荒郊野外围城杀人呢？就在这个骑兵为自己的叹息而感到羞愧的时候，他突然听到了周围接二连三的叹息声。原来，几乎所有的匈奴兵都被城头的歌吟所感动了。

在此起彼伏的叹息声中，城头的歌啸渐息。就在匈奴兵渐入梦乡之际，城头代之而起的是一阵幽咽的胡笳之声。

3

史上最强悍的胡笳独奏便这样被演奏者刘琨恰到好处地送到了听众耳中。

胡笳是最富有特色的匈奴民族乐器。在如今的蒙古语中被称为“冒顿潮尔”，在哈萨克语中被称为“斯布孜额”，而操突厥语的图瓦人则将之称为“苏吾尔”。胡笳最初是“卷芦叶而成”，后来一般是用红松、羊骨、竹管、芦管或者阿勒泰地区的一种叫扎拉特草的茎秆特制而成的直通空管。它长约五六十厘米，管身正面开着三个小孔，有时管身反面亦开一孔。管的上端无哨片或者山口吹门，全靠舌尖控制风门发出声音。所以，吹奏胡笳，完全是一种舌尖上的艺术。吹奏时一般是以竹管抵住上颚齿部，上下唇含住胡笳“包吹”。

胡笳的表现力极其丰富。汉朝的李陵曾在《答苏武书》中形容过这种乐器的威力：“凉秋九月，塞外草衰，夜不能寐，侧耳远听，胡笳互动，牧马悲鸣，吟啸成群，边声四起。晨坐听之，不觉泪下。”意思是说，胡笳吹起来，连牧马都会悲伤，而人听起来则会潸然泪下。

此刻便是这样。夜越来越深，而月却越来越明。城外的匈奴兵们怀着对亲人家乡的忧思慢慢进入了梦乡。刘琨则沐浴着满天月色，坐在城头，呜呜咽咽吹响了胡笳。城外的匈奴兵在香甜的酣梦中，恍惚听到的是家乡的胡笳之声。哀婉悲切、愁思绵长的胡笳声再次勾起了梦中人的怀乡之念。他们想，这胡笳一定是父母妻子吹给自己听的，是催促自己平安回乡的呼唤。于是这些钢铁硬汉不禁在睡梦中泪湿双眼。

演奏者刘琨用这种催眠式的胡笳之声，在敌人朦胧的潜意识中播下了一颗反战之种。而他很快要做的，便是继续用音乐为这颗种子送去阳光雨露，使之在敌人的心灵中生根发芽、开花抽叶，并结出和平之果。

第二天拂晓时分，匈奴人列队准备攻城，这时，城头上悲悲切切的胡笳声又起。匈奴骑兵闻听一愣，这不是昨夜梦中的胡笳声吗？难道这是长生天在呼唤我们早早回家？他们不禁悲从中来，泪眼迷离。良久，他们抬头相互观望，见大家表情相似，顿知彼此心意相通，于是便一声呼哨，拔营打马而去。

晋阳之围顿解。

以一曲胡笳巧退十万铁骑，以一场音乐会拯救一城百姓，史上唯有刘琨一人。这不得不说是史上最强最奇的音乐演奏会。但实质上，刘琨此举绝非取巧弄险。他之所以敢一身白衣独上城头开音乐会，完全是因为他早就把音乐的感化功能和胡人的心理掌握得一清二楚了。他是在拥有以音乐征服城下“野猪”的绝对自信后，方才走上城头的。

否则，明月朗照之下，城下万箭齐发，演奏者岂不瞬息之间便成刺猬？

而刘琨的胜利，是音乐的胜利，同时也是音乐家胆略与智慧的胜利！

【“达”得有理】

一个音乐家的非理性选择、孤城月夜的神奇演唱会、史上最强的胡笳独奏——为我们留下了一段独一无二的音乐传奇。

沉浮的凤凰

——坚忍达人羊献容

西晋末年的乱世火光将一个离奇女子的侧影投射在了官修的史书上。

这个被历史刻意省略了容颜、血肉以及大多数声音的女子，像屏风后的一个剪影，与观照历史的人始终隔着一层。但她同时也像一根柔软而坚韧的链条，用自己的命运串联起了乱世里所有成功及不成功的阴谋与变乱。

她是一个出身名门的皇后，一粒任人摆弄的棋子，一个任人操纵的傀儡，但同时也是一个命运之锤打不倒的传奇。

她就像一个被绑在冲浪板上送入万顷波涛的女子，在波峰与波谷之间起落沉浮，划出了一条令人步步惊心的轨迹。作为皇后，她竟然五次被废，六次被立，而最终又被野蛮的异族入侵者所掳掠。但令人吃惊的是，作为猎物一般的女俘，她非但没有被野兽吞噬，反倒以自己的美貌与智慧征服了野兽，使自己再一次登上了真正的皇后之位，并让自己的儿子成为皇帝的接班人。

一个女子，在与残酷命运的反复搏斗中终于成为胜者。这在极为黑暗的乱世，不能不说是一个奇迹。这是一个怎样坚忍的女子?

她有一个美丽而温柔、让人不禁浮想联翩的名字——羊献容。

1

羊献容的血管里，流淌着的是来自于周天子的高贵血液。她的远祖便是被周成王以一枚梧桐树叶封于唐地的叔虞。作为成王的弟弟，叔虞的子孙们在晋水之畔立国，这便是后来称霸春秋的晋国。

公元前514年，晋国管理层内讧，给晋公打工的六大异姓家族（六卿）作乱，将老板的直系亲属（公族）赶出了晋国。这些出奔的晋国公族中，有一支羊舌氏一路跑到了泰山脚下，在这里扎下根来，世称泰山羊氏。这个家族历经春秋战国与一秦两汉，到魏晋时已经树大根深，举国闻名。他们不但一连九代以道德名声著称天下，还一连七代出过俸禄两千石的高级官员。从这个家族走出的俊男美女曾经深刻地影响过西晋的政局。

“羊公碑尚在，读罢泪沾襟”，让著名诗人孟浩然在一首名为《与诸子登岘山》的诗中大发感慨并潸然泪下的羊公，便是出身于泰山羊氏的西晋开国功臣羊祜。羊祜最大的功劳便是替司马昭平定了吴地。而羊祜的同族从弟羊琇则对晋武帝司马炎的登基立下了汗马功劳。

更厉害的是，羊祜的姐姐羊徽瑜竟然是司马昭之兄司马师的夫人，被尊为景皇后。而羊献容，便是从泰山羊氏走出的第二位皇后。

羊献容的夫君便是中国历史上最著名也最弱智的白痴帝王晋惠帝司马衷。而羊献容的前任则是中国历史上最丑陋也最毒辣的皇后贾南风。贾南风弄权玩火，玩出了“八王之乱”，也让自己命丧黄泉。而由谁来接替她留下的后位则成为令朝政执掌者头疼的问题。

从天下女子中选一个令皇帝满意的女子来做皇后是件容易的

事，但要选一个让各方面势力都满意的女子来做皇后却是件很难的事。当时，朝中掌权的是赵王司马伦及其心腹孙秀，而在一边虎视眈眈的则是齐王司马冏。这个将要被选到白痴皇帝司马衷身边做皇后的女子，必须是赵王司马伦阵营中的人，但同时又不能被齐王司马冏所强烈反对。作为选后工作的执行者，孙秀千思万虑，最后将目光聚集到了羊献容的身上。

羊献容出身泰山羊氏，而齐王司马冏的父亲——老齐王司马攸是过继给司马师做儿子的。所以司马冏名义上是羊氏家族第一位皇后羊徽瑜的孙子，所以他绝对不会为难羊献容。而羊献容的外祖父不但是孙秀的同族，而且曾举家族之力支持孙秀，而羊献容的父亲羊玄之也是孙秀一党。将这样一个出身的女子安排到后位上，符合各方面的政治利益。

而羊献容本人的才貌是另外一个关键因素。晋惠帝司马衷虽然弱智，但他毕竟是一国之君，而且并不是分不清美丑，所以要想让他乖乖地听命于身边的皇后，这个皇后就必须有倾国倾城之貌，而皇后还非得有超常的心智与才华不可。

羊献容正是符合这一切条件的不二人选。虽然历史学家刻意省略了对其容貌和仪态的真实描绘，但我们仍从很多方面可以得知，羊献容是一位风姿绝代的美女。仅从其“献容”之名，我们便可联想到她容颜之妩媚。而若论其品德与才华，集羊氏家风、家学于一身的羊献容绝对是全天下女子的楷模。在当时，无论儒学、经学、玄学，无论文学、书法、棋艺、音律以及医学，泰山羊氏都出过首屈一指的大师。而羊氏举全族之精华推出的女性代表羊献容，必然是集家风、家学于一身的第一才女。

如此才貌双绝的女子就这样在家族长辈的安排下走出闺中登上后位。但她没有想到的是，等待自己的竟是无穷无尽的厄运——皇宫里迎接她的不是想象中的皇后宝座，而是一条悬空的锁链。而她，正是那个凌空走索人。

2

“八王之乱”是中国历史上最糟糕的政治乱局之一，这场一家人围绕着一个白痴皇帝争权夺利的群殴以你方唱罢我登场的积极姿态与不屈不挠人人有份的破坏心理将一个井然有序的强大帝国糟蹋成一个空虚而龌龊的垃圾场。而作为“八王之乱”初期的政治衍生品和晋惠帝身边不可或缺的权力象征物，皇后羊献容必然要在持续的乱局中起落沉浮。

如果说“八王之乱”是一场麻将，那羊献容就是那只象牙骰子，无论谁上场坐庄，都要按自己的所需所求肆意摆弄抛掷一番。如果没有一个坚强的存活意志和一种坚忍的精神，想要在这种接连不断的折磨与侮辱中活下来是绝对不可能的——中国历史上多的是为保全名节而上吊投井服毒抹脖子自杀或不堪折磨而病亡的后妃，但鲜有历尽风刀霜剑而不屈的皇后。

自永康元年（300）十一月被册立为皇后以来，羊献容先后五次被废，又六次被立。作为西晋末年母仪天下、级别最高的女干部，其沉浮不定的履历实在让人胆战心惊：

公元300年十一月，赵王司马伦与心腹孙秀出于政治需要，立羊献容为皇后。

公元301年二月，赵王司马伦篡位称帝，羊皇后一被废。

公元301年四月，齐王司马冏杀司马伦主政，羊皇后二被立。

公元304年二月，成都王司马颖当政，上表废后，羊皇后二被废。

公元304年七月，东海王司马越起兵反司马颖，羊皇后三被立。

公元304年九月，东海王兵败，河间王司马颙部将张方入洛阳，羊皇后三被废。

公元304年十一月，张方携晋惠帝至长安，在洛阳留守官员刘墩、周馥帮助下，羊皇后四被立。

公元305年四月，张方向洛阳留守官员施加压力，羊皇后四被废。

公元305年十一月，洛阳立节将军周权为讨伐张方，羊皇后五被立。

公元305年十一月，周权被洛阳令何乔所杀，羊皇后五被废。

公元306年六月，晋惠帝返回洛阳，羊皇后六被立。

至此，一代尊贵无比的皇后已经连续六次被立，五次被废，在政治的云谲波诡中屡次沉浮。从这一充满了屈辱的履历中可以看出，不但司马家的各位王爷们可以随意册立与废除她这位皇后，就连王爷家的将军如张方等辈也可随意凌辱并废立皇后。到最后，甚至连何乔这样微不足道的洛阳县令也敢玩一把废皇后的政治游戏。这种身份的凌辱，加之于任何一位女子都可能不堪忍受，何况是贵为帝国第一夫人的皇后呢？

其实，羊献容在这沉浮的六年中所受的屈辱还不只是身份的更替，更多的是死亡的威胁与暴力的摧残。其中最险恶的几次来自河间王司马颙和他的部将张方。

河间王司马颙见羊献容虽几经废立，但仍然活得十分坚挺，他很不满意，认为这个小女子是以性命在向他示威，于是专门派遣尚书田淑督促洛阳留守官员：以和身边的侍者通奸之名将羊后赐死！命令连续下达了许多次，留守的司隶校尉刘暾就是顶着不办，还冒死上奏说：“羊献容目前已经被贬为庶人，她门户残破，被囚禁在空空的宫殿里，而且有严密的岗哨守卫，完全不可能与所谓的奸人通奸。天下人无论聪明的还是愚蠢的，都认为她很冤屈。今天杀她这样一个即将油尽灯枯而无依无靠的弱女子，令天下伤心，对国家的长治久安有什么好处呢？”刘暾的辩驳将司马颙气得半死，立即派人搜捕刘暾。老家伙的注意力一转移，羊后才暂时转危为安。

而司马颙的部将张方留守洛阳期间，多次在全城进行烧杀淫掠。尤其是在挟持晋惠帝司马衷迁居长安之前，更是在洛阳皇宫里大肆淫掠（军人因妻掠后宫，分争府藏）。这样的烧杀淫掠，不可能不影响到已被贬为庶人的羊献容。

地狱般的六年折磨，已经达到了一个女人所能承受的极限。但她的厄运，并没有完。

公元 306 年十一月，晋惠帝中毒而死，晋怀帝登基，羊皇后靠边站了。

公元 311 年六月，洛阳陷落，羊献容与传国玉玺一起被匈奴军队统帅刘曜掳掠。

羊献容的命运貌似降到了苦难的谷底。读史至此，多以为她必然红颜薄命，就此而终。但谁也料想不到，她竟然以自己的智慧与执著，使自己的命运于柳暗花明间发生了惊天的逆转。

3

这无疑是一个美女与野兽的故事。就像美国电影《金刚》里的舞女与大猩猩，被匈奴军统帅刘曜所俘虏的羊献容最后竟然征服了刘曜，二人之间竟然产生了真挚的爱情。

刘曜是一个相貌和性格都十分奇特的匈奴统帅。从长相来说，他天生的两条白眉毛就让他看上去十分怪异。而他白眉毛下的一对巨眼中，竟然闪耀着红色的光。这样的长相，以今天的审美标准来看，完全就是一个怪物，而在四世纪的匈奴人看来，他却“仪观魁伟”。长成这样一副异相，自然就有过人之处。他 8 岁的时候，站在一棵大树下，雷电劈中大树，周围的人都吓傻了，而他连眼都不眨。长大后，他勇力过人，尤善骑射，一寸厚的铁板，他拉弓一箭就能射穿。在匈奴王刘渊的阵营中，他是数一数二的猛将。而更让人惊异的是，刘曜不但勇猛绝伦，而且还有非常高深的文化水平。他“好读书，善属文”，文采与书法都很高明。正因为此，他自命不凡，常把自己比作是乐毅和萧何一样的人物。而匈奴王刘渊的接班人刘聪更是认为，刘曜是像汉武帝和曹操一般的人物！

但这样一个高度文明化了的匈奴人，在攻陷洛阳之后，先命人把洛阳城从里到外挖地三尺地洗劫了一遍，然后一把大火将帝都烧成灰烬。他先后俘虏了晋怀帝与晋愍帝，成为西晋真正的掘墓人。

落在这样一个男人手中，羊献容的命运令人揪心。但令人匪夷所思的却是：这样一个勇武而残暴的匈奴统帅，最后却拜倒在了羊献容的石榴裙下。在美女如云的后妃队伍中，刘曜独独宠爱羊献容一人。他竟然将羊献容扶上了皇后之位，并在九个儿子争宠的前提下，将他与羊献容所生的儿子刘熙立为皇太子。

刘曜对羊献容这样一个掳掠来的前朝皇后非但没有肆意凌辱，还将其尊为皇后，这从一个反面证明了羊献容的巨大魅力。她肯定是在容貌与才华都远远超出刘曜其他嫔妃的前提下，才俘获了刘曜的一颗男人心。从这里，我们找到了史官们刻意省略的部分。

更令人惊异的是，羊献容与刘曜之间竟然产生了真挚而深厚的爱情。在将羊献容立为皇后之后，刘曜出于一个男人的自尊心问羊献容：“你觉得我和你以前的老公晋惠帝司马衷相比如何啊?”（吾何如司马家儿?）于是，我们听到了羊献容真实的声音。这是女人羊献容在史书中的第一次直接露面说话，也是最后一次。史官们怀着复杂的心理记录了她说的话："那个傻子哪能与陛下相提并论呢？陛下是凭自己的力量开创一个伟大帝国的神圣君主，而那个傻子却是一个弱智的亡国匹夫。当时，他只有妾身这样一个妻子以及儿子和他自己三个人，竟然都难以保全。他虽然贵为帝王，却眼睁睁地看着我被低贱的人侮辱。那时妾身实在不想活了，根本没想到会有今天的幸福生活。妾身也是出身名门望族的女人，以前常常想天下男人也不过如此。直到有幸服侍陛下之后，才知道世间尚有真正的伟丈夫！"（胡可并言？陛下开基之圣主，彼亡国之暗夫，有一妇一子及身三耳，不能庇之。贵为帝王，而妻子辱于凡庶之手。遣妾尔时实不思生，何图复有今日。妾生于高门，常谓世间男子皆然。自奉巾栉以来，始知天下有丈夫耳。）

刘曜闻言大喜，对羊献容更加宠爱。而羊献容不但成了名副其实的皇后，还频频参与国家政事，使才华得到了充分施展。

羊献容一事二主，而且真正地爱上了"胡主"刘曜，这让自居正统的史官们深感丢了面子，因此便在著史时语焉不详，不但略去了这个著名女人的音容笑貌，就连其说话也删得只剩一次。

但只要能一鸣惊人，凤鸣一次足矣！

羊献容仅有的一次出场，便喊出了中国历史上女子敢爱敢恨、具有独立意识的先声。而从爱上绑架者这个意义上来说，羊献容其实也是中国"斯德哥尔摩效应"第一人。

【"达"得有理】

泰山羊氏，名门才女；乱世皇后，五废六立；凤凰浴火，再造辉煌。人生如是，天下无双。

信仰刀锋上的探险者
——佛学达人法显

当信仰的力量过分强大的时候，一个信徒对其自身的渺小与卑微是视而不见的。这些执著于信仰的人常常以自身血肉献祭于信仰之坛，但往往也能以其狂热的追求于山重水复、绝无希望之处发现希望，于一片漆黑、周遭死寂的未知之境求得生命的大光明、大成功、大喜悦。

一千六百年前，就有这样一位追寻佛家戒律的中国僧人，在一路向西、历经生死的长途跋涉之后，终于把西方世界的佛光从海上带回了东方大地。而更奇特之处在于，这个僧人在面向西方踏出远行第一步的时候，已经65岁了。

一个65岁的老僧，究竟为何会突然生出万里远行的狂热梦想并不顾生死、舍身西行呢？这个叫法显的中国老僧，又是以怎样的神勇成就了史上第一西行求法成功者的传奇？

让我们逆着历史的风沙，追寻法显西行的足迹。

这是一个关于信仰的故事。同时也是一个关于生命、关于历险的故事。

1

后秦弘始元年（399），也就是著名的淝水之战十六年后，法显从羌族人姚苌所建的后秦国都长安出发，计划经河西走廊西去天竺（印度）。当时从中国陆路到西方有两条路，其中经过蒙古高原西行的路叫“草原丝绸之路”；而西出河西走廊，经新疆过葱岭到天竺的这一条被称为“绿洲丝绸之路”，但这也可能是最名不副实的一条路。因为这条路上多的是沙漠戈壁，而且这条路主要通向西亚，但在其尽头的西南方，却有山口可抵天竺。在当时，传说有西方僧人顺着这条路东来传法，但从未有中国的僧人真正从这条路到过西方，不但如此，就是当时东方各国的使者，对这条路的实际状况也所知甚少。而法显选中的正是这条只在传说中存在的道路。

没有指南针和地图，没有白龙马和向导，更没有现代的越野车和 GPS 导航，法显和他的四位伙伴仅凭着一个向西的方向，走进了完全陌生的未知之境。此时的法显，与其说是一个取经人，不如说是一个西行的探险者，一个未知道路的开拓者。虽然对前途几乎一无所知，但虔诚而坚定的法显认为，万能的佛祖自会为他们指明方向。

正是这样，法显和四位同伴从长安出发，翻过绵延起伏的陇山，来到了乾归国（西秦，在今甘肃兰州附近），在此地炳灵寺按照佛家安居戒律进行了三个月的“夏坐”（印度佛教僧人夏天在寺庙中静坐避雨的斋戒仪式）后，来到张掖。在此，法显一行与另外六名僧人会合，组成了一个十一人的西行僧团。西行僧团由法显打头赶到了敦煌，在敦煌太守李浩的支持下穿过了“沙河”（著名的白龙堆大沙漠），进入鄯善国（今新疆若羌县），从此到达焉夷国

（今新疆回族焉耆自治县），然后踏过塔克拉玛干大沙漠，翻越葱岭（帕米尔高原），进入北天竺。

法显到天竺的目的是取佛家戒律真经，但彼时的天竺戒律真经并非储存在某个图书馆的电脑里，靠一个大容量硬盘就可以拷回中土。作为一个取经人，法显得到处求索真经。而在一个风俗迥异、语言不通的地方，求到求不到，就得看你的勤奋、执著、天赋以及造化了。法显在北天竺到处游历以求真经。他先后沿着印度河到了陀历等国，但转遍这些国家的所有寺庙后，法显才发现，这些国家的佛教戒律都是靠口耳相传的，根本没有成文的典籍可抄。唯一的办法只能是继续走，接着寻。

于是法显只好深入印度腹地，到了中天竺，先后游历了达摩羯提等国。在被印度教徒统治的达摩羯提国首都，法显惊喜地发现了自己孜孜以求的大量梵文律藏。为了把这些真本律藏抄回中土，已经年过古稀的法显做出了一个重大决定——他要在此留学，学习梵文语言和梵文书法，以便先读懂这些律藏，然后再逐一抄写。在三年时间中，法显不但努力学习和积极抄经，还四处参加当地的佛教法会，观摩寺院僧团的组织形式和日常礼仪，大量参观佛教遗迹。三年后，抄写完律藏的法显继续行走，到了多摩梨帝国（今孟加拉国）。他在这里又发现了许多律藏和新奇的佛像，便又停下来写经画像。两年后，法显结束了印度之行，坐船渡过孟加拉湾，来到了狮子国（今斯里兰卡）。在这里，法显又用了两年时间寻访到四部经书。有一天，法显在寺庙中看到一个商人用一把来自中国的白绢团扇来礼佛，忽然醒悟到自己其实是一个来自中国的取经僧，也突然发现自己孑然一身已在异邦飘荡了十三年，而当年一起出国求法的同伴如今已或死或散。

孤悬天涯，乡关何处？法显不由得悲从中来。靠两条老腿走遍西方三十国的老和尚终于想念万里之外的家国了。

驮着一堆经书不可能翻过葱岭、越过沙漠。于是78岁的老和尚选择了海路回国。二百多天后，载着和尚的黑船穿过南亚的风雨终于出现在崂山的海面上。

2

正如佛家后辈唐三藏历经九九八十一难方把真经搬回东土那样，作为比唐僧早二百多年的先行者，法显为寻求佛家真理而舍身西行的每一步，都是在刀锋上行走，都是在经历生与死的考验。而正因了这番在冰火之灾中的成功大穿越，法显才以自身的坚韧验证了佛祖的力量，成就了信仰的辉煌传奇。而在世俗的意义上，他又被视为成就非凡的大探险家、大地理家。

西行之旅首先是对戈壁与沙漠的征服。法显僧团所走的道路虽然被后人称为“绿洲丝绸之路”，但这条早在汉代地理志中便开始沙化的道路上却鲜有生命的绿洲而遍布死亡的残骨。而“沙河”是一个令人毛骨悚然的称谓。变幻流动的沙漠之河将吞噬一切误入的生命。而法显在前往印度的途中，却先后穿越了白龙堆大沙漠和塔克拉玛干沙漠。

西出阳关，沙河挡路。这一后来被称为白龙堆大沙漠的流沙群当时已绵延一千五百里。在法显眼里，这片上不见飞鸟下不见走兽的大沙漠没有任何生命的气息，四处张望，除了漫天黄沙，便是太阳耀眼的反光。站立其中，人根本不知自己到了哪里，又将去往哪里。天上火热的太阳和地上累累的白骨成了指示方向的唯一路标。而屡屡袭来的风暴和流沙，不但挑战着法显年老的肢体，更考验着他火热的信仰！身陷沙河，法显胸中唯有佛祖，他忘我前行，连走十七昼夜，终于走出了这片黄色的“死海”。而他在随后穿越极其干旱的塔克拉玛干沙漠时，“沙行艰难，所经之苦，人理莫比”。法显在这样的艰难中连走一个月零五天，才走出了沙漠的边缘。

葱岭像一堵天然的冰川绝壁，横在东土与西土之间，一切欲往西方极乐世界的朝圣者，必须先翻越这一横亘的高原。从这个角度讲，葱岭的高度也便是信仰的高度。在法显的眼里，葱岭就像一条会吞吐风暴雨雪、沙砾石块的毒龙，“遇此难者，万无一全”，但法显仍然攀援着万丈绝壁，脚踩着凌空的石梯，攀过了葱岭，征服了后世眼中的“帕米尔高原”。

经过这样一番旅程，当初与法显一起出发的另外十位僧人已经或病或死或返，只有慧景、道整二人与法显继续前行。他们三人在翻越一座小雪山（今阿富汗苏纳曼山）时突遇寒流，大病初愈的慧景当场冻僵而死。法显抚尸大哭道：“取经的宏愿尚未实现，你便身死绝境，这难道是命运吗?”哭罢，法显化悲痛为神力，与道整奋然前行，爬过小雪山抵达阿富汗，并最终进入了中天竺。在随后的游历中，法显竟然被唯一的同伴道整和尚遗弃了——道整仰慕巴弗连邑辉煌的佛教文化和僧人威仪，感觉这里的“硬件”远甚于律藏残缺的东土，于是他发誓留在这里不再归国了。而法显不为所动，继续孤身前行。他遍游南天竺和东天竺，在恒河三角洲上搜求着佛律。

如果说从陆路西行是一次刀锋上的行走，那么法显的海路东归之途便是一次波涛之上的舞蹈，每一个旋转都带着死亡的眩晕。大海无数次地向着这个携带着西方真理的东归老人发出死亡的邀请，而他站立于劫波之上，始终屹立不倒。

从斯里兰卡带着历年收集抄写的经书和佛像一上船，死神便好像跟上了法显。这艘可载二百多人的大商船出发刚三天，便遇到了暴风雨。海水击破船板涌进船舱，乘客慌乱奔走挤成一团，把随手遇到的杂物都扔进了大海。法显生怕乘客把他藏经书的大包袱扔进大海，只好不住声地向观世音祈祷。就在这危急时刻，前方出现一个小岛，大船这才紧急靠岸，人们死里逃生。船在岛上补好后，又在危难中随风漂泊了一百多天，方才抵达耶婆提国。就是这个神秘的“耶婆提”，让法显的东归在后世引起了激烈的争论。近代著名国学大师章太炎在其著作中信誓旦旦地指出，“耶婆提”便是今天的美洲大陆，而法显也因此成为早于哥伦布一千年发现美洲的首位中国人。但也有更多的人依据科学的航海学考证，认为“耶婆提”其实是今天的印度尼西亚。

在耶婆提国停留五个月收集粮食后，法显换乘商船再次出发。行驶二十多天后，海上又起暴风，商船顿时失去方向，在万顷波涛间上下起伏。船上的水手十分迷信，将商船遇险的原因归结到船上的和尚身上，认为正是因为搭乘了几个和尚才出现了这样的问题。他们甚至想把法显和他的经书扔进海里以摆脱危难。法显此刻如怒目的金刚一般站了起来，怒声呵斥商人和水手，这才保住了性命和经书。几十天后，船上粮食和饮水皆尽，渗水严重的船只随风漂流，除法显之外的所有乘客都陷入了深深的绝望。但不断祈祷的法显却突然在慢慢消散的大雾中发现了隐约的海岸。

那正是中国的海岸。而岸边的山上，两位青州长广郡（今青岛崂山）的猎人发现了这艘绝望而神秘的黑船。

3

法显无疑是中国历史上第一位西行留学生，同时也是第一位年龄最大的“海归博士”，第一位将标准的印度佛教戒律本土化的中国专家。博士于东晋义熙八年（412）七月十四日早上在青州海边的胜利登陆，让分散发展中的中国佛教进入了一个崭新的“法显时代”。

法显西行取回的佛经共有《摩诃僧祇律》《萨婆多律》《弥沙塞律抄》《摩诃僧祇阿毗昙》《长阿含》《杂阿含》《大般泥洹经》等十一部。归国后，他翻译出其中的六部，共六十三卷。此外，他根据自己的游历见闻，写成了记述西南亚佛教史和人文地理知识的《佛国记》。

法显作为一位成就卓著的佛教革新家，其功绩主要体现在他对中国佛教律藏的完善、对毗昙心论的传播及提出佛性顿悟说等方面。

在法显之前，中国佛教尚没有一部确切而完整的佛家戒律，或者说，在法显求法归来之前，中国佛教是在彼此独立的混乱状态中发展的。而当法显带着四部佛家戒律中的三部——《摩诃僧祇律》《萨婆多律》《弥沙塞律抄》回国后，中国佛教开始拥有了自己统一的日常规范、管理制度和行为文化。

我们今天经常讲凤凰涅槃，讲“放下屠刀，立地成佛”，而这些概念，都与法显带回的《大般泥洹经》有关。《大般泥洹经》其实就是后世《涅槃经》最早的译本。此经行世后，中国佛教在讲般若之外，更讲涅槃。

此外，我们今天看到的腆着大肚、笑容可掬的弥勒佛以及众多的龙华寺，也与法显密切相关。据说法显当年是带着一张神秘的《龙华图》归国的。这张图虽然是法显在印度画下的众多图样之一，但它让法显在崂山登岸后不久，便依图在彭城建起了中国第一所龙华寺。此后，弥勒佛在龙华树下成道传法的信仰渐成风尚，并形成了后世的弥勒佛崇拜。而这一切，皆拜法显之功。

对法显西行的功绩，著名历史学家汤用彤先生赞颂道："晋宋之际，游方僧人虽多，但以法显至为有名……海陆并进，广游西土，留学天竺，携经而返者，恐以法显为第一人。"

法显的历史功业以及人格魅力，连眼空千古、绝少赞人的鲁迅先生都忍不住对其大唱赞歌。他在《且介亭杂文集》中说："礼赞晋法显，空前之伟人，中华脊梁骨，名句万百存。此言非过誉，当之无愧人。"

【"达"得有理】

花甲高龄，西行求法；历尽劫波，得渡真经。千古伟人，中华脊梁。

佛學達人

敲碎盛唐梦的打鼓人

——鼓乐达人唐明皇

一首诗可以成全一个人，比如琵琶女；一首诗也可以毁掉一个人，比如李隆基。

因为有了白居易的《长恨歌》，所以在很多人眼里，唐玄宗李隆基成了一个重色轻国的昏君。这个抢了儿媳做情人的皇帝，似乎只会在温泉宫、华清池里泡温泉、洗桑拿，于国于民、于文于武皆一无是处。但若抛开诗歌，顺着骊山深宫传出的袅袅丝竹之音循声而寻，我们会惊讶地发现，这个喜欢泡澡的皇帝其实是他那个时代里最伟大的音乐人。

音乐，于他是一种生命的挚爱，一件披于政治之身的迷彩，一张揣测人性忠奸的试纸，更是一味欲仙欲死的迷药，其大起大落、先荣后辱的一生，皆与音乐纠缠不清。而在将音乐推上历史的珠穆朗玛峰的同时，他一屁股从仙乐飘飘的九霄云上掉至尘埃。但即使摔得七荤八素，他的大脑里缭绕的仍是一曲未成的天籁。

他凭空来到人间，除了会一会太真妃，剩下的，或许就为了创造一个音乐的传奇。

1

没听说过唐玄宗李隆基会打鼓的人，不能算知道盛唐。

由皇帝本人把一面羯鼓打出威风八面、河清海晏的时代强音，是开元盛世的豪华马车抵达历史舞台的标志之一。

羯鼓，是盛唐音乐中的王者。就像出于西洋的架子鼓是摇滚乐队的指挥一样，源自外夷的羯鼓，乃盛唐八音之首。它一旦敲响，其他乐器就得听指挥，并按它的节奏同声附和。

作为乐器，羯鼓形如漆桶，其貌不扬。既可合奏，也可独奏，其音色急促如风、热烈如火、犀利如剑，被高手演奏到极致时，它便仿佛一阵骤来的箭雨，能把空气穿透成一只筛子；又如一把挥舞的巨锤，能把四面八方敲成碎片（透空碎远）。

这是一种完全属于猛男玩的重金属打击乐器，尤其适合在月白风清、登高抒怀之时，逞着酒性猛玩一把，在一片壮怀激烈的氛围中体会身为大唐男儿的酣畅快意。放眼盛唐时代，爱打羯鼓的男人层出不穷，鼓艺超群的乐师何止千百？但，无论是从业时间、技术水平、现场风格，还是精力财力投入的程度，没有一个人能和李隆基相比。身为帝国最高领导人，李隆基同时是开元时代的鼓王。

就像头顶上的皇冠不是从天上掉下来，而是靠两次宫廷政变杀出来的一样，鼓王的称号也非凭空而来，它完全是靠李隆基一鼓槌一鼓槌敲打出来的。

羯鼓曾经是李隆基长久以来避祸全身的一个道具。他出生的时候，他的奶奶武则天就先后废掉了他的伯父李显和他的父亲李旦两任皇帝，而成为史上唯一的女皇，李家子弟从此战战兢兢，如履薄冰；他的少年时期，则是活在伯母韦皇后篡权的淫威之下；至其青壮年，他又与姑妈太平公主斗智斗勇。为了绕开这三个强大而阴鸷的女人，李隆基暂时放弃了政治而选择了羯鼓——借打鼓解除忧闷，借打鼓发泄委屈，借打鼓强身健体，借打鼓社交串联。而最为重要的是，借打鼓讨取强势的奶奶、伯母、姑妈以及一切敌对势力的轻视，以换取自身的安全。

羯鼓就像一件迷彩伪装服，被李隆基紧紧套在了身上。这一套就是近二十年。在这漫长的政治潜伏期中，李隆基日日以羯鼓为业。他在自己的王府里和专业的乐工一起打鼓，在幽静的道观和寺庙里与道士和尚们一起打鼓，在皇家沙龙里与皇亲国戚们一起打鼓，在文武百官们的府邸里与志同道合者一起打鼓。作为一个鼓手，他似乎玩得忘乎所以。但是作为一条潜龙，他对自己的使命不敢片刻忘怀。羯鼓其实已经被他视为自己的肉身，每捶击一下羊皮鼓面，痛感便波及深藏不露但波澜起伏的内心。他疯狂地打鼓，其实就是不断地用痛感激励自己忍辱图强，有朝一日夺回旁落的皇权。终于，李隆基瞅准时机，一连两次发动宫廷政变，先后把伯母和姑妈掀下了政坛。

作为一个打鼓人，李隆基总算是一鼓槌一鼓槌地敲出了自己的帝王之心，同时也把自己敲成了开元时代无人可及的羯鼓之王。但他的打鼓技术究竟有多高超呢？让我们来看——

坐上皇帝宝座之后，李隆基像一个上瘾的人一样打鼓不辍，而且常常与一流的羯鼓演奏家们切磋技艺。有一次，著名的音乐明星李龟年为他表演羯鼓。作为开元时代“三兄弟青春组合”的灵魂人物、“唐朝好声音”总冠军以及乐器演奏大师，李龟年对自己的歌喉与器乐技艺都非常自负。打完羯鼓之后，他面有得色。李隆基就问他：“龟年，你敲断过多少副鼓杖（鼓槌）？”李龟年洋洋得意地答道：“臣打鼓多年，敲断的鼓槌少说也有五十副了！”不曾想，李隆基不屑地哼道："五十副？你小子差得实在太远了！朕早已打断了整整三立柜鼓杖！"李龟年大惭，三柜子鼓杖起码有五千副啊！他回家后猛练羯鼓十年，才勉强打断了一柜子的鼓槌。

作为羯鼓之王，李隆基的演奏极富现场动感。当时的宰相宋璟也是一位羯鼓演奏大师，但在演奏技艺上，他也自愧不如李隆基。看了李隆基的羯鼓表演，以耿直敢言、说真话为荣的宋璟不由得赞叹了两句："头如青山峰，手如白雨点！"这两个比喻形象而生动地呈现出李隆基打鼓时身体与手臂动作的现场美感。意思是说，打鼓时，李隆基的头就像巍巍耸峙的青山一般随着急促的节奏而高低起落，而他急速挥舞鼓槌的双手则如骤然而至的雨点，落在鼓面上。那么，如此这般敲出来的鼓声究竟有多震撼的效果呢？唐代作家南卓的《羯鼓录》给了我们答案。

二月初的一个早上，夜雨方歇，晨光初露，内庭小殿一派明丽。春气见暖，殿前窗外，柳芽将吐未吐，杏花似开未开，玄宗李隆基梳洗完毕后临窗一看，不由得灵感突来，技痒难耐，转身说道："对此良辰美景，朕总得做点什么吧！"太监高力士甚是乖巧，立即送上了皇帝用的羯鼓。李隆基于是临轩击鼓，酣畅淋漓地敲了一曲。鼓声未落，就见柳芽已吐出一片鹅黄的轻烟，而杏花盛开让人感到春光融融。李隆基得意地哈哈大笑，对嫔妃们说："朕这即兴一曲，就叫《春光好》吧！而朕催花唤柳的本事，你们不叫朕老天爷能行吗？"

嫔妃们赶紧跪下连呼"万岁"。

2

唐玄宗李隆基实在是中国史上独一无二的音乐皇帝。作为一个音乐天才，他不仅是羯鼓之王，不仅善于演奏笛子、琵琶、二胡等多种乐器，更重要的是，他还是当时世界范围内最优秀、最高贵的大师级编曲家兼指挥家。

李隆基是一个非常相信瞬间灵感的即兴编曲大师。花开叶落、草长莺飞、醇酒新茶乃至一个意兴阑珊的突醒之梦，都能激发他蓬勃而纤细的灵感之弦，并使其发而成曲。作为一个才华横溢的天才，他作曲根本不受条条框框的限制，也不按一定的章法，而是根据灵感启发，纵横恣肆、任意为之。但这种即兴发挥出来的乐曲却无不合乎音乐的法度，而又完全符合演奏节拍（不丽章度，取适短长，皆应散声，皆中节拍）。

唐玄宗是个多产的大师，其一生各个时期都创作有脍炙人口的音乐作品。比如，在登基之前的青年时期，他将发动政变的题材改编成了《还京乐》《夜半乐》等作品；登基后，开创出开元盛世，他又创作了歌颂自己文治武功的《文成乐》《小破阵乐》《圣寿乐》《光圣乐》等作品，其中的《小破阵乐》《圣寿乐》都是超大型的歌舞剧。即使在其生命的晚期，他也仍然创作了《雨霖铃》《谪仙怨》等追怀之作。而其一生最得意的代表作品还是《霓裳羽衣曲》《凌波仙》《龙池乐》《紫云回》以及他 56 岁时邂逅杨贵妃后所谱的《得宝子》等名曲。

在诸般乐曲中，唐玄宗尤喜谱写羯鼓曲。唐朝流传下来的 120 首羯鼓曲中，竟有 92 首都是他的作品。其中除了《春光好》，还有《秋风高》《曜日光》《乞婆娑》《色俱腾》等等。

玄宗很迷恋编曲。作为一个灵感极其充沛的艺术家，他随时随地都能进入旁若无人的创作之境。一日早朝，玄宗高高地坐在御座上听文武百官报告情况。突然，侍立一侧的高力士发现玄宗的眉毛跳了一下，旋即他的眼睛微微闭上，同时袖子一甩，两条胳膊抱住了肚子，袖子底下的手则不停地在肚脐眼儿那里按来按去，边按还边嘴角牵动，仿佛肚子疼得要命。于是早朝早早作罢。众臣一退朝，高力士急忙上前请示："陛下，臣为您传太医去?"玄宗一愣，说："朕身体好得很，请太医做什么?"高力士说："方才陛下不是腹痛吗?"玄宗呵呵一笑，说："那个，那是朕忽有所感，便用随身携带的笛子在袖子底下谱曲呢！"想了想，他又正色道："并非朕不专心临朝，实因此曲乃朕昨夜梦中云游月宫时仙人所教，今日清晨来不及写好就上朝了。朕忽然觉得此曲要凌空飞去，这才匆忙暗暗写定。"

唐玄宗不但是编曲大师，而且还是开元时代第一流的音乐指挥和导演，曾经编导指挥过无数震惊世界的超大型音乐盛典。开元二十三年（735），大唐东都洛阳开展了一场名为"大酺宴乐"的超大型音乐盛典。

这场空前盛大的音乐会的总指挥兼总导演，便是唐玄宗李隆基。

五年后，擅弹琵琶、能歌善舞的杨贵妃入宫，唐玄宗李隆基便隔三差五地在皇宫里举办内容丰富、花样百出的音乐歌舞盛会。

比如天宝元年的春夜，宫中兴庆池畔沉香亭边扬州新进贡的特种木芍药（牡丹花）灿然开放，唐玄宗李隆基乘着夜照车，带着坐步辇的杨贵妃驾临沉香亭赏花。为了助兴，他马上决定开一场别开生面的音乐盛会。而为导演好这场盛会，他立即召集李龟年等16位著名宫廷乐师前来，又命人用马把喝得醉酒不醒的翰林学士李太白驮到现场。等李太白醒后，他立即命其作新词。这便是包括"云想衣裳花想容"在内的三首《清平调》。为了让音乐会更有声色，李隆基还亲自横吹玉笛，进行伴奏。

3

作为开元时代世界闻名的音乐人，唐玄宗李隆基的身份绝非羯鼓之王、编曲大师、“唐朝好声音”音乐盛典总导演这些头衔所能概括。他的烫金名片上，最起码还应该印上全国音乐艺术学院总校长、全国音乐歌舞集团董事长这两大头衔。

作为音乐活动家，李隆基创办了集音乐教育、音乐研究、音乐管理、音乐演出等多位一体的音乐体系。其手下有包括太常雅乐、教坊四部、梨园三部在内的庞大的音乐组织机构。最盛时，其手下的音乐学员和专业演员达到数万人之多（唐之盛时，凡乐人、音声人、太常杂户口子弟一隶太常及鼓吹署，总号音声人，至数万人）。

其音乐教育机构中，教坊是盛唐时代的皇家音乐艺术学院。这个音乐教育机构分别设在东都洛阳和西都长安，每地又分左右两部，专门用来为国家培养雅乐之外的音乐人才。而梨园则是由李隆基亲自创办、亲自教练并专属于他个人的私人音乐学校，同时也是中国历史上第一所融音乐、戏曲、舞蹈于一体的艺术学校。唐玄宗李隆基亲自任学校校长（梨园崖公）。他经常抽出时间到梨园教宫女和乐人谱曲、演奏方面的知识，并组织督促这些人进行大型音乐会排练。作为大师，李校长的听力和乐感都极其敏锐，即使数百人的音乐合奏，只要有一个人出错，他马上就能指出来并予以纠正（教太常乐工子弟三百人为丝竹之戏，音响齐发，有一声误，玄宗必觉而正之）。在排练中，他对学生的要求十分严格，而每当学生达不到他的要求时，他又会放下皇帝和校长的架子，对学员们说：“大家给点面子，多努力，多加油，可不能给我李老三丢脸啊!”（勿辱三郎）

而其一手打造的音乐演出机构则更为庞大而豪华。他有一个名为“十六佳乐”的精英演奏团，这个演奏团由16位闻名整个开元时代的演奏家组成，包括吹筚篥的李龟年、弹琵琶的雷海清、弹箜篌的张野狐、吹笛子的李谟、吹方响的马仙期、打拍板的贺怀智等人。

除此之外，唐玄宗李隆基还能动员起一个超豪华的贵人客串表演团。这些人包括宁王李宪、歧王李范、薛王李业、申王李成器、宰相宋璟和李林甫、贵妃杨玉环、干儿子节度使安禄山等人。这些人里，李宪善于弹琴，李成器善于弹琵琶，宋璟、李林甫精于打鼓，而杨贵妃吹、拉、弹、唱、舞，无一不能。至于特别演员安禄山，虽然相貌粗丑、体格肥胖，但仍然会自告奋勇地表演胡旋舞，竟也舞姿翩翩，“旋转如飞”。

但是安禄山的胡旋舞完全是给干老子李隆基放的烟幕弹。他真正的“舞蹈”是用叛乱的马蹄和钢刀跳出来的。数年后，安史之乱发生，当叛军逼近长安时，玄宗仍然放不下他的音乐，临行时竟又登上花萼相辉楼，命乐工贺怀智、禅定寺僧段师等人用睿宗留下的“玉环琵琶”，为他弹奏一首凄楚悲凉的《水调》曲。同时，一善歌少年合乐唱曰：“山川满目泪沾衣，富贵荣华能几时。不见只今汾水上，惟有年年秋雁飞。”玄宗闻之，潸然泪下，不待曲终而黯然离去。

而这一曲，便为绝唱；而这一去，亦为永诀。他的宝座，他的音乐，他的生命，便都在无人喝彩中低至尘埃。

【“达”得有理】

盛唐鼓王，音乐皇帝，中世纪第一音乐活动家。

醉在茶杯里的羽毛
——茶道达人陆羽

一个被父母狠心遗弃的婴儿，究竟能在何处找到自己的爱并藉此找回自我？一个被命运反复折磨的人，究竟能在何处找到生命的喜悦并藉此实现自我？一个因上帝的作弄而面目丑陋、结结巴巴的人，究竟能在何处找到与世界亲密接触的方式，并让自己的内心开出至美至善的花朵？

大唐开元二十一年（733）深秋，复州竟陵（今湖北天门）西湖水滨古桥之下传来阵阵婴啼。一个过路的僧人出于慈悲而抱起这个弃婴的刹那，水畔落木，萧萧而下，天边雁阵，垂首哀鸣。而在感触到僧人体温的一瞬间，这个天地弃儿便也开始了对自我生命意义的寻找与追求。多年之后，在辛酸困顿中，联想翩翩雁阵翔于高天、栖于水畔高陆的潇洒模样，他为自己取了一个自我超脱的名字——陆羽。而更多年之后，在中国的南方，他找到了自己的生命之水与水中之茶。

他将自己像一片茶叶那样，投掷于滚沸的生命之水中。在氤氲的茶雾水气间，他翩然成圣。

1

复州竟陵龙盖寺住持智积禅师在西湖水滨拾得的弃婴，脸上布满疮疤疵斑且相貌奇丑，这大概是其被亲生父母弃养的主要原因。由于寺中收养幼婴不便，智积于是就近将婴儿托付于龙盖山下开私塾、授蒙童的李老师夫妇。李老师有女名季兰，见婴儿脸上有疵斑，便将其唤为季疵。弃婴在这个世间，从此有了一个非正式且略带轻辱意味的小名。

季疵在李家私塾长到8岁，竟然不识一字，由此可见其寄人篱下的童年生活并不如传说中那般甜美。8岁时，李老师夫妇因思念故土而举家迁返湖州，再次失养的季疵于是回到智积禅师身边侍奉茶水，做一名扫地提水、烧火烹茶的小和尚。

彼时，饮茶习惯已在南方各地流行开来，尤其是在钟鼎玉食之家以及道观禅院之中，饮茶已为雅风。而像智积禅师这样的高僧，礼佛之外，自然也深谙饮茶之妙。高僧坐禅，夜间是不食不睡的。过午不食的僧人要抵抗饥疲昏聩，于朦胧睡意间求得清醒禅意，就得依靠一盏清茶提神了。而为了提高茶水质量，寺庙多备茶叶茶具，高僧亦多习茶技，而智积禅师作为唐代名僧，茶技亦如其佛法一般高妙。作为禅师身边的侍茶僧，季疵于汲水烧火间耳濡目染，慢慢学会了佛家茶技。

侍茶间隙，智积禅师也教季疵读经识字。禅师惊讶地发现，这个丑陋的小和尚竟然聪慧无比且悟性奇佳，一教便可成诵，一诵便可熟背如流，且对佛家精义也颇有领悟。于是智积决定栽培季疵。引起禅师重视的季疵如果真像一般小和尚那样，从此敲木鱼、对青灯、诵黄卷，晨钟暮鼓，终老一生，那大千世界，将多一名碌碌无为之僧，而少一位影响世界文明的大圣。但可喜的是，对禅师的佛法大义，季疵竟然不感兴趣，并颇有反感之意。一日，当禅师教其佛经时，他竟然反唇相讥道：“我们穿起僧衣剃光头发当和尚的人，一辈子再不与兄弟往来，不能结婚，也没有子孙后嗣。在那些讲究孝道的儒生眼中，我们能称得上是孝吗？我不愿意学佛经，我想读儒家经典，请师傅成全。”智积一听，心中一动，说：“你的看法很好，但你只知道儒家以孝为大，却不知佛家有更大的西方极乐世界。为师还是希望你学佛！”从这次学儒与学佛的冲突开始，师徒二人的对立日渐升级，渐渐发展到师傅以佛理相逼、弟子以儒经相抗的地步。这岂不是要在和尚庙里造反吗？

2

虽然高僧不嗔不怒，但佛家也自有惩戒之法。于是藐视佛祖的季疵便从侍茶的岗位上被换下来，被安排到寺里保洁员的位置上，重点工作是挥舞长把扫帚扫厕所。寺里盖房子垒墙的时候，小季疵就被调去和稀泥，他脱了僧鞋僧袜，赤脚跳进泥水中一通猛踩，和好泥后，又被安排去提泥灰抹墙，抹完墙后，又提瓦上房。禅师的本意是希望以这些脏活苦活惩戒一下季疵，让他回心转意乖乖学佛，但季疵好像浑不在意。于是禅师加大惩罚力度，将寺庙属地的30头耕牛一并交给他放牧去了。对一个10岁的孩子来说，两只眼看守120只蹄子，这可不是件轻松事。但季疵放下扫帚举起鞭子，就到龙盖山下西湖边上放牧牛群去了。

作为一个牧童，季疵却对牛群的饥饱毫不关心，他在意的是随时随地向过路的人问字求学，问到一个字就用竹枝在牛背上反复写画。龙盖山下原有很多私塾学馆，有塾师见这个牧童求学心切，又不愿长时间相教，就随手将半卷残书送给他，并告诉他里面有一篇张衡的《南都赋》，学会了便可成才。季疵得书大喜，赶着牛群狂奔二里找到一处草深林密的幽静所在，准备好好读一读这篇名家名作，但一翻开书他便傻眼了——靠念佛学会了一些字的季疵，竟然完全不认识书里的字。一些似曾相识的字，连成句子之后他也不知何意。但这并不能妨碍季疵学习的决心，即使不能真的大声朗诵，但至少可以模仿朗诵的样子吧。于是季疵每天把牛群随便一放，自己就找个地方正襟危坐，手持残卷，口唇翻动，哇哩哇啦，远远看去竟也是一副童生朗声读书状，但只有走近了，方能看见大滴大滴的眼泪涌出季疵的眼眶。他为自己不能遇到一位良师而悲伤。但连这样在野外做做读书的样子也不被允许，智积禅师马上把他叫回寺里，没收了他的破书，牛也不让他放了，又把他交给一个在寺里做工的老头儿，让他跟着老头儿割草劈柴，干各种苦活。书没有了，老头儿又随时随地跟在屁股后面呵斥，一心向学的季疵只能用大脑回忆以前学过的字，在心里悄悄默诵，但很多字竟然悄悄溜出了他的记忆，怎么都回想不起来了。他甚至能清晰地感觉到自己大脑中记忆的字越来越少。这让他大为悲痛，有时割着草便突然号啕大哭起来，然后仰首向天，半天不说不动。老头儿认为季疵这小子是在使性子，二话不说就用鞭子狠狠抽他。但奇怪的是，对打在背上的鞭子，季疵竟然不避不让，也不哭喊，良久才叹息一声说："岁月悠悠，而我竟然不能读书，这是多么让人伤心啊！"于是当天夜里，12 岁的季疵卷起简单的行囊，带着一身鞭痕翻出寺院，顺着山路亡命江湖去了。

他如一滴露水融入群山。他的心里没有对旧生活的仇恨，只有对崭新未来的向往！

3

季疵再次出现在人们的眼中时，已经是一个江湖戏班里的著名丑角儿了。虽然相貌奇丑，又口吃，但他聪明伶俐，善于表演和歌唱。另外，他学艺刻苦，唱曲练功之余，竟然跟着戏班里的师傅学会了编剧和作曲，于是很快成为班子里的顶梁柱。而这个时候，他已不再使用季疵这个名字，而是用了一个从《易经》卦辞中得来的有超然飞升之意的大名——陆羽。

就在丑角儿陆羽努力奋发、天天向上之际，一个天赐良机悄悄降临到了他的头上。这一年，在一次表演活动中，陆羽因演技高超受到了当地市领导、诗人李齐物的接见。在回答领导的问询时，陆羽引经据典，出语不凡。这让李齐物大吃一惊，继而大有伯乐在驴群里发现千里马的狂喜。于是他将陆羽拉到身边，拍肩搭背，并亲赠自己新刻的诗集以示亲密。这一赠不要紧，陆羽在当地顿时就出名了。而陆羽很快也就离开了戏班子，背着自己积攒下来的一大箱子书，拿着李齐物的推荐信，到了火门山上邹老夫子的门下读书去了。

数年后，当19岁的陆羽走下火门山时，他已经是诗名远播的青年才子了。但这时，在遥远的渔阳，安禄山吹响了叛唐的号角，“安史之乱”爆发了。才子陆羽只好随着过江避乱的人群来到了南方，而南方，恰是他找到生命真义的福地。

4

陆羽扬名于后世，完全是由于一部七千余字的《茶经》。这七千字，每一个字都是陆羽的心血。可以说，在这部世界第一的茶学专著问世之前，世间本无“茶”字，而在《茶经》问世之后，饮茶才从人们的口腹唇齿之欲上升为一种文化生活方式，一种影响世界文明的精神之道。而当陆羽在经历了大量的考察实践之后写出《茶经》的时候，在遥远的欧洲，在更遥远的非洲，人们还没有从日常物质生活之中解脱出来，还远未找到一种在唇齿之间涵养心灵的纯粹的精神生活方式。

经，便是真理，便是规范。陆羽的《茶经》作为世界上第一部茶学经典，第一次把茶从日常生活中独立出来并为之立传。在陆羽眼中，“茶”这种草木之物，像儒家义理那般真，像佛陀观音那般善，又像诗那般美，因此，他才要为茶立“经”！

《茶经》分上、中、下三卷，共十个章节：一之源，二之具，三之造，四之器，五之煮，六之饮，七之事，八之出，九之略，十之图。这十大部分，系统地讲了茶的起源、茶的形状色泽、茶的生长环境、茶的功用、茶的采收工具、茶的烤制收藏过程、煮茶的用具、煮茶的方法与过程、茶的饮用及境界、茶的历史记载、茶的产区、茶具在使用过程中的省略等等。

作为一部茶业学术专著，《茶经》可谓分门别类、事无巨细地收集并呈现了当时关于茶的一切，并对这些进行了总结、分析、判断与阐释。作为一部文学作品，《茶经》又有诗的质地，其中写煮茶、饮茶的很多段落都富有极强的审美色彩。陆羽在其中用诗的笔法详细地描摹了他微妙的饮茶体验。如写饮茶时茶汤产生泡沫的这一段，他道：“很像枣花在圆形的池塘上浮动。又像回环曲折的潭水、绿洲间新生的浮萍；又像晴朗天空中的鳞状浮云。那浅薄的泡沫，好似青苔浮在水边，又如菊花落入杯中。那厚重的泡沫在煮茶的渣滓时，水一沸腾，水面上便堆起一层沫子，白白的，像积雪一般。”（如枣花漂漂然于环池之上。又如回潭曲渚，青萍之始生；又如晴天爽朗，有浮云鳞然。其沫者，若绿钱浮于水渭，又如菊英堕于鐏俎之中。饽者以滓煮之，及沸则重华累沫，皤皤然若积雪耳。）

为了写出《茶经》这部奇书，陆羽遍访江南的名山大川，观察茶叶的生长，研究茶叶的采制与收藏，学习煮茶的各种技艺，观摩比较茶具的品种与优劣，品评鉴定各种烹茶之水的不同，进而与各路专业茶人交流茶道，慢慢地才积累形成了自己关于茶的绝学。要想知道陆羽的茶道有多么精妙，从陆羽“品水”的故事中便可见一斑。

俗话说“茶三水四”，茶是水的精魂，水是茶的宇宙，若无好水，必无好茶。话说这一日，湖州刺史李季卿在扬子江畔偶遇考察茶事的陆羽，于是相邀一起吃饭。李大人说：“陆羽啊，我早就听说你的大名，知道你是天下闻名的茶道高人，扬子江附近的南泠水也是天下最好的煮茶之水。我们何不汲水烹茶风雅一番？”于是李大人命手下士卒立即驾船去南泠汲水。不多时，水打回来了，陆羽用勺子舀起一勺，举到空中又倒回了水桶里。陆羽放下勺子对李季卿说：“这水是扬子江的水，而不是南泠水啊！”李大人正惊愕不已时，取水的士卒争辩说：“我奉大人之命驾舟深入，跑了这么远的路，取回的怎么可能不是南泠水呢？你怎么能凭空诬陷我啊？”陆羽默然不语，只是提取水桶，将桶中的水倒入烹茶用的茶盆中，快倒完一半的时候，陆羽突然停住了，扭头对取水的士卒说：“你看，水到了这儿，才是南泠水，前半截儿都是扬子江的水啊！”士卒大惊，连忙跪倒在地说：“先生真神人也！小人其实真的取回了整桶的南泠水，但在返回的路上，江上浪大，船只颠簸，桶里的水不觉洒了一半。我见水太少，怕大人训斥，故以江中净水添满了水桶，但还是没有逃过先生的法眼啊！”

一眼便能看穿水质异同，陆羽如何会有这样神奇的眼光？据陆羽同代人张又新在《煎茶水记》中所载，陆羽在长江中下游和淮河流域各地，通过细致的考察和品评，积累了丰富的品泉鉴水的经验，将江、河、井、泉、雪水分成了详细的二十个品级，并专门写了一篇学术论文《水品》。喝茶喝到这个份儿上，真的是成仙入圣了。

《茶经》在陆羽身后开始流传，陆羽也渐渐成为茶人口中的茶圣。各路种茶的、贩茶的、煮茶的茶行从业者，纷纷将陆羽视为他们的行业神来崇拜。他们用陶土塑造了陆羽的塑像供奉在家里，每日对着陆羽像进奉香烟果品，祈祷生意兴隆。而一旦生意不顺，他们就用热水在陆羽的陶像上浇一浇，据说这样茶圣就可以帮他们洗脱灾难，使生意再次兴隆。

一千二百多年后，当我在清冷寂寥的初冬之夜听着窗外的冻雨之声拥炉煮茶，心中不由得想起遥远的茶圣陆羽，因而诗曰：“烹茶思陆羽，吟诗和吴虫。抬眼千年渺，天地雨浓浓。”

【“达”得有理】

水滨弃儿，西湖牧童，江湖小丑，中华茶圣。作为醉倒在茶杯中的一片羽毛，陆羽无疑是神奇而独异的。

这水是扬子江的水,不是南泠水啊!

一个醉鬼的魔幻式幸福
——闲适达人白居易

一场血腥的政治谋杀案，催生出一个大唐帝国里的流放官员。这个善于写诗，更善于喝酒的大唐京官，被本与之不相关的刀光剑影，愣生生地砍出了九重帝阙，砍上了山高水深的歧路。

对一个官员的仕途而言，这样高落差的下放实在是一种不折不扣的悲剧。但对于一个喜欢写诗、喜欢喝酒又喜欢做白日春梦的官员来讲，这一种垂直下放又不啻一次无限期的带薪休假。

自古伴君如伴虎，而就在天高皇帝远之地，一位诗人却有着与天地自然相往来的大快活、大自在、大空明。

由此开端，帝国公务员队伍里可能少了一颗迅速升起的政坛小星，但大唐群星璀璨的诗之银河里，却凭空多出了一个太阳式的大人物。

这个“就之如日，望之如云”般的人物，便是传说中那个老妪能解但大多数人却不一定了解的白居易。

1

元和十年（815）六月三日，帝都长安。

夜漏未尽，天幕如墨。守夜的更鼓之声仍不时从四面坊间传来。

在这黎明前至为黑暗的时刻，大唐帝国的官员们已早早起身，踏上了早朝之路。今日朝会的重大议题是：讨伐彰义（淮西）节度使吴元济。

在这重要的一天里，东宫左赞善大夫（太子侍从官）白居易也起得极早。作为帝国正五品上阶官员，他对今日早朝讨伐叛军的议题极为关注。

就在白居易穿衣束带、整冠出门的时候，在长安另一侧的静安里，帝国宰相武元衡在文武侍从们的拱卫下，已经骑马走出来了。而与此同时，帝国的另一重臣裴度也领着随从骑马步出通化里。作为帝国知识分子群体中至为聪明的精英，他们三人都不知道，暗夜里即将伸出的利刃会如此重大地影响他们的余生。

静安里东门外。宰相武元衡队列最前方照明的灯笼在夜色中忽闪着。突然，前方的黑暗中有人大喊一声，两位掌灯者一抬头，数支利箭便穿过灯笼，在射灭灯烛的同时也洞穿了掌灯者穿着号衣的身体。对此突发变故，卫队长振臂高呼警戒，但就在其挥臂拔刀、高声呐喊的刹那，一支弩箭从其口中射入，后脑穿出。

宰相武元衡惊讶地发现，就在这短短的时间内，自己身边的从骑已经被夜幕中跳出来的黑衣人杀得七零八落。慌乱中，他掉转马头逃向里门。就在这时，一只硕大的狼牙棒劈空而来，狠狠地砸在了宰相的左大腿上。随即，这个从树顶上跳下的持棒者，拉住宰相的马头向东南奔跑了十余步。在迅疾的马蹄声中，帝国宰相武元衡的头颅已被一刀割下。黑衣人提着新斩的头颅消失在夜色之中。

通化里门外。裴度也以同样的方式遭遇了黑衣人的突袭。混乱中，裴大人脚上、背上、头上连中三剑。危急时刻，要不是书童扑上来抓住了刺客的手臂，裴大人当即就身首两处了。魂不附体的裴大人带伤而逃。但不幸的是，他慌不择路，一头栽进了河沟里。

在坠沟的一刹那，裴大人恨恨地念了一句："王承宗、李师道、吴元济，你们好狠!"

风声呼呼，送来小书童颅骨被劈裂的声音。

帝国六月三日的太阳冉冉升起了，在白居易的眼里，这个黎明一片血红。消息传来之后，激愤无比的白居易立刻挥笔向自己敬爱的皇帝写了一份言辞激烈的报告。报告的核心是八个字："此为国耻，请诛国贼!"但谏官（左拾遗）出身的白居易此时可能因为过于激愤而忽视了一点：此时的他只是东宫太子的属官，而非朝廷言官。按朝廷体制，他是绝对不能先于言官向皇帝打报告的。更重要的是：白居易报告中请诛的"国贼"——各地已经反叛或准备反叛的节度使王承宗、李师道、吴元济们，其实早就与朝中秉政的某些大员们沆瀣一气了。而其报告中所谓的"国耻"——重臣被刺，在朝中某些大员看来却是天大幸事。宰相死了，副宰相不就可以上位了吗？这是多大的好事儿啊！你白居易这时候跳出来搞事，不是要和我们过不去吗？那么，好吧，你就等着滚出朝廷吧！

"草草辞家忧后事，迟迟去国问前途。望秦岭上回头立，无限秋风吹白须"，数月之后，京城之外的望秦岭上，遭贬离京的白居易回望帝都宫阙，黯然写下了这首《初贬官过望秦岭》。43 岁的白居易此刻忧心如焚。他想起自己 27 岁登科以来十多年仕途中的点点滴滴，想起皇帝对自己的赏识与拔擢，想起自己兼济天下的宏伟理想，想起自己十年寒窗少年白头的苦楚，在此刻渐起的秋风中，这个即将成为江州司马的中年文人哭了。

秋风如梳断白须，前途似夜盼明灯。但白居易不知道，自己这凄苦一去，竟然为大唐帝国乃至皇皇中华，生生造出一个“头号快活人”来。

2

白居易作为一个闲适达人的幸福生活大概正是从其被贬江州（今江西九江）时开始的。

此前多年，无论是作为一个束发苦读的渭南学子，还是作为一个战战兢兢、守夜草诏的帝国中下级朝官，白居易的生活虽不至于清苦，但也绝对算不上舒服。尤其是在青少年时代，这个干部家庭（白居易祖、父两辈皆为帝国州县级别官员）出身的公子哥却没有半点纨绔习气，反而频频以“家贫多故”自我激励，为进一步光耀门庭而修身苦读。他通宵达旦地开夜车，晚上读书读得连睡觉的时间都没有。因为边读边诵，舌头都上了火生了疮。而长年伏案，以致他的肘部都磨出了老茧。更严重的是，由于读书过度，小白同学患上了严重的近视眼，还有类似于今天所谓“玻璃体混浊”的飞蚊症。他经常看不清楚书上的字、远处的人，眼眸中总像有蚊蝇飞过（瞀然如飞蝇垂珠在眸子中者）。不但如此，苦读生涯还让年纪轻轻的小白同学未老先衰，不但早早就白了满头黑发，而且牙齿也时而松动，疼痛不止。这样的青年读书生活，怎能谈得上半点儿舒服呢？而27岁登科之后，他也幸福不到哪里去。一个小小的校书郎，司职校勘典籍的区区九品小官，在庞大的帝国公务员队伍中不过是一只蚂蚁。后来虽被皇帝先后提拔为八品的左拾遗、五品的左赞善大夫，但身在宫阙，他不敢有丝毫大意。侍君如虎、谨小慎微、战战兢兢、如履薄冰之际，即使吃饱穿暖，但“有诗不敢吟，有酒不敢吃”、“三年作谏官，复多尸素羞”的忧惕生活，又有何幸福可言呢？

生活在别处，幸福在江湖。作为一个帝国官员的大幸福，还需在山高皇帝远的江州寻找。在江州这个偏僻促狭的小地方，曾经的五品京官就属于显贵了。尤其是像白居易这种在皇帝眼里印象深刻、在太子身边鞍前马后的人物，今天他是个落魄贬官，但明天一道诏令可能就是当朝显贵，所以包括江州郡守（地方最高领导）在内的大大小小官员，都拿被贬的老白当个大人物看。这个小小的司马（秘书之类的五品闲散官职）是没有任何强制性工作任务的，单位是想去就去想走就走，连假也不用请，上司可能还得隔三岔五地过来问个安，报个喜。而熟读佛典、善于“忘怀处顺”的老白也极想得开，很快就把远离庙堂的忧闷弃置一旁，转身扑进了自己游山玩水的幸福生活。将白居易贬谪至此的那些当朝高官们怎么也想不到，他们的报复惩戒，对白居易而言却不啻一次漫长而无期的带薪休假。这个“官品至第五，月俸四五万”的赋闲帝国干部，开始把江西名胜庐山当成了自己的后花园。他不但自己游玩，还发动庐山寺庙里文化水平高的和尚们陪他游玩。“凑、满、朗，晦”四禅师每天都得跟着老白上山下水、吟风弄月，间或他们可能还玩一把攀岩、蹦极之类的高难度动作（跻危登险）。一旦玩高兴了，老白就玩一把人间蒸发，就地野营，淡出同僚们的视野，并在他们就要把自己忘记的时候突然出现（经时不归，或逾月而返）。老白不但放浪形骸地玩耍，还大张旗鼓地在庐山风景绝佳之处大兴土木，给自己盖别墅。别墅盖也就盖了，他还十分令人眼气地将这样的豪华别墅称为“草堂”。老白的这座位于庐山香炉峰下遗爱寺里的“草堂”，古松翠竹围绕前后，绿萝藤蔓满屋满墙，红石榴、白莲花满园满池，绿化面积可谓达到了百分之九十。不但如此，“草堂”四处环水，更神奇的是还有飞泉从四面屋檐上喷泻而下，这样的水景别墅就连神仙看了都会艳羡啊！

但这样级别的“草堂”在老白后半生的“居易”生涯中，也的确算不了什么。后来的事实证明，上天不只给了他一个“白住别墅”的名字，也真的给了他这样的好福气。对老白来说，外放江州，在庐山名胜带薪休假只是一个略显寒碜的开始，而杭州、苏州这些天堂之地、温柔之乡马上就轻歌曼舞地向其伸出了橄榄枝。老白眯着近视眼、晃着白头悠然浪迹于天堂福地，时而张开牙齿早脱的嘴巴，捻须向天，呵呵而笑。

在先后担任了杭州、苏州地方一把手（刺史）之后，老白退居二线，来到了大唐帝国的东都洛阳，以太子宾客（正三品闲职）的身份寓居于风景如画的履道里。老白在这里买下了散骑常侍杨凭的房子，然后用自己从苏杭等地带回来的天竺石、太湖石、华亭鹤、白莲花、折腰菱等奇珍异物，在原来杨宅“竹木池馆”的基础上，大肆营造豪华级园林。在这个超级安乐窝里，老白有美景、美酒、美女，还有友人所赠的三块可坐可卧的大青石。老白就或坐或卧在这些亭台石床上，或饮酒、或困觉、或吟诗、或弄琴，生生开辟出出中华有史以来最令人羡慕的闲适生活。

每当黄昏风起、夜幕降临、月满清池之时，老白就在华亭鹤清越的鸣叫声里，缓缓踱出卧室，用衣袖轻轻拂一拂大石床上并不存在的尘埃，举起新熟的家酿美酒，操起友人崔晦叔所送的名琴，弹一首西蜀著名音乐家姜发密授的《秋思》。他边饮酒边弹琴，弹到高兴处，又让自家的乐童歌女各拿乐器，到池中小岛的琴亭之中与自己合奏《霓裳散序》。烛光灯影里，老白家的丝竹之声悠扬于皎皎月色之下。曲子还没有奏完，一家之主老白已经高卧石床，陶然会周公去了。

3

大凡人类，总是在所嗜之事中发现并创造着自我。换言之，只有在自己意兴极浓的兴趣爱好之中，人才得以脱下社会强行披在自己身上的外衣，找到赤裸而真实的自我生命及其存在的意义。而白居易，则是在困觉与贪杯、吟诗与弄琴之中，找到了自己的人生欢喜。近来有研究称，一个人的技能要想达到大师级水平，从事这方面的工作时间至少得一万小时，且任何行业都不能例外。如果按照这个“一万小时定律”来看，安乐窝里的老白无论在饮酒、困觉、吟诗、弄琴诸方面，都可谓大师级水平了。

白居易好酒，而且好喝自己亲手酿造的美酒。尤其是寓居洛阳后，老白得到了著名酿酒师颍川人陈孝仙真传，酿得一手好酒。老白在饮酒中找到了自己的价值。或者说，饮酒之于老白，已经成为活着的证明。如果化用别人形容著名摄影师杜可风的一句话，那就是：“他如果不在酒桌上，就一定是在去往酒桌的路上。”老白是早上喝（朝饮一杯酒，冥心合元化），晚上喝（欲卧暖残杯，与君相对饮），坐着喝（时倾一樽酒，坐望东南山），躺着喝（南山入舍下，酒瓮在床头），高兴时喝（笑云今日后，不复忧空樽），不高兴时喝（近从年长来，渐觉取乐难。常恐更衰老，强饮亦无欢），天下雨时喝（是时连夕雨，酩酊无所知），天晴出了月亮喝（私言雨霁后，可以罢余樽。及对新月色，不醉亦愁人），在家喝（出门无所往，如室还独处。不以酒自娱，块然于谁语），出门喝（酒酣四相望，六合何空阔），人家来拜访时喝（何以待君子，数竿对一壶），他去拜访人家时更喝（怜君寂寞意，携酒一相寻），而且一喝醉就欢喜大半夜狂歌扰民（今宵醉有兴，狂咏惊四邻）。而一旦没有酒喝，老白就会愁得连觉也睡不着了（家酝饮已尽，村中无酒酤。坐愁今夜醒，其奈秋怀何）。在这种情况下，他敢不管不顾地把自己的坐骑和公务员制服卖掉以求一醉（卖我所乘马，典我旧朝衣。尽将酤酒饮，酩酊步行归）。

关于人生的意义，老白总结出这么两句："唯当多种黍，日醉手中觞。"这简直就是把饮酒作为人生的第一要务了。这么个爱喝的人儿，想必酒量一定奇大。但，错！老白其实是个酒量极浅的人，三杯四杯下去，就昏昏然不辨南北了（朝亦独醉歌，暮亦独醉睡。未尽一壶酒，已成三独醉。勿嫌饮太少，且喜欢易至。一杯复两杯，多不过三四）。对自己浅薄的酒量，老白不但不以为耻，反而利用自己巧言令色的特长为自己辩解，说什么三杯四杯正好啊，你觉得你能喝就了不起了吗？你就能喝一石又怎么样啊？除了多花点酒钱，你比我高贵什么呢（一饮一石者，徒以多为贵。及其酩酊时，与我亦无异。笑谢多饮客，酒钱徒自费）？如此乘着酒兴骂骂咧咧，老白连丢了东西也不知道。等酒醒过来返回去寻找，当然是什么也找不到了。心里一郁闷，他干脆坐下来又喝上了。

老白不但爱喝酒，还要为酒大唱赞歌，说什么清凌凌的酒啊，你是多么富有美德又多么不显摆自己啊，但你不显摆可以，我不能不替你说几句公道话啊（湛湛樽中酒，有功不自伐。不伐人不知，我今代其说）。然后就开始一一罗列酒的功德：使战士勇猛，使将士一心，使冤屈昭雪，使身体舒畅等等等等，最后总结说，天地万物之中，哪有像酒这么好的东西啊（方知麴糵灵，万物无以匹）！如此广告，实在是做得情真意切，感天动地，老白不做广告人真是可惜了。而山西老白汾生不逢时，没有和老白生到一个时代并请老白来做代言人，实在是造化弄人啊！

想一想，如果请出大诗人白居易抱着坛汾摆个POSE说："老白汾，老白的汾酒！"那效果，简直是不可想象啊！

好饮而量浅的唯一结果便是爱好困觉。如果说饮酒让老白体验到了生命动的欢喜，那么睡觉则使老白体悟到了生命静的价值。或高卧、或斜倚，或石床、或竹椅，或厚褥、或凉席，都让老白感到了来自睡眠的欢乐。他仿佛天生就不知失眠为何物，好像前世是个瞌睡虫，好像就是要用后半辈子来变本加厉地补足少年苦读时代欠下的觉。他睡啊睡，尽可能长地睡，并在睡眠中体验着天地四季的大欢乐、大悲喜。春天他睡："新浴肢体畅，独寝神魂安。况因夜深坐，遂成日高眠。春被薄亦暖，朝窗深更闲。却忘人间事，似得枕上仙。"（《春眠》）夏天他睡："况兹孟夏月，清和好时节。微风吹袷衣，不寒复不热。移榻树荫下，竟日何所为。或饮一瓯茗，或吟两句诗。"（《首夏病间》）秋天他睡："凉冷三秋夜，安闲一老翁。卧迟灯灭后，睡美雨声中。灰宿温瓶火，香添暖被笼。晓晴寒未起，霜叶满阶红。"（《秋雨夜眠》）冬天他睡："放杯书案上，枕臂炉火前。老爱寻思事，慵多取次眠。"（《偶眠》）他不但在床上睡，在船上睡，即使在马上，他也敢睡："长途发已久，前馆行未至。体倦目已昏，瞌然遂成睡……马上几多时，梦中无限事。诚哉达人语，百龄如一寐。"

连老白自己可能也没有想到，他在唐朝创造的睡眠和逸乐生活到了宋代，尤其是南宋，可谓获得了至高无上的地位。从皇帝到士大夫无不对他的困觉功夫顶礼膜拜。连宋徽宗也曾亲手抄录老白的《偶眠》诗，而宋孝宗则在抄录了老白的《饱食闲坐》之后，竟然为老白打抱不平，说："白生虽然不逢其时，孰知三百年后，一遇圣明之君发挥其语，光荣多矣！"

的确，老白从此以光荣的睡神形象，太阳一样朗照人间。

4

中国当代著名诗人芒克曾经意兴阑珊地写道：“生活真是这样美好，睡觉！”而诗人韩东则写道：“从床上开始的人生/在一张床上结束/尽量长久地待在床上/尽管不一定睡得着……”（《善始善终》）这简直就是在为一千多年前的睡神白居易画速写肖像。作为一尊打着瞌睡的神，他睡着，他慵懒，但正像那些在无尽的睡眠中创造了奇迹的人一样，睡眠能够证明的，只是他大脑的聪明。

老白究竟有多聪明？据他自己说，他六个月大的时候就能从一堆文字中准确地辨别出“之”、“无”这俩字，家人由此猜测老白是文曲星下凡，天生就是吃文字饭的，于是刻意加强了对口专项培养。于是老白 5 岁就开始学习写诗，9 岁就通了声韵。如果按照那个“一万小时定律”，老白从 5 岁写诗写到 76 岁，从 9 岁学音乐弹琴到 76 岁，这得有多少万个小时呢？这得是几个大师级的水平呢？

在日本人的眼里，不是李白，也不是杜甫，而是老白，才算唐朝诗歌的风云人物，并送他一个极霸气的绰号“诗魔”！诗魔到底有多厉害？简单说吧，老白骑着马写诗，口不停诵，能一口气写出整整二十里去。这还不是老白一门心思秀诗功，而是和元稹两人在长安城南春游时，以游戏的状态创下的纪录。试问天下中外诗人，谁能口头吟诗一口气吟出二十里？恐怕普天之下，也仅老白一人。近代梁任公，麻将桌上能给八家报馆口述社论；当代韩寒，开着汽车跑拉力赛的空当能玩出一本小说。这两位的风范，差不多就有点儿老白当年的意思了。

如果写诗能一气写出二十里还不够霸气的话，那就再看看老白诗歌的社会影响力吧。如果诗歌有价，一首一两黄金，算不算贵？而这是当年的鸡林国（新罗）宰相为老白诗歌开出的价码。

如果用黄金来衡量老白的诗歌实在太俗的话，那就再换个说法：从高级的方面看，当时中央各部门公务员考试，都是拿老白的作品当范本来参照的。而从低级的方面看，当时的青楼歌妓们在遇到大主顾时，比脸比脚比大腿互相不服直到PK至最后一个环节的时候，最后胜出的往往不是长相最俏丽的那个花瓶姐儿，而是那个敢站出来说“我能背诵白大学士的《长恨歌》，你们谁敢和我比”的知性妹妹。而让老白感到万分不好意思的是，他和他的诗几乎成了帝国里的“硬通货”。人们不管他愿意还是不愿意，就把他的诗拿出来当成盈利的招牌、社交的名片、附庸风雅的香水或者雪花膏，甚至是情人跳墙偷情、青皮街头约架时的暗号。

一点儿不夸张地说，老白的诗作几乎可能出现在帝国国土上的任何一个固定或移动的空间里，无论是和尚庙、道士观还是尼姑庵，无论是酒店、赌场还是青楼妓馆，无论是皇宫、王府还是乡村地主家的土园子，都可能见到老白的诗。只有你想不到，没有你找不到，这些诗或抄之于纸，或录之于墙头、门前乃至树干之上。这还不算，路上东来西去的马车内壁或车辕之上，水中南来北往的行船船舱里，皆录老白之诗。而无论是王公贵妇还是屠夫铁匠，抑或仆妇牧童，都能吟几句老白的诗。

再夸张一点儿说，大唐朝的地上跑过一只宠物狗，狗牌上都可能镌刻着老白的某句名诗；而天空中飞过的某只蚊子，哼哼的都可能是老白诗歌的韵律。

天高地阔、山远水长，皆可让老白发表诗歌，试问古今中外诗人，谁堪与老白比肩？如果谁敢以天地为纸、日月为墨写一部绝无仅有的诗集，那非“诗魔”老白莫属。而在老白看来，写诗并不是他的能力，而是他的“病”，一种时刻提醒着他清醒地寻找生命意义的疼痛（人各有一癖，我癖在章句。万缘皆已消，此病独未去。《山中独吟》）。只有在这种疼痛中，在这种摘章寻句、联珠缀玉的精神癖好里，世界之于他，才是有意义的，而他之于世界，也才是存在的。

白居易死后，唐宣宗写诗悼念他说：“缀玉联珠六十年，谁教冥路作诗仙？浮云不系名居易，造化无字为乐天。童子解吟长恨曲，胡儿能唱琵琶篇。文章已满行人耳，一度思卿一怆然。”皇帝以为，他高贵而难得的“怆然”便是他对老白无上的恩宠与至高的奖赏，但皇帝不知道，对人生虚空了然于心的老白对这一切已不在意。他已经用生命中的诗酒逸乐，自己为自己颁发了面向未来的终身荣誉奖。

人生百年期，七十有几人？而老白轻轻松松、闲闲散散、欢欢喜喜地就活到了 76 岁。这一点，活了 61 岁的李白、活了 58 岁的杜甫比不了，李商隐和杜牧比不了，天才短命 26 岁即夭的李贺更比不了。而只活了 52 岁的友人元稹也难望其项背。

今人皆说，活得足够长，便是自己给自己最大的奖赏。那么，白居易用在他那个时代难得的高寿，在自己床头的酒杯上别了一枚天地宇宙间最高的荣誉奖章。

【“达”得有理】

诗酒风流，如痴如魔。潇洒闲适，史上第一。

文化大玩家

——文化达人孟昶

在五代十国这样一个年月，只要自己家的门楼子高一点儿，家奴多一点儿，他就敢在家门口扎两排篱笆当国界，然后传檄天下，自命为王。这是一个仁义道德如破鞋、礼义廉耻化烟尘的年月，各路老板身边的马仔随时准备捅出暗藏的刀子，为屁股底下换一把黄金的座椅。

在这样一个皇帝如春笋丛生且互相对轰的年代，敢关起门来大搞文化建设的皇帝绝对少见。在这样一个互相虎视眈眈盯着对方锅里肉的环境中，不要说你家的门不太好关，就是勉强关上也有被邻居一脚踢开的可能。但就是在周围一片磨刀霍霍的噪音中，后蜀老孟家的三小子孟昶却偏偏在自己家里把文化玩成了一朵花儿。他玩辞章、玩画画、玩医术、玩印刷、玩马球、玩音乐、玩花卉，还忘不了玩美人、吃美食。他玩着玩着，就把各个文化项目玩得一派繁荣昌盛；玩着玩着，就把老爹留下来的偌大产业玩了个一干二净。

最后，他什么都没剩下，连国家带老婆都出让给了兵痞邻居赵匡胤。

为了玩文化而败光祖宗基业，这即使在五代乱世，也不能不说是一宗罪过，而就中华文化的香火传承来讲，却不能不说是一大功德。

1

后蜀皇帝孟昶之所以敢关着门玩文化，大半原因是他家门户的材料好、质量硬——剑阁之险、三峡之雄，让四川老孟家的门户有了相当强悍的抗打击力，而成都平原、天府之国的鱼米富饶也让孟昶的大玩文化有了相当雄厚的物质基础。在四川这片儿地上，老孟家并非生来就是王者。孟昶的老爹孟知祥本是河北邢台人，算是燕赵大地上出身的猛汉。他作为后唐皇帝李家的领兵马仔，在后唐火并前蜀的过程中因功被封为蜀地节度使。孟老爹身为马仔却雄心万丈，他看准自己老板死、后唐国内大乱的机会，马上拥兵自立，自己把自己提拔成了皇帝，国号后蜀。但孟老爹命不太好，上位七个月就不慎中风，死了。当时还不到 16 岁的孟昶就一屁股坐到自己老爸的椅子上，掌了权柄。

作为少年天子，孟昶初登大宝就显示出不凡的政治手腕儿。他先是用计瓮中捉鳖，把自己父亲留下的几个居功自傲的老臣给炒了，然后选用新人，广开言路，改善吏治，扶助农桑，很快就让蜀国的国民生产总值翻了几番。国力大幅度提升之后，孟昶便不满足于偏安巴蜀吃麻辣火锅，决定拓土开疆去中原的大锅里捞肉了。于是他几番兴兵中原，把自己家的篱笆墙扎到了长安城下。但那时候的豪强谁也不白给，孟昶打到了长安就再也难以前进一步了。几番拉锯之后，小孟累了。慢慢地，他也就放下了逐鹿中原的少年理想，接受了退回巴蜀关起门来当皇帝的现实生活。

理想一放下，人就闲了。人一闲，玩乐的那点本能就被激活了。作为青年皇帝，玩兴正浓的孟昶当然要广选美女以充后宫了。在选入宫中的大量美女中，一位费姓女子格外惹人注目。这位小费姑娘不但天姿俊秀、容貌艳丽，而且还是一个十八般乐器样样拿手、各种歌舞无不精通的全才。孟昶一见之下便惊为天人，临幸一次后便欲罢不能，马上下旨将小费晋为贵妃，并御赐一个芳香四溢、令人不禁浮想联翩的别号“花蕊夫人”。

当一个玩家遇到了他极为中意的玩物，他便浑若找到了自己生命的意义，二者必在耳鬓厮磨的过程中了却一生，这不是爱情，却胜似爱情。孟昶与花蕊夫人的邂逅及终生厮守，便是此种情感最好的注脚。

作为孟昶的尤物，花蕊夫人小费的确浑若天人。她这样一个凭姿色及歌舞而被皇帝临幸宠爱的女子，其花容月貌、玉嗓银喉以及天香无汗的冰肌玉骨等身体上的绝对优势就不必说了。这里可以特别谈一谈的是她在厨房里的绝活儿。如果后蜀有技师评级，花蕊夫人的厨艺起码可以评一个国家特级厨师了。她有两道流传至今的名菜，第一道叫“酒骨糟”，又名“绯羊首”。据说这道菜是把洗净的白羊头，用红曲和好酒腌而煮之，使羊肉浸入酒味，然后再把这样的熟羊肉切成薄片。这样做好的羊肉，吃起来芳香满口、回味无穷。另外一道菜叫“月一盘”，据说是将山药切成月牙形的薄片，以五味调和，再用莲粉拌匀，使之白如玉、形如月，闻之清香扑鼻、食之酥脆可口。每逢宴饮，花蕊夫人必亲自下厨，花样翻新地弄出几道美味可口的新鲜菜式，让皇帝孟昶在大快朵颐中惊叹连连。久而久之，花蕊夫人不但用姿色套牢了皇帝的心，而且用厨艺迷住了皇帝的胃。孟昶是一日也离不开这个尤物了。

花蕊夫人爱花，尤其爱富贵高雅的芙蓉、牡丹与红栀子花。对美人这么一个爱好，皇帝孟昶当然要最大限度地予以满足，于是他便在成都四处圈地、广开花圃，重金遍采天下名花，并把最好的园艺师引进蜀国，精心培育花卉。领导重视、下属积极、投资到位、栽培得力，于是，后蜀国都成都很快就以百米冲刺的速度成为国际一流园林城市。一年不论春夏秋冬，这里都是花枝摇曳、花香扑面。尤其是到了秋天，整个成都便成了芙蓉世界，花的海洋，不仅皇家花园里鲜花盛开，整个锦官城里也处处花朵绽放。放眼看去，满城芙蓉在金黄色的阳光下争奇斗艳，与天际的彩霞一起，织成世间最绮丽的锦绣。

在这样的秋天，皇帝孟昶总是揽着小费的腰，或行走在皇家花园深密浓香的花丛中，或倚花而坐，一壶酒，一张琴，红牙慢板，浅斟低唱，吟诗作赋，歌舞流连。其间快活，胜似神仙。

成都夏日天热，孟昶为了自己和花蕊夫人不受暑热，便斥重金在锦江河畔修建了一座水岸别墅，名之为“水晶宫”。从这个名字就可以看出，孟昶玩得忘乎所以，准备在水下升仙做龙王呀。建设行宫还不满足，孟昶又命人大搞配套设施，先是在宫外挖了一个与锦江相通的巨大水池，名之为“摩诃池”。“摩诃”是个来自于印度的梵文词汇，翻译成汉语为“大、多、胜”三个意思，引申为“大智慧”之意。孟昶在自己的水晶宫里开凿这么一个充满“大智慧”的池子，敢情是要做大智大慧的龙王了。的确，他命人在池子中央安装了四架喷水机器，只要一将开关打开，“智慧”的池水便从四面八方一起喷射，如条条水龙，飞向空中，然后，又落回池中，把无限的凉爽带给水晶宫里的“龙王”孟昶。这样一个避暑纳凉的地界儿，孟昶和花蕊夫人当然要好好消受一番。每逢盛夏时节，他俩便率领嫔妃及文武百官来此避暑。宫里宫外，大摆酒宴，文恬武嬉，好不快活。一到喝醉的时候，孟昶就变成了一个彻底的文艺青年，他乘着酒兴给花蕊夫人写情意绵绵的歌词，其中最著名的一阙叫《玉楼春》：

冰肌玉骨清无汗，水殿风来暗香满。帘间明月独窥人，欹枕钗横云鬓乱。三更庭院悄无声，时见疏星渡河汉。屈指西风几时来，只恐流年暗中换。

若以道学家的眼光观之，这是一首香艳无比又极富挑逗意味的“淫词”，但如从现代艺术的趣味审视，这首词可谓妙品。它不但写出了花蕊夫人的冰肌玉骨与绝代风姿，也写出了孟昶与之在席榻之上的无限缱绻和缠绵，更写出了二人在午夜甜蜜之后隔帘遥望星汉，唯恐青春如疏星流逝、韶华被西风吹散，而人间快活一去不返的某种惆怅与担忧。

需要说的是，这首《玉楼春》可不是皇帝孟昶说给小费姑娘一个人听的耳语，它作为一首歌词，那是要按谱配乐，当众演唱的。于是文武百官、后宫嫔妃奴婢们，也就有幸听到了自家皇帝与贵妃们的种种香艳故事，并在对这种文化福利的消受当中心满意足，感恩戴德。但是，文艺青年孟昶显然没有修过传播学，他似乎不懂得一首文艺作品在流传中会产生巨大的诱惑性、鼓动性能量。他以为自己对花蕊夫人风姿的写实性描写是艺术行为，但在某些粗鄙的贩夫走卒眼里，这就是“黄色文学”。而恰恰有这么一个先为江湖兵痞后来又掌握军政大权的莽汉通过孟昶的描写而对“冰肌玉骨清无汗”的花蕊夫人动了淫心。这个莽汉，就是后来的宋太祖赵匡胤。

因了这首小词，赵匡胤色迷迷的眼睛从此便常常望向西南。孟昶家的末日很快就要来了。

2

作为一个大玩家，孟昶似乎以其玩乐之心为后蜀社会添加了许多负能量。但作为一个文化皇帝，他也在玩乐之余干了许多正经事儿。这些事儿在千百年后的现在看来，都是功德无量的善事。

作为一个热爱写作的文艺青年，孟昶对优秀文艺作品的流失与速朽感到无比痛心。作为后蜀的最高领导，他觉得自己有责任把当时“国际上”最优秀的文艺作品整理出版，以便泽被后世。于是，他下命令、发文件，让各地官吏广为收集当时的优秀文艺辞赋、诗家词曲，从中精选五百首，分为十集刊刻，并大笔一挥，为之题名《花间集》。《花间集》是中国第一部文人词曲集。自此之后，中国才有了文人作品的结集出版之风，而晏殊、晏几道父子，便是看着这部《花间集》开始了自己凄婉清新、绮丽精工的宋词创作的。

《花间集》出版的第二年（941），孟昶深感文艺创作中音韵学的重要性，于是发起了一项整理研究古今音韵学的文化工程。在研究成果的基础上，他命人编辑出一套大部头的《古今韵会》。这套书，多达五百卷，不说看，光说搬运，也得用一辆大号的马车啊。

编这种大部头的学术著作，还是不能体现文艺青年孟昶大兴文运的决心，他热忱的目光很快又瞄上了儒家经典著作。这一回，他要以天地为纸了。他大手一挥，让人在凡有巨石的地方皆刊刻经典，以教化人民。勒石刻经，可不是胡乱镌刻。孟昶有讲究、有创新。按照唐时的学术视野，儒家有“九经”，即《易经》《书经》《诗经》《春秋左氏传》《春秋公羊传》《春秋谷梁传》《仪礼》《礼记》《周礼》，孟昶在此基础上，又增添了《论语》及《孟子》，形成了“十一经”。这一宏大的勒石刻经工程，投入了巨大的资金和人力，历时八年方才完成。

为了便于“十一经”在民间的流传，孟昶又动起了脑筋。他想来想去，最后决定“木版印书”。这可是一项充满了创造性且功德无量的大行动。随着孟昶大手一挥，后蜀全国轰轰烈烈地兴起了木版印刷儒家经典的文化产业。这些木版图书不但供后蜀本国学者和读书种子们使用，还远销国外，使战乱时代的“国际”友人们也沐浴了一番儒学之光。

在大兴严肃而认真的经典学术文化之外，文艺青年出身的皇帝孟昶也不忘轻松活泼的音乐、绘画事业。他重金聘请“国际”上著名的乐师来蜀，在收集整理南方地区民族音乐的基础上，结合最新音乐潮流，制成了体现后蜀民族风格和皇家气派的“南乐”，因这种音乐多用弦管，故又称“南管”。这种音乐影响巨大，很快便普及了整个南方地区，并流传至今。今日台湾地区流传的“唐音”，若追根寻祖，便是孟昶的“南乐”。

拨弄弦管的同时，孟昶不忘在丹青妙笔里寻找意义。作为一个喜欢热闹的君王，他画画也不是一个人画。他在蜀中广招画师，按一批五十人的名额进宫作画，这样慢慢形成了宫廷画院。而皇帝孟昶也便成了开画院风气之先的人物。这种眼光和气魄，不知要比文艺复兴时期资助画家的意大利美第奇家族强悍多少倍。

孟昶作为一个文化综合素质极高的达人，其神奇之处除了吟诗作赋、操琴弄画，还有一手独门绝技——开方看病。孟昶作为一个皇帝，肯定不会拜师学艺，其医药学问大概全凭自学。由此可见孟昶是多么热爱钻研学问的一个好青年啊。他看病的本事如何？据史载，孟昶的老娘病了，后蜀太医院马上派出最高规格的专家组进宫给皇太后看病。研讨会开了好几次，专家组换了好几拨，汤药吃了几十副，但愣是没把太后的病治好。幸亏孟昶是个脾气好又不嗜杀的皇帝，他只是大怒，把这些太医教训了一番，然后一拍桌子说，你们这些庸医不行，那我只好自己上阵了。于是，他关起门来给老娘研制了一个方子，接着按方抓药，老太后吃了没几天，竟然好了。这下，皇帝孟昶成了群臣心目中的神医。他自己也颇为自得，每逢臣下有病，他都要把他们召进宫来，亲自把脉开药。他的专业水准，令太医院的一帮专家极为钦佩叹服。因为这个爱方药的喜好，孟昶又大手一挥，命人整理医药书籍，编辑出版成二十卷的《蜀本草》，为祖国的医药文化大厦加了一块沉甸甸的好砖。

就这么轰轰烈烈地大兴文化，孟昶的岁月很快就到了964年的春节。在这喜庆的一天，文艺青年出身的皇帝孟昶召集群臣到宫里大开文化派对。他要求翰林学士辛寅逊结合除旧布新这一题材写点什么，辛学士没有提前准备，情急之下吭哧了两句。谁料皇帝孟昶一听，哈哈大笑，说："不工不工，看朕亲自写来。"于是他欣然命笔，题下了"新年纳余庆，嘉节号长春"十个大字。这看似简单的十个字，后来却被证明是中国最早也最规范的对联。而写出这十个字的孟昶，也理所当然地成了中华对联之鼻祖。

3

"新年纳余庆，嘉节号长春"这一喜气洋洋、吉祥无比的新年联语，在新的一年里却并没有给孟昶和他的帝国带来喜气与吉祥。事实是，在写下这十个字后不久，关门玩文化正玩得兴高采烈忘乎所以的皇帝孟昶，突然接到了宋军大兵犯境的急报。人家既然真刀真枪地前来踢馆，孟昶就是再热爱和平也没办法，万般无奈，他只好开门，开打。

真是不打不知道，一打吓一跳。孟昶做梦也想不到，自己玩了这么多年，最后好像除了文化，什么都没剩下。平日花那么多军费养那么多军队，怎么开打还没几天呢，就让赵匡胤的宋军水陆并进，最后在成都城门口来了个南北会师？

到了这个时候，你文化再高也不顶事，你对着人家的刀枪猛练书法也不能把人家练死啊！所以，拜表出降吧。于是城门一开，宋军就冲进来了。这帮人就像美国南北战争时期打到南方地主庄园里的北军一样，个个都是进屋就抢一点儿都不客气的主儿。一帮兵痞直接就闯进了皇帝孟昶和花蕊夫人的内室。他们那个张牙舞爪、兴高采烈的劲儿就别提了，一通疯抢，最后连孟昶和小费用的尿盆都没放过。但必须说的是，大玩文化讲究高雅格调的孟昶，用的尿盆也不是一般的尿盆，他和小费用的尿盆乃黄金质地，上面镶嵌着珍珠玛瑙，名为“七宝溺器”。据说赵匡胤听说之后，还专门让人把这个尿盆进献上来观瞻一番。在把玩了一番之后，这位大宋朝的太祖爷极不屑地说：“奶奶的，连尿盆都弄成这样，他能不成老子的手下败将吗？”

被人连国家带老婆连锅端了的孟昶成为宋人的阶下囚，而在举国灭亡的前提下，君王是连做太平囚犯的资格都没有的。很快，一杯御赐的药酒就让孟昶把所有放不下的闲仇余恨都放下了。他在一阵阵牵肠挂肚的疼痛中，慢慢死去。而其笔下冰肌玉骨清无汗的花蕊夫人，也因无力抗拒而很快成为赵匡胤床榻上新添的玩物。

一个高帅富文艺青年和他在痴迷中玩弄的文化，如一个硕大而虚弱的肥皂泡。在阳光强烈的照射下，这彩色的迷梦“砰”的一声，破了。

【“达”得有理】

巴蜀玩家，文化皇帝；对联鼻祖，阶下之囚。孟昶真达人也！

汴河水边的浪子传奇
——花鸟达人宋徽宗

那位谜一样的西哲赫拉克利特有一天忽然很神道地说："上坡的路和下坡的路，其实是同一条路。"

这话其实是隔着茫茫时空说给中国的那位宋太祖赵匡胤听的。贼精的赵官家沾了文化误国的小便宜，一举把后蜀皇帝孟昶和南唐后主李煜这两个大玩文化的超级文艺青年连人带家产都给绑架了，进而得江山坐天下，给子孙们创下了一片芙蓉锦绣般的好生活。但他好像根本没想到，他的那个不肖子孙也会因为玩文化而把他的国给生生玩灭了。

这就又有人说了："如果你在上游撒尿，你就得在下游饮水。"连江湖古惑仔们都懂，出来混，总是要还的，历史从不欠债。

这个能把祖宗气得从九泉之下跳起来的不肖子孙，就是赵佶，历史官名宋徽宗，诨号花鸟皇帝者是也。

1

美术馆一免费开放，咱老百姓也能看古画展了。人们涌入馆中，懂画或者不懂画的，都会觉得那个叫赵佶的人“画得好!”再伸长脖子一细看标签说明，这个姓赵的原来还是个皇帝，竟然！很多人都会发出“哎哟妈呀”的惊叹，以表讶异。

当皇帝能把画儿画成赵佶这样的，中国没有，西洋好像也没见过。德国倒是出过一个希特勒，但他似乎只会画广告，和咱能把花鸟画成一绝的赵皇帝根本没法比。

赵佶当皇帝其实是个偶然，而成为大画家却是必然。为什么这么说呢？因为赵佶似乎根本就没有当皇帝的命。过去当皇帝，如果不是自己在马上一刀一枪杀出片江山，那就得论一论嫡庶长幼了。一论这个，你就得祈祷自己的亲妈是自己亲爸的原配夫人，还得祈祷自己能成为老爹种活的第一颗种子。而这些，根本不是你自个儿能决定的事儿啊。可是，你如果不是你富爸爸原配夫人的长子，那你家的集团公司即使开再多的连锁店，再有钱，董事长的位子也轮不到你。赵佶的情况就是这样。他老爹宋神宗一共生了十四个儿子，而赵佶在弟兄队列里排行第十一。这还不算，他偏偏还是庶出——老妈是皇帝的侍女。这就决定皇帝的位子根本轮不上他。

但很多时候，命运就像一部山寨手机，会突然莫名其妙地给你许多惊喜，尤其是在当皇帝这件事上。你看，赵佶的六哥赵煦命就很好。赵煦也是庶出，在神宗诸子中排行第六，同样不占优势。但命运这部山寨手机突然就自动拨出了一连串号码，冥冥中开了一个电话会议，赵煦前面的五个哥哥便一起商量好了似的，集体决定给他让位。难道是他们的道德高尚得不行吗？哪有！是小命活不长久——五个王子原因不同地先后早夭。这五棵树一倒，赵煦作为神宗的第六根苗就显出来了，成了老大。而赵佶虽然也因此提前了五个名次，但他的命运显然不如赵煦。排在他前面的七八九十——四个哥哥，除了老十也接到了那个“神秘电话”早早咽了气，另外三位还活蹦乱跳地在他前面挡着呢。皇帝的位置，到底有没有？显然，这个还真没有！

但，希望总是无所谓有，也无所谓无的。这正如当皇帝的路，眼前本没有路，前面死的人多了，金銮殿上的椅子就腾出了位置。

如果，赵佶他爹神宗敢活个八九十岁，那皇帝的位置就和赵佶基本没关系了。但他爹只活了 37 岁就死了。

如果，继位的六哥赵煦也敢活个七八十岁而且子孙兴旺，那皇帝的位置也和赵佶没有半点关系。但赵老六显然是个大善人，他不但自己活了 24 岁就好像赶约会一般急吼吼地死了，还自私地没有留下一根接班的苗苗。

才华横溢的艺术青年赵佶一家伙就在自己走马斗鸡的几个哥哥弟弟群里玉树临风般地显出来了。金銮殿上空着的宝座已经在向他招手了。但是，有人仍然不服。他们在接班人会议上耿耿于怀地站出来唱反调、说坏话——说端王（赵佶）这娃爱搞艺术，为人轻佻，又是庶出，明显不适合接班呀！但命运这部山寨手机，专治各种不服。它马上又给皇太后拨出了一串号码。老太后也不打瞌睡了，马上起来发话了。她说：“都是神宗的苗苗，为什么非要分这么清楚呢？你们这些人呀！先帝爷说了，端王这娃娃有福寿，又孝顺，心肠还好，我看这娃娃行，就他了！”（皇太后曰：“皆神宗子，莫难如此分别，于次端王当立。”“先帝尝言，端王有福寿，且仁孝，不同诸王。”）

一锤定音。艺术青年赵佶终于越过了命运设下的无数磕磕绊绊，拿起陌生的玉玺，成了一位装模作样的皇帝。

为什么说赵佶成为画家是必然呢？这和天赋有关，更与心灵有关。要不怎么说，人是照着自己的心灵雕刻的那个样子在自我塑造呢。赵佶的心灵幻象可能就是南唐后主李煜那样的艺术人儿。他老爹神宗在赵佶降生前，曾在冥冥中突然看到了南唐后主李煜的画像，随后赵佶就呱呱坠地了（生时梦李主来谒，所以文采风流，过李主百倍）。这很可能是时人的臆想与传说，但赵佶在成长的过程中肯定受到过这种心理暗示，进而在内心深处产生了这么一股照着模型浇铸自我的力量。果然，他把自己铸成了一个诗书画三栖皆精的艺术家，尤其在工笔绘画方面，更是精妙绝伦。其实想想也是，在似海深宫里，一个自知大位无望的孩子，他除了玩儿还能干什么呢？如果不玩走马斗鸡，他必然会喜欢上笔墨纸砚、棋琴书画这些文雅物件儿。而大宋朝，恰恰就是一个文运极其发达并让后世文人艳羡不已的黄金时代啊。贵为王子，只要你一个猛子扎入艺术的荷花池，出水就必然是一朵华丽丽的奇葩。

17 岁，就在当下高中特长班的美术生还背着画板猛练石膏和假陶罐子的年纪，人家赵佶就已经出脱成国际一流的大艺术家了。而继位之后，他更是搜遍天下名书名画，鉴赏临摹，转益多师，自成一家。赵佶的草书笔势雄浑，开合之间如黄河奔腾，一泻千里。其代表作《千字文》据说可与草圣张旭及大师怀素媲美。同时，赵佶颇喜欢画人物，虽多为临摹，但笔墨精致，观察入微，画来毫无模仿的匠气。其《梦游化场城图》被元人汤星称为观之“不复知有人间世”的奇物。

尤其是在工笔花鸟这一块儿，赵佶被誉为有“冠绝古今之美”（邓椿《画继》）。放眼“国际”，无论契丹、西夏还是云南大理、漠北蒙古，都知道大宋有这么一位大师！

赵大画家的画究竟达到了什么水准呢？我们不妨来看两幅。所谓外行看热闹，那就凑个热闹也无妨。

2

第一幅《芙蓉锦鸡图》，真迹秘藏于北京故宫博物院，一般人是看不到的，但其仿作在各种仿古画展上却很常见。这幅画的真迹，其实是画在上等素绢上的。绢名贵，一般人不敢用，也用不起。敢用的若不是自信一笔千金、绝不会画错的主儿，就是赵佶这种躺在钱堆里玩艺术的大爷。就说这幅《芙蓉锦鸡图》吧：要说画的内容，无非是一只五彩斑斓的锦鸡落在芙蓉微微颤动的枝头，而恰有一对彩蝶儿迎风而来，翩翩飞舞于芙蓉花团之上。这样一个小场面，说白了不过是大宋朝皇家花园里极其寻常的一幕小景，但此小景一被赵大师的眼睛捕获，一经其如椽巨笔精细描绘，便生出了无边繁华万千气象——这不仅仅是一幅画，更是我们一窥隆宋旧京繁华的纱窗啊。彼时，皇帝赵佶可能正立于秋日闲闲的午后，凝神静思间的无意一瞥，竟发现了这角落里正在上演的花鸟之美。于是不可为外人道的激动与欣喜便在赵佶的心里如涨水的汴河般滚滚奔流了。那一刻的艺术冲动与来自美的大喜悦落于素绢之上，便是疏枝轻颤、粉色未央的芙蓉花，便是神态清逸而毛色光洁的锦羽鸡，便是彩翼轻盈迷恋芙蓉的花蝴蝶。在画里，锦鸡黑胡椒一样的眼睛凝视着空中翩若飞仙的彩蝶，翻飞的彩蝶则浑然不理，只把无限的风情献于花枝绚烂的芙蓉。而斜出左下的菊花如隐者不言，远远地静观这生动的一幕。大宋朝华贵的气韵、闲逸的精神便都隐藏在这幅画里了。画面右上角两只彩蝶之下的配画诗更是一绝。赵佶用他"侧锋如兰"、"屈铁断金"的瘦金体题了四句五言诗："秋劲拒霜盛，峨冠锦羽鸡。已知全五德，安逸胜凫鹥。”这四句可以看成是对画面内容的文字说明，更可以看出赵佶作为一名艺术家的心胸和气韵——西风刚劲的寒秋，芙蓉迎霜绽放，锦鸡华羽高冠，正如文、武、勇、仁、信五德俱全的凛凛君子，虽面临寒风而精神闲适安逸，浑如汴河岸边的凫鹥。题诗罢，赵佶不慌不忙地在画面的右下角写上“宣和殿御制并书”，点明了画画的地点，然后用草书极其潇洒地签了个名儿。他可不签自己的大名，而是像毕加索画个三角就算签名一样，用草书画出个“天下一人”。谁是“天下一人”？除了当皇帝老儿的他，还有谁敢？

不得不说的是，这幅画后来落到了那个字写得不咋样，但动不动就喜欢题字的乾隆皇帝手里。乾隆诗书画都是二把刀，但极有跃跃欲试的艺术冲动，见了艺术绝品就喜欢在上面添点什么来显摆。实在没啥说的时候，也要写四个大字“真迹无遗”。这不是废话吗？

在赵佶的《芙蓉锦鸡图》上，乾隆就留下这么一句废话。

3

第二幅《瑞鹤图》，真迹秘藏于辽宁博物馆，亦画于素绢之上。我们一般见到的，多为仿作纸本。这是一幅让包括我在内的许多人看一回就惊一回的作品。在一个夏雨骤来的遥远午后，我在美术馆里第一次看到了赵佶笔下的仙鹤，当时迷恋梵高的我，脑子里马上用梵高给《麦田上空的乌鸦》命名的方式，将眼前的《瑞鹤图》私自“篡改”成了《宣和殿上的丹顶鹤》。当时夏天的大雨密集地冲刷着城市的天空，我凝视着眼前这二十只姿态各异、如魔幻的花朵一般翩然开放于天空中的鹤，突然就觉得那是一场九百年前下在赵佶头顶上的“鹤雨”。那些巨大的雨花一般的丹顶鹤四处“飞溅”在宣和大殿的上空，而原本高耸云端的宣和大殿，却仿佛承受不住这“奇异之雨”的冲刷而在慢慢地下沉。鹤主祥瑞，但这群如大雨一般的丹顶鹤，带来的似乎没有半点祥瑞之气，相反，沉重而浓郁的沦陷之意却破纸而来，让长久立于画前的我分明感到一股毛骨悚然之气。

这幅画的确与公元1112年北宋王朝的那个漫长的雨季有关。史载，这场连绵淫雨下得谷物发霉，生出绿斑。在这样一个阴冷的年头，登基已经十二年的皇帝赵佶把朝政干脆一股脑儿推给臣下，自己躲进小楼与书画耳鬓厮磨去了。一转眼就到了这一年元宵节。在与臣民彻夜欢会之后，赵佶在第二天早晨本欲多睡会儿，但睡梦中的他突然被殿外的奇异之声惊醒。在烟云缭绕的皇宫之晨，睡眼迷蒙的赵佶惊讶地发现，不知从何处飞来的一大群丹顶鹤竟然盘旋在宣和大殿的上方流连不去。这些白羽长腿的精灵摇曳着翅膀，发出杂而尖利的鸣叫，仿佛要从这个奇幻的早晨带走一些什么。当赵佶在太监们的簇拥下出门仰观之时，鹤群中的几只突然俯冲而下，袅袅娜娜地站立于宣和大殿的屋脊上。此刻的天空是阴郁而灰暗的，白色的鹤群在这灰蒙蒙的背景中如突然绽放的魔幻花丛，在赵佶观望的眼眸中盛开了。作为皇帝，他宁可相信这是天降祥瑞，但作为一个心灵过于敏感的艺术大师，他还是用写实之笔画下了这在阴郁中近于沦陷的不安一幕。

很多年，我无数次凝视《瑞鹤图》。我始终觉得，那是赵佶画给自己的一个寓言。或者说是他用画笔表达的一种与命运有关的预感。虽然在画绢一侧，赵佶照例用他独特的瘦金体和饱含“祥瑞”的语言津津乐道这幅画的来龙去脉，但语气中的言不由衷与前后矛盾，让我觉得赵佶对那一刻的沦陷心知肚明。

但他不明说，因为他是皇帝。作为领导，他得装——装得好像硬币只有正大光明、阳光灿烂的一面。但我们如果把赵佶另外的那一面翻过来，就会觉得花鸟的反面其实淫雨霏霏。

4

出生于开封汴河岸边的当代80后著名女诗人李成恩曾有一句诗："汴河汴河，洗尽少年欢乐。"

仅此一句，便让我热泪盈眶，神思霎时穿越九百年风尘回到东京汴梁，飞入清明上河图里的某个勾栏酒肆之中。汴河河畔花满地，我邂逅了18岁的寻欢少年赵佶。

17岁以书画成名，18岁贵为天子，这些声名富贵皆不是一个弱冠少年所能承受的。十七八岁的儿郎，青春骚动正欲遍地寻欢，而赵佶作为一个帝京城里杰出的文艺青年和无人可比的高帅富，其醉卧花丛的基因，其千金买笑的本钱，皆无人敢与之争锋。

他迅速地就把年纪轻轻的自己玩成了一把花丛里的枯骨。

后宫粉黛三千，他像一个色中饿鬼一般疯狂饕餮，于是很快便腻味了，然后挥笔写下"选饭朝来不喜餐，御厨空费八珍盘"两句让下人猜谜，洞穿皇帝那点猎艳心思的下人马上补了两句"人间有味俱尝遍，只许江梅一点酸"。尝尽宫中美色的赵佶，要从宫外引进"一点酸"了。

于是一个刘姓的酒家女迅速被宦官用食盒抬进宫中，以作为皇帝赵佶的酸味"江梅"。在一个叫林灵素的道士的从旁指点下，大宋朝尊贵无比的皇帝赵佶和汴河河畔最下贱的风月女小刘不但在尘世间颠鸾倒凤，而且作为道士口中的"神霄帝君"和"九华玉真安妃"，还在道家神话的氛围中大玩了一把"角色扮演"。

但这种"引进来"的"小酸梅"仍然被玩腻了。蠢蠢欲动的赵佶终于决定“走出去”，亲自到花丛中采一把“野花蜜”，于是便有了皇宫地道暗通青楼名妓李师师床下的荒唐事儿。更让人哭笑不得的是——有一天，大宋官员、著名词人周邦彦在与老情人李师师相会情浓的当口，忽报赵官家来访。周邦彦慌忙躲入床下，将圣上与妓女的诸般响动听了个一清二楚。按说周邦彦本是一个小官，能与皇帝在一个盆里捞饭，本该闭紧嘴巴做只悄悄偷腥的猫，但他偏不，非要在他的《少年游》《风流子》中调侃影射皇帝。赵佶一怒之下将这个不知天高地厚的家伙逐出了京城。要不是老祖宗赵匡胤有“不准擅杀大臣”的遗命，这个周邦彦估计早就被碎尸万段了。

就这样花花鸟鸟地可劲儿地玩乐着，赵佶仍然觉得不过瘾。终于有一天，他决定，自己这台超级电脑，从此之后只开游戏、娱乐程序了，至于办公程序，他一股脑儿地转给了自己的儿子宋钦宗。作为太上皇，他只管画画、上床以及修道。

工笔绘画与瘦金体书写，都是细致入微、如同绣花般在一针一线中耗神费力的玩意儿。玩这个，容不得丝毫新鲜活泼。这就像一个神经外科医生做开颅手术，你得紧紧绷着——谨小慎微、一进三退，在一个小小的螺蛳壳里寻觅花团锦簇的意义。

抑郁了、憋坏了，那就冲出螺蛳壳，于象牙床上一番狂放。

天长日久地弄这种女红般的尤物，一个男人就废了，何况还是一个掌管万里江山的男人。精于工笔花鸟和瘦金体的赵佶，玩弄美女、迷恋道士的赵佶，万万不可能练就气吞万里如虎的帝王霸气和醉里挑灯看剑的英武狂放。这个道理其实很浅显。你完全可以想象一个整日迷恋十字绣的宅男，是不太有兴趣、也不太有可能成为乔布斯那种纵横捭阖、睥睨天下的商业领袖的，即使他接手了一个比尔·盖茨老爸留下来的庞大帝国。

作为一个天地间至尊至贵的皇帝，赵佶可能到死都没弄明白“贵”的本义。贵，不是天地间唯我独尊，不是想干什么就干什么。贵，乃自我限制，乃有所不为。贵为天子，赵佶本该知道他该干什么，不该干什么。他颠倒了，把一个皇帝该有的硬件统统删除，无限制地移植、安装绘画、游戏软件。玩着玩着，他死机了。

宣和七年（1125），宋人屈降于金。靖康年，赵佶与儿子钦宗、皇族亲眷及汴梁城里十万百姓在金人的押解下，千里转徙，最终被囚于边陲小镇五国城（今黑龙江依兰县城北门外）。

三年后，花鸟皇帝赵佶病逝于白山黑水的漫漫雪夜。

5

官修的正史里，宋徽宗赵佶道貌岸然，似乎与花鸟无关。他就像一面金碧辉煌的墙上的那个幻影，法相庄严但虚幻无比。这突然让我想起新浪微博上流行的一幅漫画：一只黄色的小鸡缩着翅膀面光而立，强烈的灯光穿过它，在后方的墙上幻化出一只扑棱着翅膀仿佛要展翅翱翔的威猛大鸟。

我于瞬间看清了官修历史的本质，而宋史墙壁前的宋徽宗赵佶，如果褪掉花鸟皇帝的光环，无非就是那只黄色的小鸡。

【“达”得有理】

他可能不是一位雄才大略的好皇帝，但他是一位把书画艺术玩成了一朵奇幻之花的浪子。他丧失了一个帝国，但他同时成就了中国古代花鸟艺术的传奇。

最是那一抬脚的风流
——足球达人高俅

没有任何一个中原王朝能像北宋那样，成为闲汉、游民寻找欢乐与幸福的黄金时代。在这里，几乎所有的人都以华丽而独特的方式，走在实现自我光荣与梦想的道路上。欢笑与哭泣、升华与堕落，几乎同时发生在这个造就梦想也毁灭梦想的地方。

东京梦华，梦想之门的确矗立在每一个北宋游民浪游之路的尽头，等待不同的手用自我擅长的方式去叩响。

在叩击命运之门时，有的人喜欢用球，有的人却喜欢用斧头。一部《水浒传》其实便是一部游民梦想大全。高俅的足球、李逵的斧头，无非是实现一种梦想的两种方式。但玩足球的高俅成了大奸大恶的无耻小人，而玩斧头的李逵却成了令人津津乐道的英雄。这让我们在合上小说之后的再次言说成为一种必要。

让我们梦回大宋，看看在北宋这张豪华而宽大的餐桌前，梭巡于梦想门槛上的城市游民高俅是如何逮着一个鸡犬升天、平步青云的机会，又是如何端着贴有足球达人的盘子在命运的自助餐前吃得如痴如醉……

1

在任何一个喜欢围着优势资源扎篱笆、垒高墙的时代，拥有多少张门票，就能看多少风景；拜多少神佛，就能成多少美事儿。在这种篱笆遍地的时代，一个人攀爬的高度，和他攫取的门票几乎成正比。作为北宋东京城里如假包换的底层游民，高俅正是个时刻妄想门票的人。

游民高俅通向巍峨庙堂的门票与一把神奇的篦子刀密切相关。有人想问篦子刀是什么高科技玩意儿啊？其实这东西一点儿都不高科技，几乎所有女孩子每天都会用它梳头发。篦子刀，其实就是一种造型别致的梳子。那高俅究竟与一把梳子有什么关系呢？不忙，在琢磨梳子之前，咱先查查高俅的身份证。啃嗬，高俅的身份一栏赫然写着俩宋体字儿——游民！啥是游民呢？不会是来汴河里游泳、泡澡的农民吧？

所谓游民，其实就是没了土地、没了财产，只有因浪游而积攒下一身才华和梦想的那些人。要想在浪游天涯的路上活下来并活下去，你必须拥有才华——李逵的斧头、燕小乙的相扑、李师师的舞姿与歌喉，当然，还有我们家高俅那两脚神乎其神的蹴鞠，都是为了活着而积攒又被生存所激发出来的才华。有人又问了，蹴鞠是啥呢？“蹴”就是踢，“鞠”就是皮球，“蹴鞠”就是咱中国老祖宗玩的足球。说起这个，连当过世界足联主席的布拉特都承认，中国蹴鞠，世界第一！别高兴，人家说的是咱祖宗的历史。

话头拉回来，与《北京爱情故事》里的北漂石小猛急切地想买下 38 平方米的小房子那样，东京梦想故事里绝望得只剩下两脚才华的高俅是那样强烈而急迫地希望寻找一个梦想的出口。高俅究竟有多绝望？这么说吧，在他最为黑暗的日子里，他甚至觉得自己还不如东京南薰门外被乡下人日夜赶着进城待杀的肉猪。肉猪还有几斤肥膘呢。可高俅呢，多少天没有吃过一顿正经饭了？很多时候，高俅都想从自己蹲的城门口站起来，去学那些乡下来的闲汉，去甩一身臭汗与牲口们一起拉太平车，或腆着脸去下等饭馆做一个给酒客们换汤斟酒的帮闲。但实在是不能啊。自己可是一个怀揣齐云社一等命旗、蹴鞠场上两脚生风的魁首啊！齐云社是啥？那可是比现在的皇马和米兰更有范儿，在大宋朝乃至国际社会叱咤风云、说一不二的蹴鞠行会啊！

想起蹴鞠，高俅亦痛不欲生，不堪回首。一年前的鞠场对决中，他被对手使诈踢中下阴，球就输了！除被对手按鞠场规矩当众鞭打以示羞辱之外，马行街北曹家医铺里的医官竟然阴着脸悄悄告诉他，这辈子，他大概是无子息了！啊?!

这便是两脚才华、一身绝望的高俅。因伤离了鞠场，齐云少年的盖世风流便成风中往事。作为游民，他得另谋生路了。

游民高俅在黑暗时期过后的再次出场显得极具戏剧化——这就像祥林嫂满脸愁苦的特写镜头还在银幕上慢慢消隐，一转眼便又闪出了芙蓉姐姐的身段儿，但你再细看，这脸还是祥林嫂啊，只是割了芙蓉姐姐的双眼皮！你能想到吗，我们家高俅极其文雅又极其乖觉地拉着某位文化大佬的长衫儿后摆，款款地出场了。你再一细看，这大佬，不就是高中语文课本彩色插图里的那个苏东坡吗？啊?!

高俅就是拉着东坡学士的衣角华丽丽地走进了历史，走进了你的眼帘。他俩咋认识的呀？南宋作家王明清在一本书里硬硬地回答你："高俅者，本东坡先生小史，草札颇工。"啥是小史？简单，俗话叫书童，当代的官名是秘书，娱乐行业里称助理者是也。

话说有一天，老苏家突然就准备把书童兼秘书小高像一只门下的黄狗一样给赠出去。苏东坡这是怎么了？其实也怨不着他——文化人喜欢多说话，还不会看上级脸色行事，后果就很严重。被降级的苏学士要扛上书、带上老婆灰溜溜地从东京去中山府了。那就把书童赠给同事曾文肃吧，老曾前两天不是还送我一支羊毫吗？这也算还人情吧。

“老曾，我这儿有个小史。老曾，你知道的，我要走了，我挥一挥衣袖，小史免费送你，要吗？”

“老苏，我这儿有一串小史！老苏，中山那地方人丁稀少啊，转运费很贵我知道，要不我付费快递两个人过去给你？”

苏大学士一气之下，从书架上抽出本自己写的新书，挥毫在扉页上写下几个大字：“晋卿兄，拙作一册，望雅正。我将上路，送书人你留下，或看着办吧！”写完对高俅说：“去，送到小王都太尉府上去。你，就别回来了！”于是，高俅惴惴不安地拿着书踏进小王都太尉——王诜书房的时候，王诜正拿着两把篦子刀在那儿比照端详呢。他一边玩弄还一边念念有词。他接过高俅递上去的书翻开一看，扑哧一声笑了，又斜眼看了看高俅，说：“小样儿不赖，人也精神，就在爷门下吃饭吧！”高俅高声唱了个诺儿回道：“全听您的！”

不久之后的一个下午，王诜从外面一回来，就把在一边侍候的高俅叫进书房，说：“你拿上这个，跑步送到端王府，亲手交给端王殿下。”说着，他把一个做工精致的红绒盒子塞到高俅手里。

高俅怀揣着这个红盒子一路狂奔。他不知道，盒子里是一把篦子刀，更不知道，这把篦子刀，会成为自己这辈子青云直上九重天的门票。

2

当端王府的太监引着高俅走进王府后院的时候，高俅远远地就听见了某种久违了但又极其熟稔的声音。那是打足了气的鞠球在黄土地上特有的弹跳之声，那是流星般的鞠球“呼”的一声洞穿风流眼儿的声音。高俅正思索着呢，引路太监一声低吼：“站下，等着，我家王爷正在兴头儿上呢！”

高俅这才敢悄悄抬头，打眼一看，好家伙，这才是真正的王家鞠场啊！正如齐云社独门秘籍《鞠城铭》里记载的那样“圆鞠方墙，仿像阴阳”。就在高俅默诵以前背过的足球教材的时候，场上一方的球头突然踢脱了脚，受力的鞠球没有朝球网和网正中的风流眼儿飞去，而是连球靴带鞠球一起奔向场边的太监和呆站着的高俅脸上来了。太监一个机灵，就四肢趴地了。再看高俅，先是一愣，这一愣神的时间，球就飞到眼前了。八片鹿皮缝成的皇家特制鞠球，连上面崭新的麻线绳的纹理都能看清了！就在这一刹那，就见高俅一哈腰一低首，让呼啸而至的鞠球飞过了头顶，随即一拧腰，左脚尖着地，右腿猛然后踢，同时大喊一声：“倒踢鸳鸯流星拐！”喊声未落，被高俅向后甩去的右脚后跟狠狠抽中的鞠球便如同一枚导弹，“嗖”的一声穿过了风流眼儿，同时，把球门口准备抬脚接球的“骁色”撞了个人仰马翻。

方才还欢声笑语的鞠场霎时鸦雀无声，唯有鞠球激荡起的淡淡黄尘在慢慢飘落。高俅还未从刚才条件反射般的动作中回过神来，就听刚才趴到地上的太监厉喝一声：“小子无礼！端王殿下的鞠球也是你的狗蹄子敢碰的。来人啊！”

就在王府禁卫要扑过来抓人的时候，刚才场上踢飞球靴的那个球头挥了挥手，人们就都不敢动了。球头一边穿靴，一边冲高俅喊了一声："你过来！"

一刹那，无数念头风一般地刮过高俅齿轮一般复杂而精密的大脑。这是一场大祸吗？鞠场外人竟然抢了端王的风头！但，如果从另一方面去想呢？齐云社里不是有句话吗："如遇贵人不能相见，可因圆情而识之！""圆情"可不就是像我刚才那样的一脚风流吗！旋即，高俅想起了真宗朝那个以球拜谒宰相丁谓因而获官的穷秀才柳三复。想到此，高俅心一横，决定要做一回柳三复。

跑过球场中央的时候，高俅一抬腿，用脚尖儿把刚才踢飞的鞠球颠了起来。在跑动中，这个颠起的鞠球便在高俅的两膝间轮流跳跃。来到端王面前，高俅膝盖略一使劲儿，那圆滚滚的鞠球便跳到了他的脑袋顶上。高俅双膝跪倒，高声道："小的高俅奉王太尉之命给端王殿下送东西来了！"说完两手捧着红绒盒子高高举起，同时把头往地上一埋就磕。他一磕头不要紧，原来头顶上的鞠球就顺着脖子滚到了背上，顺着脊梁骨眼看就要往屁股上滚呀。这当儿，就见磕过一个响头的高俅极自然地一抬首，一拱腰，同时腹部暗暗使力，背部肌肉发力，使出了一个齐云社独门"粘字诀"，那球便又自腰眼儿处骨碌碌地顺着脊梁骨滚回了脖颈窝儿。然后高俅再次深深低头二叩首，那个鞠球便又像刚才那样滚了下去。如此几次，高俅把头在鞠场边的黄土地上磕得直响，可端王就是不喊停。为啥？好看呗！端王的眼睛都看直了，半晌才一拍巴掌，极响亮地叫了一声："好！"然后用双手把高俅扶了起来。

受宠若惊的高俅悄悄抬头一看，哟，这端王竟然这般年轻，也就十六七岁，和自己年岁也差不多呀！正这么想着呢，端王打开红绒盒子，哂笑一声说："这个王晋卿啊，藏的好东西就是多。我用你的篦子修了一下鬓角，你就给我送来一个活宝。好啊！你，还有你，两个人一起去太尉府，告诉我那姐夫，就说连人带篦子，本王都收下了!”端王指着两个太监说。

高俅心中一喜，这真是踢上去一个球，掉下来的就是馅饼，还这么大个儿，福气啊!好命啊!但他还来不及细品这人生大喜悦，端王已说话了：“我说小高，你这两脚绝呀!鸳鸯拐，鸳鸯拐你会吗!快快给本王耍来!”

高俅赶紧跪倒在地恭敬地答道：“小人愿为王爷一试!”说罢他起身来到场中，一凝神，叫一声：“启鞠!”场边上的一个球头就把鞠球轻轻抛掷过来。但见高俅，两臂轻展如白鹤亮翅，身体前伸如老猿探渊，左腿金鸡独立，右脚迎鞠而舞。就在那个鞠球飞来的一刹那，高俅的右脚外脚踝也到了，似蜻蜓点水，浑不用力，仅那么轻轻一碰，那球便如一只养熟的鸟儿一般飞过高俅的头顶直奔他的左脚而去。球到脚到，左脚外脚踝轻轻一磕，那球便再次反方向飞向右脚。如是者几十回。高俅的速度越来越快，左右脚纷飞如蝶，那球已不见实体，而幻化为一片灰影。场外看得目瞪口呆的端王不时大叫一声：“好啊!”场内的高俅则越耍越轻松，越轻松花样越多。除了两脚左右开弓，他还不时地把球颠上肩膀，让球在两只肩膀之间围着脑袋团团转。要不就使个花活让球跳上肚皮，然后飞快一转身，那球就绕到了后腰上。他就这么转来转去，那球好像粘在他腰上一般。

就这样耍了个把时辰，眼见天色擦黑，端王才叫了停。他对脸不红气不喘的高俅说：“你真是个人才，以后记得跟着本王，三米以内!”说完在太监的簇拥下扬长而去。

端王一去，高俅立即被鞠场上的二三十号闲汉抬了起来。他们欢呼着，把他高高地扔上天空。在夕阳的余晖中，被抛向天空的高俅看上去就像一尊鞠场上的真神!

3

斗转星移，皇位更迭。当年的端王成了宋徽宗，高俅亦平步青云，把自己这颗球踢进了大宋朝廷。

作为一个只会在鞠场里显神通、勾栏里混世界的人，没有科名没有资历没有功劳的高俅其实也很让登基之初的宋徽宗为难。祖宗法度在那儿摆着，想在文官行列里狠狠提拔一下高俅的可能性不大，于是徽宗就悄悄对高俅说，你还是去军队里镀镀金吧。于是他发了红头文件，高俅便来到了西宁军分区司令刘仲武的军营里。

刘司令一看文件，马上拍着高俅的肩膀说，兄弟，都是陛下身边的老人儿，我这儿啥也不用你干，就在军营里可着劲儿踢球吧。别怕人说，这蹴鞠本来就是军营里练兵的古法嘛！

于是，高俅便在大宋朝西北边境天宽地阔的军营里照着《蹴鞠谱》中的规模，大建鞠城，并组建军中专业蹴鞠队。在高俅的发动下，北宋大兴蹴鞠之风。每逢天气清朗、无风无雨的好日子，高俅便排开队伍进入鞠场，开展严肃而正规的蹴鞠大赛。

但见长方形的鞠城四面高墙围绕，中央有地面平坦的鞠场，鞠场四角分别种植松、柏、枫、柳四种树木，场子正中立着两根三丈二尺高的杆子，杆上固定着一个宽九尺五寸的大网，网上开着二尺八寸的球门，而球门正中是个直径一尺的圆洞，这便是“风流眼儿”。

一声哨响，比赛开始了。“左军”球头正是高俅本人。但见他轻轻起脚，将脚下球传至身后的次球头，次球头接球稍定，再将球依次传给队友，这样来回传接几次（先以球团转众，小筑数遭）之后，球便回到了次球头脚下，次球头先小踢几次，待球端正后再一脚长传，把球推到高俅跟前。这时候，已经做好充足准备的高俅便大步抢身而上，一个大脚把球踢向球门（打大赚过球门）。那球来如旋风去似流星，以极其精确的准头不偏不倚地穿过球门正中的风流眼儿，“啪”的一下落在“右军”的场地上。这一下，“左军”就算得分了。而“右军”接球后，也是按照方才“左军”的程序先传接一番，然后由球头起脚射门。如果球也穿眼而过，便算得分，两方扯平，反复重射。如果不能分出高下，那就再来“一筹”。一筹二三十分钟，或赛三筹，或赛五筹，以一方在规定时间内不能踢过球门为输。赢了的军士赏钱赏酒；输了，那就得挨鞭子受辱。

在这样的比赛中，高俅总是活跃异常。那种认真严肃、精神抖擞的劲儿，仿佛这并不是一种娱乐，而是在积攒安身立命的本钱。

不但自家跟自家踢，高俅很可能还抽空带着北宋军队，趁着和吐蕃、西夏对垒却不干仗的时机，像第一次世界大战西线无战事时代的英军和德军那样，在和平万岁的名义下多次举行国际战地足球赛。而司令刘仲武很可能利用了蛮人这种精神上的麻痹，一个突袭一个埋伏，就打了几把大宋朝难得一见的大胜仗。

奇迹呀！而奇迹里必然有高俅的一大功劳，于是他被调回京城，名正言顺地先被拜为殿前都指挥使，后被拜为太尉，最后开府仪同三司。这就相当于他坐到了国防部长兼军委副主席的高位上。而高俅在足球世界里的声誉，随着他行政职务的层层攀高也越传越远，最后冲出了大宋国界，成为辽、金、西夏、高丽、吐蕃、交趾乃至东洋日本都赫赫有名的国际超级球星。每逢宫廷大会，当宋徽宗举起第六杯酒的时候，文武百官尤其是各国使者便会不由自主地鼓起掌来，因为这第六杯酒便是高太尉要下场“白打”的信号。这时候，宫廷专业足球队的球星们就得赶紧退下，好让微醺的太尉一展国际超级球星的风姿。往往是在高太尉迷人脚法的刺激下，嫔妃、宫女失声尖叫，徽宗及文武百官、各国使节放声大笑，从而将宴会一浪一浪地推向了高潮。

笑闹声中，太尉球名风传四海。

4

高俅，这个在北宋街巷深处玩球的孩子，玩着玩着便像黑贝利那样，在自己那个梦想般的时代里一“球”成名。

在球之外，作为掌管大宋朝几十万禁军的军事长官，他在二十多年中意气风发、专心致志地只干了两件事。第一，将成千上万的军队拉出来，水路两栖武装彩排多元型、豪华型、神魔式娱乐节目，活生生地把大宋朝变成了一个巨大的游乐场。目的只有一个，让老板宋徽宗高兴。老板提拔了他这个原本的受苦人，让老板高兴，有错吗？第二，把成千上万的军队拉出来，给老板宋徽宗和自己挣钱。管他们是修房子还是种地呢，来钱就行。

高俅的名字和他的种种事迹开始成为一个汴河岸边的传说，以致很多毒舌开始用流言式的小说或小说式的流言对他实施道德上的凌迟与腰斩。

但即使再恶毒的言说，也难以改变一个游民身上闪光的部分，更何况他是高俅。无论贩猪的草民还是后来的大作家施耐庵如何向他抛掷道德批判的大棒，他依然是那个足球场里独一无二的神。

而对于高俅的忠奸善恶和道德水准，官修宋史以沉默的方式给了标准的回答——史中立传者，非大忠便是大奸。而作为史中无传的一个宋人，高俅很显然不忠不奸、不善不恶，以致立传的文化人甚至懒得搭理他。

本来嘛，我们家高俅其实只是一尊蹴鞠场里活蹦乱跳的喜神！

【“达”得有理】

一脚风流，富贵终身；大宋球王，史上留名。

足球達人

癫狂的书圣

——书法达人米芾

如果不能深刻，那就让自己好玩儿。做人写字，都该如此。但大多数写字的人，不是把深刻当膏药贴在脸上竟日龇牙咧嘴、一横一竖地玩痛苦，就是穿着好玩儿的皮草一撇一捺地把自己乐成一只供人消遣的猴子。

只有极个别人能把灵魂里的深刻雕镂成一朵朵好看的花儿纹在身上。无论做人，还是写字，都令人击掌称绝。这样的人物就像一块既峥嵘又玲珑的石头，无论砸到哪个时代的水面上，都能溅起一片喧闹的水花。

就有这么一块石头，在宋朝以后的一千多年里，把中国文化史砸出了好大一片涟漪。这个老喜欢捧着石头当亲戚的人叫米芾。很多人把他的名字念成“米市”，但他千真万确地和卖米的市场一点关系都没有。

米芾是谁？如果用当今的新浪微博体来介绍，米芾是一个坐轿喜欢掀掉盖顶、洗手从来不用毛巾、着装魔幻令人惊心的怪人；一个喜欢装傻卖萌、耍赖发癫却一辈子潇洒自在、唯我独尊的奇人；一个职业是在宋徽宗赵佶的公司上班，喜好却是写字画画儿玩石头且把自己的名字玩进“宋代四大书家”里的神奇达人。

让我们穿越千年，回到北宋，好好地会一会这位大名鼎鼎的“米癫”。

1

宋朝四大书法家，苏黄米蔡，米芾排名老三，前面横着中国文化巨人苏东坡和他的学生黄庭坚，后面挂着大宋宰相蔡京的党兄蔡襄（一说为蔡京本人）。作为一个不尴不尬、不前不后的“老三”，米芾仿佛根本没有什么可拿出来显摆的。但奇怪的是，这位“老三”却能锋芒毕露地倒逼着老大老二为其大唱赞歌。

听，老大苏东坡赞美说：“米三啊，你的书法正如急风暴雨中屹立不倒的桅杆那样沉着坚毅，又像风驰电掣四蹄翻飞横冲敌阵的奔马那么骏迈而痛快。你的功力已经完全达到了钟繇和王羲之的水平，和他们平起平坐，你一点儿都不用惭愧啊!”（风樯阵马，沉着痛快，当与钟王并行，非但不愧而已）

再听，老二黄庭坚赞美说：“米三啊，你的书法如一把锋利无比的宝剑砍向敌阵，又像射向千里之外、能够穿透一切的弩箭那般迅疾有力。书法家挥舞毛笔的磅礴气势，到你这儿算最高的啦!”（如快剑斫阵，强弩射千里，所挡穿彻。书家笔势，亦穷于此）

别人这样捧米三，按当前文艺评论界的行规，米三也该投桃报李，没事到别人博客上打打酱油，用梨花体唱几句赞歌吧？但，不！米三不但不给水平低的人唱赞歌，相反，他最爱干的事就是骂某些人书法写得臭，其最常用的一句评语便是“字字如蒸饼”！不知道宋朝的蒸饼长啥模样儿，但就像到任何时候说某个姑娘脸长得像包子都不是啥好话一样，说人家字写得像蒸饼，那简直就是骂人家是文字行的棒槌！米三不但经常拿“蒸饼”讥讽时人，就连古人都不放过。著名诗人杜甫曾经猛夸初唐书法家薛稷“慧普寺”三个字写得“仰看垂露姿，不崩亦不骞。郁郁三大字，蛟龙岌相缠”，但米芾对此不以为然。他一脸鄙夷地讽刺道："字字如蒸饼！这能叫字吗？这不就像小孩子手里拿着一块蒸饼吗！"（乃如奈儿握蒸饼势）他骂薛稷顺便连杜甫都骂了。

显然，这是一个书法界里敢于四处开炮的狂人。但凡狂人，都有可狂之处。米芾之所以敢到处抡锤，那是因为他坚信自己便是那块天下第一的好钢！

那么，米芾的书法究竟有多牛？这个还真不太好说。有那不懂事的非要凑上来问米芾和王羲之谁厉害，这就有点儿拉出秦琼战关公的意思了。如果非要按当下新闻界的写法，必须列出数据来说明问题，那俺只能说，你去翻翻乾隆皇帝的《钦定三希堂法帖》吧！米老三的字占了75页（506—580），篇幅在所有书家中排第二位。第一位是苏东坡，占了105页（355—459），但前面说过了，苏老大是力挺米老三的，由此，约略可见米芾书法的高度。

但就像很多天姿平常的人一样，米芾从来就不是一个天生的书法家。他完全是从一块铁矿石一步一步地把自己锤成不锈钢的。那么，这块独一无二的不锈钢究竟是怎样炼成的呢？

照米芾自己经常向宋徽宗赵佶所吹嘘的说法，他是6岁读诗，7岁学书，10岁就开始写碑，21岁当官后就成了大宋朝的青年书法家了。这样掐指算来，当宋徽宗聘请他给自己当书法老师的时候，他已经是拥有四十多年书法经历的书法大师了。但正如时人所言，此乃米老三的自夸之言。作为皇帝的书法老师，狡狯的米老三喜好"标高自置"，经常在皇帝耳朵边上给自己来一些小吹嘘、小美化，借以提高身价。当然这是可以理解的，现今，给煤老板上英语课的很多家庭教师，不也总喜欢说自己是剑桥回来的吗？

但事实是，米芾从来不是神童，他的成就完全来自后天一笔一划的笨功夫。他24岁时临《桂龙隐岩题铭摩崖》，在书家眼里只是

“略存气势”，但全无自成一家的影子；到了30岁时他写的《步辇图》题跋，仍然不靠谱，“亦使人深感天资实逊学力”。

前途悲观啊！但米老三写字就像许三多操练自个儿身板一样，不抛弃，不放弃。在31岁开始学习“晋书”以前，他一笔一画地临摹了大量唐人书法，尤其是博采颜真卿、欧阳询、褚遂良、沈传师、段季展这五位大师之长，集古字而自强。啥叫“集古字”？那就是一个字一个字地把古人书法的独特之处吃深吃透，让这些字入眼入心，信手可写。31岁后，米老三听从大哥苏东坡的建议，开始学习“晋书”，大量搜求临摹王羲之、王献之父子等名家作品，风格很快大变。就这样心慕手追，一笔一笔，一直写到50岁，米老三才“始自成家”。其书法体势骏迈，可谓天下第一。尤其是行书成就最大，南宋以来，但凡有书商印书法集子卖钱，他们总忘不了把米老三的“法书”收入其中。字已不再是字，而成了后代学书人必须遵守的大法！

哆哆嗦嗦临字四十年的米老三，也终于熬成了一个给别人“立规矩”的书坛大佬！

多么不容易啊！直到这个时候，老米才敢自谓：“善书者只一笔，我独有四面。”而时人也才拿米老三的字当个宝，即使卖房子卖地，也要求他老人家写几个字（寸纸数字，人争售之，以为珍玩）。

几经买卖，米芾的传世墨迹主要有《苕溪诗卷》《蜀素帖》《方圆庵记》《天马赋》等。

2

那位曾在中国近代史上掀起巨大波澜的傲慢的广东人康有为曾

经说过：“唐言结构，宋尚意趣。”这是就不同时代书法的不同审美讲究而言的。正如环肥燕瘦，是不同时代对女子的不同审美一样。

所谓书法的意趣，大概也就是氤氲于书法作品字里行间的那种或跳脱、或沉静、或豪放不羁、或婉约含蓄的气势与兴味。这玩意儿，你不可能一眼就看明白，更不可能一把提起来，因为它不在纸面上摆着，而在纸面后藏着，那是书家活泼泼的灵魂与精气神儿，你得慢慢地琢磨，细细地领会那股迷人劲儿。而若讲意趣，米芾在宋朝四大家中实可谓首屈一指。

人言建筑是凝固的音乐，音乐是飞翔的建筑。而书法，既是浓缩于纸面上的建筑，也是休憩于纸面下的音乐，有着严谨的章法结构和万千的灵动气象。而米芾的书法，是潇洒自在的舞曲，既仪态万方，又气韵绵长。某位女评论家甚至说：“观米芾的字，足以让女人低头羞涩，如坐在雨天的咖啡馆中，落寞的辰光里，突然走进身穿灰色风衣的格里高里·派克，那俊，令人惊厥。”

但这“俊”、这“令人惊厥”的意趣不是凭空得来的胎记，而是靠一笔一笔刻镂出来的。王羲之是米芾的精神偶像，而米芾练字的狠劲儿比王羲之有过之而无不及。在他发愿成才的漫长练字岁月里，他临右军的字，也临右军的那股气。他不但像右军那样写干了十八缸水，而且也学着右军的样子，在书房内、卧室里、大门外，甚至厕所内遍设书台，上置笔墨纸砚，以备随时书写。

写字，慢慢地就不再是一种外在的功课与负担，而成为一种生命之爱，一种内在的精神需要，一种灵魂深处的“瘾”而被米芾紧紧拥抱。这是任何一位从事文艺的人进入大境界之前的预演。活着，慢慢就脱离了柴米油盐、酒色财气的世俗劲儿，而开始成为一种对生命之爱的单纯供养，一日不供则一日不爽。用米芾自己的话说就是：“一天不写字，脑子就像断了电，浑身没精神。这时候，马上就会想起那些练书习字时刻不辍的古人。”（一日不书，便觉思涩，想古人未尝半刻废书也）他常常激励自己说：“智永和尚写字把砚台磨出了米臼那么大的坑，才能达到王羲之的水平，把砚台磨穿，才能达到钟繇和索靖的水平，我要永远以此勉励自己发奋写字!”（智永砚成臼，乃能到右军，若穿透始到钟、索也，可永勉之）

据其子米友仁回忆说，他老爹米芾一年365天，没一天不刻苦写字的，就连大年初一全国放假全民娱乐的这一天里，他老人家也是正襟危坐，练字不辍。而作为一名朝廷命官，米芾要经常出差或者公费旅游，这个时候更不能放弃练字。他只要一动身，他的私人座船便开动了。船上一面旗帜迎风招展，上书力扫千军的五个大字“米家书画船”。一点都不含糊，这的确是满满当当的一船书画，米芾走到哪就写到哪儿画到哪儿。下这么大的功夫，不写成个大师都对不起自己浪费掉的无数刀宣纸!

米芾爱写字，更爱与写字有关的好玩意儿，比如砚台和碑帖。好砚台能磨出好墨汁，好碑帖能练出好体势。这两样东西，你千万别让米芾这个人看见。一让他看见，他就是发疯耍赖，都要搞到手。

有人会说你这是污蔑人家米芾吧？别不信。俺先讲个米芾赖碑帖的段子。赖的是谁，是蔡攸。蔡攸可不是一般人，他爹蔡京，那是大宋朝除皇帝之外的一把手，所以蔡攸绝对算是个到哪儿都威风八面、说一不二、动不动就敢摆出“我爸是蔡京”派头的主儿。《水浒传》里常常写的那个好耍阴谋诡计、一肚子坏水儿的蔡九知府，就是蔡攸的小弟弟。按说这么个官二代，只有他赖别人，谁还敢不要命赖他呢？米芾就敢。

话说有一天，米芾开着自己的“米家书画船”到江苏仪征一带出官差，在水面上看到了蔡大公子的座船。蔡公子一见比他大二十六岁的米芾，就热情地打招呼，米叔叔，你过来，我给你看个好东西！米芾就上了蔡攸的船。一上去，蔡攸就亮出了一幅碑帖。米芾接过来一看，立即双眼放光，这不正是自己上天入地遍找不见的王羲之的《王略帖》吗？于是他细细看完，然后二话不说，就把碑帖放进了自己袖中，紧接着一步跨到了船舷旁，眼瞅着蔡攸扬一扬衣袖道："大侄子，这个，归老夫了！"蔡攸一愣，随即醒悟。"什么什么，让你看一眼，你就明抢啊！快还给我！怎么拿过去的怎么拿回来！"米芾一瞪眼："小子，我不白拿你的啊，你看，那边就是米家书画船，你跟我到我的船上去，上面有一船书画，你看上啥拿啥，整条船给你都行！但这个，我必须留下！"蔡攸一听急了："再不还，我就让人抢了啊！"米芾一听也急了："你再抢，我自己就跳了啊！"然后一条腿就跨出了船外。蔡攸再横也没见过这个啊，赶紧说："好好好，你看你，都这么大年纪了还玩这个，拿去吧，拿去吧！"米芾于是极其惬意地胜利而归。

这是靠耍横使蛮愣抢小辈儿的情况。遇见辈分比他大的，米芾就装痴耍萌，总之要将好东西弄到手。北宋宣和年间谁辈分最大啊？那当然要数宋徽宗了。话说这一天宋徽宗找来米芾，说米老师啊，我这新弄一个屏风，你给我题字吧。米芾说好啊好啊，嘴答应着，眼就瞅上宋徽宗书案上新添置的大砚台了。三下五除二屏风写好了，宋徽宗正在那儿眯缝着眼睛欣赏呢，就见米芾上前一把将那个还残留着墨汁的大砚台抢到手里，将之高举，跪到皇帝面前道："我尊敬的皇上啊，臣有罪，把这个砚台给您污染了，臣弄脏的东西，哪能再侍候您老人家呢？臣为了赎罪，愿意一辈子侍候您老人家这个砚台！你一定要批准我啊！"宋徽宗先是一愣，旋即哈哈大笑，砚台于是就归了米芾。

米芾这么耍赖装萌地赖别人的碑帖和砚台，不是因为囤积居奇，不是因为恋物成癖，他的目的只有一个：收集资料搞研究！作为研究成果，米芾在发奋写字之余，写出了几部具有“国际”影响和划时代意义的学术著作。

第一部是《宝章待访录》。这是米芾在广泛涉猎并研究晋、唐书家名作的基础上，所著的一本书法鉴赏集。该书集中收入 84 件晋唐品，开后世著录之先河。就像后世史家喜好模仿司马迁的论赞体一样，后来书家也特别喜欢模仿米芾这本书的体例。如明代张丑撰写的《张氏四表》即沿用了米芾此书的体例。

第二部是《书史》。这是米芾写书法之史、论书法之理、定书法之规的一部学术著作，内容比《宝章待访录》更为翔实，为后世鉴定家的依据之一。

第三部是《画史》。由书入画，自自然然。米芾写字之余，自创云蒸雾罩烟水迷蒙而巧妙点染的米家山水画。米家山水画如同呓语，在山水空茫间轻轻巧巧便将文人画推上了一个新的台阶。作为一个开一派风气的大画家、大收藏家、大鉴赏家，米芾虽然自己的画作荡然无存，但却留下了记录自己收藏、品鉴古画的经验及阐述自己独特绘画情趣的《画史》。

第四部是《砚史》。该书现已难得一见。作为我国最早的专门研究砚台的学术著作，该书倡言“器以用为功，石理以发墨为上”。

第五部是《海岳名言》。这是米芾收集编著的名言语录集，相当于如今的南都集团收集微博名言之后出版的《微语录》。

第六部是《山林集》。这是米芾的个人诗文集，篇幅一百卷。实在惊讶米芾这样一个整天忙着练字、作画、玩石头的人，哪来的时间搞文学创作？

六部大书，著作等身，米老三不仅仅是个书法家！

3

细观米芾的字，会发现他有“侧倾”的习惯。或欲左先右，或欲扬先抑，反正是一句话：“美特斯邦威，不走寻常路！”就是写幅小楷，如《向太后挽词》，他都想跃跃欲试，给你传达一种跌宕跳跃、骏快飞扬的风姿与神采。书如其人。米芾便是他那个年代里的“特立独行的猪”，挺着一对獠牙，顾盼自雄。

米芾洗手从来不用毛巾。为何？因为他老人家竟然有严重的洁癖。每次洗手之后，他从来不擦，而是两手相互拍击，令其自干。非但如此，他还不能容忍自己衣服上有任何污点，乃至他看不惯的一切装饰。有一次朝廷祭祀祖宗，为显庄严肃穆，官方按照级别发了相对统一的制式服装。别人都恭恭敬敬地穿上了，而作为太常博士的米芾就是不穿。他就是觉得衣服上的装饰不顺眼、肮脏，于是连夜让人给他改、给他洗。第二天他就穿着改过、洗过的衣服去太庙参加祭祀大会，结果被人当场以“不敬先祖”之罪揭批，继而被贬官。他扬长而去，依然故我。后来他在南京遇到一个陌生人，一看这个人的名字，叫“段拂”，米芾就惊叫一声：“哎呀！好！”再一看人家的字叫“去尘”，米芾心说，这名字，简直太干净了！于是，他连忙拉着人家的手问有没有对象，然后迅速地把自己的女儿嫁给了这位段同志（芾择之曰：“既拂矣，又去尘，真吾婿也！”以女妻之）。

米芾身体上的洁癖一旦蔓延向审美领域，就出现了他看哪个哪个不顺眼的情况，于是很多人在他眼里，顿时便“字字如蒸饼”！

前面也说了，米芾坐车喜欢掀掉盖顶。为何？因为不掀掉顶子，米芾就坐不进去。是米芾个子高吗？非也，是他老人家戴的帽子高！为了戴这顶奇高无比的帽子，米芾宁肯坐敞篷的轿子。你能想象一顶八抬大轿威武肃静地迎面抬过来，一个尖尖的帽顶竟然滑稽地戳在轿外的奇怪景象吗？一日，米芾就这样坐着敞篷轿，感觉极好地招摇过市，在保康门外迎面遇到了好友晁以道。以道一见米芾这个样子，立即笑翻。米芾下轿拉着以道的手说：“晁老四，你觉得咱这样子像谁啊？”以道马上说：“我看你啊，活像刚刚坐着敞篷的囚车被押解进京的匪首！”二人抚掌大笑。

不但爱戴高帽子，米芾还特爱奇装异服，尤好穿一身唐装招摇过市，进进出出，惹得旁人道路以目。这还不算，他还特好魔幻混搭——头上戴着儒生的帽子，身上穿的却是和尚的衣服。脚下呢，竟然是上朝面圣时才穿的朝靴！这一身打扮，可比一千年后穿着祖母的宽袍大袖旗装去印刷厂看校样的民国才女张爱玲要潮得多了！

米芾还好捧着石头当亲戚。为何？因为他实在是爱那些石头啊。米芾在安徽无为县做知县时，县政府大门口立着一方奇崛的大石。米芾刚来的时候，一见这块石头，就叫人赶紧取自己的袍服和上朝面圣时所用的笏板。干吗呀？正装跪拜石头呀！不但跪拜，他还大呼：“石头爷爷！”（石丈）而见到另外一些石头，他便称呼“石兄”、“石弟”——整个把石头当亲戚的亲密样子。

米芾在江苏涟水当官的时候，因为这地方挨着出产美石的灵璧县，于是米芾就拼命地收藏和玩赏石头，玩到兴头上，甚至一整天都钻在书房里，连工作都不干了。这就引起了组织上的高度重视，于是上面派纠风办主任杨次公到县里来收拾米芾。杨主任一下轿，便声色俱厉地对前来迎接的米芾说：“米县长，朝廷把这么大个县交给你来治理，你咋能一天到晚只顾得玩弄石头而不顾黎民百姓呢？你，必须给我一个理由！”米芾不说话，而是直接走到杨主任鼻子前，从袖子里掏出一块“嵌空玲珑、峰峦洞穴皆具、色极清润”的石头，在主任眼前来回晃动，并问主任：“这块石头怎么样呀?”主任鼻子一仰“哼”了一声。米芾见状，就把这块石头放回袖里，取出一块“叠峰层峦，奇巧又胜”的石头，再问:“如何?”主任又“哼”了一声。于是米芾又从袖子里拿出一块“尽天划神镂之巧的石头”，举在杨主任眼前说:“主任啊，像这样的石头，你说我哪里能不喜爱啊!”话音未落，杨主任一把夺走了石头，飞也似的登车而去。关车门的时候，杨主任笑嘻嘻地说:“这么好的石头，哪能只是老米你一个人爱呢，我也爱呢!”

米芾于是安然无恙，继续悠然玩石。有一次，他得到了一块屹立如山状的端州石，石下可以盛水磨墨，人称“砚山”。米芾抱着这座砚山，竟然睡了整整三天。

【“达”得有理】

其书其画，其狂其癫，史上无人可比。

划过梦溪的那颗小行星
——通才达人沈括

北宋是知识分子的天堂。只有在那样一个崇文盛世，文化人才可能把自己浸泡在知识的海洋中，忘情地吸收各种营养与维生素。当他吸饱了养分上岸一头扎进尊重文人的社会土壤里，就很可能迅速地长成一棵枝繁叶茂的大树，树上结满文学、政治、法律、天文、数学、物理、化学、医学等等才华之果。那些果实随风摇摆，随时都可能获得帝王的青睐与采撷。

也只有在那样一个时代，一个读书人才敢说：不通音乐的政治家不是一个好医生，不会画画的文学家不是一个好会计。

当欧洲还沉睡在中世纪的暗夜时，中国北宋王朝里文运亨通的科学家们已悄悄展开了一场盛大的科技革命，诞生了一名“文艺复兴式”的全才人物。作为最典型的北宋知识分子，这位帝国高级官员一面热情百倍地投入王安石变法，与人事相搏斗；一面又钻进实验室和书斋里搞研究、做学问，与天地精神相往来。

时光终于将他打磨成了一个通灵的智者。在一个叫梦溪的地方，他写下了回忆录，并在这本被他谦称为《笔谈》的书上签下了自己的大名——沈括。

很多年后，这个名字成为一个象征，一个国家科技史的坐标，一颗编号为 2027 的小行星。

1

北宋时代的知识分子对头顶上的天空已经有了相当清楚的理性认识。而对沈括来说，天上星星的位置、月亮的盈亏、节气的变化，皆如他自家庭院里的夏花与游鱼。这些万里之遥的天外之物，于他如掌中之宝，他对它们始终充满了最深浓热烈的兴趣。

透过观天的窥管与测日的晷表，沈括向着茫茫宇宙投掷出了自己头脑的闪电，同时收获了来自天外的神奇惠赐。

神宗熙宁五年（1072），41 岁的沈括以皇帝心腹和宰相红人的身份兼领司天监，被正式安排到了帝国天文工作的最前沿。而在此之前，正宗官二代出身的沈括已经为官十八年，而进士及第正式成为前途无量的帝国精英也已八年。尤其是治平三年（1066），被安排到昭文馆（皇家图书馆）做校书郎以来，沈括开始疯狂地博览群书并自学天文历法，为自己将来打开宇宙之门测天量地找到了那把最关键的钥匙。

工欲善其事，必先利其器。熙宁七年（1074），在经过广泛的调查与可行性研究之后，沈括代表司天监向皇帝递交了三篇科技论文——《浑仪》《浮漏》《景表》三议。这三篇论文同时也是关于革新天文仪器的请示报告。在报告中，沈括说，咱们大宋朝观天的浑仪、计时的浮漏、测日的景表（日晷）都陈旧落伍了。为了天朝神圣的天文事业，我请求革新仪器，臣已经设计好了革新图纸并做好了可行性实验，可确保万无一失。

皇帝一挥手说准了，于是沈括就带头把天朝的天文仪器彻底革新了一遍。他改进了浑仪窥管，开创出简化浑天仪的先河；他将铜制漏壶改为玉制，使仪器可根据温度变化调节、补充水量。这提高了计时精度，形成了最佳浮漏形制。

光搞仪器革新还远远不够，沈括还推翻了时人奉行的老一套天文计算公式和算法，从弧、弦、矢、弓形等几何模型出发，独创了一套崭新的天文算法。这一切，沈括都写在了其四卷本的《熙宁晷漏》一书中。崭新的神器在手，沈括摩拳擦掌，带领自己的天文队伍展开了大宋朝第四次规模宏大的天文观测。

用崭新的浑仪，沈括开始投入一项“捕星捉影”的疯狂科学行动——捕捉北极星。因为他不相信时人所谓北极星固定在天空正中的论断。而要想“捕星”，首先就得夜不合眼，牺牲掉睡眠时间。而“捕星”也不是捉跳蚤，一时三刻就能奏效，还得做好长期“失眠”的精神准备。而沈台长义无反顾地投入到了这项夜不能寐的伟大工作。他每天晚上都在 12 米高的三层仪象台上值班，亲自掌握浑仪，亲自通过窥管观测。他一夜分初、中、后三次观测北极星，确定其坐标后，就在纸上画出一个圆，在圆中标出北极星的具体位置。刚开始观测时，北极星刚在窥管中出现一会儿就飞出了视线之外。对这种情况，老式浑仪是没有办法的，而沈括的新浑仪却可通过调节窥管的大小来扩大观测视野，从而紧紧跟踪游转中的北极星。就这样连续三个月，每晚三次观测，三次画图，除了刮风下雨、天象不明的情况，沈括一共画了两百多张星图。沈括按照他那个时代的计算单位，精确地得出了北极星“离天极三度有余”的结论。而四百多年后，哥白尼才提出了被视为近代科学革命起点的《天体运行论》。

“捕星”成功之后，沈括又开始“捉影”。因为他手下掌管刻漏的人总觉得漏壶不准（步漏之术，皆未合天度）。沈括对这个问题进行了理性思考，他一面观察捕捉晷表上日影的移动，一面细心查看漏壶的水滴，从而发现了一个惊人现象——冬至时太阳的影子跑得飞快，漏壶里标准的水量还没有滴完，日影已经达到晷表的终点，由此他知道冬至日昼夜时长比标准的“百刻”时长要短；而夏至时太阳的影子跑得很慢，漏壶里的水已经滴完了，日影却仍然没移动到表的尽头，由此他知道夏至日昼夜时长要比标准的“百刻”长很多（冬至日昼夜百刻有余，而夏至日昼夜不及百刻）。而为了验证这个结论，沈括反复用仪器验证了十多年。

你能想象一个高级官员一连三个月晚上不睡觉光看星星吗？你能想象这位高官连续十余年盯着漏斗数水滴吗？如果没有纯粹的兴趣与狂热，这完全不可思议。

2

在完成了“捕星捉影”的疯狂行动之后，沈括又甘冒天下之大不韪，不避保守派之口舌攻击，率先炮轰传统历法。在中国古代，历法历法，“历”就是不可动摇的法。上至皇帝、下至百姓，所有的三教九流，都得按照历法的规定而动。而唐朝开元年间制定的《大衍历》因其精密而被历代沿用。但到北宋熙宁年间，沈括惊讶地发现，这部神圣不可动摇的传统历法竟然离实际的天象差了五十多刻（古时一昼夜为一百刻），而前代掌管历法的官员竟然没有发现。熙宁十年（1077），与沈括同时代的历法家卫朴通过改动闰法和朔法的方式，创出一部崭新的《奉元历》。但沈括认为，这部所谓的新历仍然是以月亮的盈亏圆缺来计时的，仍然“皆未合天度”、“悉皆疏谬”。它由阴历和阳历共同构成，而且动不动就要加一个不得已的闰月。而万物的变化规律其实是由节气主导的。如此看来，这种只记录月亮圆缺的历法，与农业事物的盛衰没有关系。如果照这样的历法，日历上写着已经到了适宜播种的春天了，可田野上可能还是一派寒冬的萧条；而有时候，日历上写着仍是该穿皮袄的严冬，实际上窗外早已春光明媚、鸟语花香了。一句话，传统历法不实用，而且经常误导老百姓。那怎么办呢？必须换一种全新的计历办法！

这不但是在向树大根深的传统势力开炮宣战，而且是要替天地别立一种新法！

怎么立？怎么换？沈括以开天辟地一般的魄力，将一年分成了十二气，直接以立春为孟春（春季第一月）的第一日，以惊蛰为仲春（春季第二月）的第一日。十二气一般一大一小相间，就像我们握起拳头时手背与手指之间凸凹相间一样，大气三十一日，小气三十日，年年整齐完整，不存在累赘的闰月。这既与实际天文相符合，又便于安排指导农时，实在是老百姓眼中完美的时间之法啊！

然而，如此简单完美的“十二气历”实际上大大超越了它所产生时代的人们的理解力范围。沈括对此心知肚明。他说：“人们对我以前的各种论断已经惊愕不已了，而如今我提出这一全新的历法，想来尤其会让人如见妖魔鬼怪，必定会被抱怨、被攻击、被谩骂。但我相信遥远的将来，必定有采用我这一学说的人。”

这位在天文学领域超越十一世纪的伟大科学家，就像尼采在哲学领域超越十九世纪一样，先行者注定要被整个时代所误解、所孤立！把敬天法祖看得比命还重的中国古人对这部历法群起而攻之，直到清朝，仍有人不时地向其投掷谩骂的石子。

而到了1930年，英国气象局推出的全新《萧伯纳历》，却正与沈括的十二气历相合。如今世界通用的纯阳历历法，也与沈括九百多年前所造历法相似。

“然异时必有用余之说者！”发现了宇宙奥秘的沈括，便是这般自信满满，浑如一颗坚定的星宿，虽饱受来自俗世的指责，但仍然相信自己的光芒将照亮未来更远之处！

像所有那些洞透了天地真理的智者，富有高度探索创新精神的沈括善于从具体而细微之物中来发现庞大而抽象的宇宙真理，并能借那些常见的琐细之物来阐明深奥的科学真理。所以，沈括看见一颗涂白粉的小球便悟出了月亮形如弹丸，看见U型船桨和腰鼓就明白了光学成像的倒立原理，观察柳树的叶子就悟出行星运行的速度变化，看见酒店堆积的酒坛就能想出一种崭新的隙积算法。这些瞬时颖悟，为他洞开了一扇扇人类科学的未知之门。

他领先于世界，用一个古琴弦上因声而颤的小纸人首创声音共振实验，而西方直到十七世纪之后才出现了类似试验。1489 年，当航行中的哥伦布发现地球磁偏角的时候，他尚不知道，早在四百多年前，遥远东方的沈括，已经在观察指南针的时候发现并详细论述了指南针偏向东南的问题。而他就此手工做出的四种磁针装置，直到今天，仍被运用于磁变仪、磁力仪以及航空、航海领域。

3

像沈括这样的知识精英，在王安石变法中是被当成重要人才一身多用的。当他还在“玩星星”的时候，上面一纸诏书，就让他拿起标尺来到工地，督察汴渠疏浚工作。

全长一千三百里、贯穿三省十八县的汴渠是连接黄河与淮河的水上动脉。作为大运河，它自战国时期开凿以来，仅在东汉初期进行过一次大的疏浚。至北宋，泥沙沉积已经使汴渠成为一条险象环生的“地上河”。很多县城村庄都在这条大河的河堤之下，汴渠一旦决口，损失则不可估量。

作为“治汴”的最高领导，为了摸清汴渠的淤积情况，沈括以前所未有的胆略和新式测量技术对千里大渠进行了整体测量，得出汴渠高差为 19 丈 4 尺 8 寸 6 分，成为世界上进行地形测量的第一人。竺可桢说：“括之测量，不但为平面测量，而且为地形测量。欧洲古代希腊虽曾测海岸之远近，罗马盛时亦有测街道之举，但地形测量在括之前则未只闻。”

两年后，能人沈括又转换岗位，以朝廷钦差大臣的身份到边疆视察部队战备情况。作为这一趟长差的副产品，沈括破天荒地做出了我国最早的立体军事地图。在二十多天实地勘测的基础上，他用木板、木屑、面糊及石蜡将北宋的北方边疆地形和布防情况以立体形式逼真地呈现了出来。在这个立体地图基础上，他又用一整块大木头刻制了河北边防立体图献给了皇帝。这个直观而详细的“北宋GPS”立即引起了皇帝的重视，他马上通知全国照图仿制。沈括就这样开了北宋木版制图的先河。

两年后的1076年，沈括被皇帝提拔为翰林学士，并被任命为掌管全国财政的财政部长（权三司使）。但不久之后，王安石变法失败，沈括如风筝断线般顿失依凭，先是被下放到地方上靠边站，然后又被挤兑到大西北和西夏打仗。

即使被挤兑到荒凉无比的大西北，沈括也毫不沮丧。对自然地理充满热情的他，很快就在鄜延地区（今陕西延安）的水边沙石间发现了让自己激动不已的奇物——石油。他不但第一个为这种“脂水”想出了“石油”这个词，还灵机一动发明出用石油燃烧后的黑烟制墨的技术。他用石油制成的墨“黑光如漆，松墨不及”，他认为如果把这项技术推广开来，将能有效制止为了制墨而大肆胡砍乱伐松树的不良趋势。而这种石油烟墨后来果然风行于世，沈括为此极其得意，还为新墨赋诗一首。

可能只顾得意洋洋地研究石油了，沈括竟然忘了他其实是来打仗的。一不留神，他贪功冒进的手下就吃了个大败仗。皇帝大为光火，一巴掌就把他扇回了湖北均州软禁起来。

作为一个能人，即使被软禁，也有让自己解脱的办法。1087年，皇帝收到了沈括的请求信。信中说：“臣虽然被陛下圈在均州思过，但没有一天敢忘陛下当年命臣绘制天下地图的旨意。如今臣将天下全图绘完，恳请陛下允臣进京献图！”于是不久之后，沈括就带着他亲手绘制的全套《守令图》见到了皇帝。这套绘制精确、装裱华美的巨图一献，本来对沈括颇有成见的宋哲宗顿时改变了态度。他不但立即赏赐沈括一百匹绢，还给了沈括一个“就便居住”的大恩。这相当于是让已趋老年的沈括成了随意居住的自由人，于是沈括便有了梦溪园的闲居与《笔谈》的写作。

4

北宋公务员工资很高，而地价却极廉。退休后的沈括轻扫宦囊，就把以前在润州（今江苏镇江）买下的一片园林装修一新。怀着一种颐养天年的悠闲心态，他为这片庄园命名为梦溪。

在这个梦幻般美丽的山水之地，他散淡地回想自己的一生得失与发明创造，想起自己四处游宦的父亲，想起文史通达、美丽温柔的母亲，想起自己文武双全的舅父，想起善于射箭的兄长，想起自己的各路老友以及各位政敌。他决心持一种不讲别人坏话的态度，写出自己的回忆录。

这一写，便写出了一部三十卷本的学术性巨著。但沈括这样的古人很谦虚，即使写出了一本穷通天地、空前绝后的著作，也只取一个平淡乃至卑下的名字，完全不像今天的作家，出版一本日记，也敢拉虎皮做大旗。而沈括却为自己的大作起了一个浑若记载街谈巷语的小名——“笔谈”，为了廓清写作地域，他又在其前加了“梦溪”二字。

这便是我们如今看到的《梦溪笔谈》。这部共609条，涉及社会、人事、自然、数学、物理、化学、天文、地理、生物、医药、工程技术、音乐、美术、军事等诸多领域的巨著，被誉为“中国古代科技第一百科全书”。其中所记，多是沈括自己的发明创造，而其中的大多数材料，都是我们今天所能获得的唯一资料。

这部穷沈括一生才情与经验的大书被英国科学史家李约瑟誉为“中国科学史上的里程碑”。而日本数学史家三上义夫为此评价沈括说：“这样的人日本没有，世界少有！”美国著名科学史家席文则称沈括是“中国科学与工程史上最多才多艺的人物之一”。

《笔谈》盖世，但千万别以为这是沈括的唯一著作，作为最杰出的知识分子之一，沈括牛就牛在他既能一边大量地在各行各业广泛实践，又能抽出大量的时间在书斋中坐下来进行广泛的著述。其著述涉及易、礼乐、春秋、仪注、刑法、地理、儒家、农家、小说家、历算、兵书、杂艺、医术、别集、总集、文史等 17 类，共 40 种著作。而由于金兵焚城，传世的只有《梦溪笔谈》《补笔谈》《续笔谈》《苏沈良方》以及综合性文集《长兴集》五种。

除了著作等身，沈括还是他那个时代的著名音乐人。他对古代乐律、音乐评论、器乐演奏、器乐制作、唐代燕乐都有精深的研究。而其数学成就更是在我国乃至世界数学史上都占有重要地位。因此，日本数学史家三上义夫说他是“中国算学的模范人物或理想人物”。其“隙积术”、“会圆术”将我国古代数学和平面几何学推上了一个新的高峰。

由此，我们有理由认为，沈括是一位具备特殊能力且抵达了各个知识领域的通才达人。他将与他的小行星一起，成为宇宙中最伟大的部分。

【“达”得有理】

中国古代最博学的知识分子，中国第一部百科全书的创作者。

那个疯子，那个疯子

——狂放达人徐渭

存天理，灭人欲！

一声让十六世纪的中国毛骨悚然的口号狂喊出喉，一把青光闪烁的刀子如真理一般紧握在手，晚明的理学家们眯着高度散光的近视眼，开始寻寻觅觅骂骂咧咧，恨不得剃光任何一根因欲望而异动的毛发。天赋七情六欲的人类从来没有像在这个时代那样，活得如同天理操纵下的行尸走肉。但就在这个理学笼罩的无边暗夜里，一个双眼如星光般闪烁的疯子突然冲出了思想的牢狱，一把点燃了自己的手臂，向着天边高高举起。伴随着他炽烈的燃烧，晚明文化天空的黑暗开始向四面消散，东方渐渐呈现出一片绚烂的朝霞。

这个思想的越狱犯、灵魂的自燃者，是一个叫徐渭的浙江人。为了造就他这颗疯狂而奇幻的大脑，命运用原汁原味的中国式苦难浸透了他脑腔里的每一个细胞。

1

徐渭可谓历史上第一“苦人”。就不幸与苦难而言，中国历史上没有任何一个文化人能出其右，其“苦”约略如下：

——出生不足百日，老病的父亲死了。

——未到10岁，侍妾出身的母亲与仆人一起被家族扫地出门。

——14岁时，能给他带来些许温暖的嫡母一命归西。

——20岁时，被两位长兄夺去了男子尊严，入赘潘家为婿。

——25岁，两位兄长去世，本可继承家产，但因入赘而被族人夺去继承权。

——26岁，娇妻因产后虚弱撒手人寰。苍茫世界，孑然一身。

——三十而立之前，他二次卖身入赘，复又被扫地出门。于心不甘，他再次结婚，再次离婚。

——晚年多病，父子失和。大儿子行为不良，在外惹是生非。小儿子亦因家贫而入赘他家。他孤苦伶仃，老无所依。

以上八宗苦，就像八次癌症，一个人只要领受一桩就足以痛苦终生，但之于徐渭，这却只是苦难的一面；与其身世之苦对照，其事业之苦更是堪比黄连。

——曾以神童闻名绍兴、素有“谢家宝树”之称、名列“越中十子”的徐渭，除了在20岁那年拼却小命捞到一顶秀才的帽子，此后二十一年中为考举人而八次乡试，但竟然一无斩获。在科举这片地上，徐渭可谓没有种出过一棵庄稼，连品尝范进中举后喜极而疯的资格都没有。

——也许是上天垂怜，派一个救星胡忠宪总督前来拯救落难的才子，徐渭这才迎来了一生中难得的亮丽而张狂的日子。他不但娶了继妻，而且还得以竟日纵酒，唯一的代价便是略略伏下身子为胡总督写材料当秘书。但命运一个电话，老天立即拉断了徐渭好运的电闸。胡总督因误交奸相严嵩而锒铛入狱，失去老板庇护的徐渭旋即失业。

——不但失业，坊间风传上面将抓捕胡党。风声鹤唳，徐渭一哆嗦，精神便崩溃了，逐渐发展成一个妄想型精神分裂症患者。如同美国电影《美丽心灵》里时刻担心苏联间谍前来杀他的著名数学家纳什一样，徐渭眼前总是出现前来抓捕他的锦衣卫。

——回家待业养病，徐渭旋即发现继妻与下人举止可疑，醋劲上来，幻觉频生，一阵乱棒，打杀娇妻。因惧杀妻受刑，又怕受胡党株连，徐渭开始了疯狂自杀之旅。

——拔出柱子上的大铁钉，从左耳插进去，然后趴到地上拼命撞击钉子，使其没入耳窍，再从右耳朵揪出铁钉。不死，再来。

——挥舞一把大斧照自己的额角眉梢猛砸，脑骨碎裂，血流满面。不死，再来。

——操起一把大锤，猛击自己下阴，睾丸碎裂！但仍不死，再来。一连九次发狠要杀死自己，但命运就是不让他如愿。因为也许在命运看来，只有生不如死方为至刑！

——那就革去秀才资格入狱受刑吧。黑牢七年，徐渭修得五毒俱全。被朋友花钱买出监狱后，一身仙风道骨的前杀人犯徐渭决定开始自己用笔墨换酒的生涯了！

当整个西方世界正如火如荼地进行着文艺复兴并即将迎来近代黎明的曙光时，当一衣带水的日本在漫长的战国烽火之后即将在德川家康手中实现海道一统时，徐渭正蹲坐在大明理学暗夜笼罩的中国南方，一口一口地吞咽着他的苦难大餐。在食后消化不良的精神癫狂中，他挥洒笔墨在白色的纸上狂写自己疼痛的心灵。那支在素麻上如青蛇狂舞的霜毫，好像是从他的肩头长出来的另一条手臂。

就像一个伟大的国王那样，这个叫徐渭的疯子竟然在纸上缔造出了自己疆界广阔、辉煌无比的艺术王国。在那神奇的土地与河流之间，他像远古的亚瑟王那样打马走过，马蹄下飞溅出关于诗歌、散文、书法、绘画、戏曲、文论等等数不清的传说。

面对身后五百年长空，他眼空千古，哈哈狂笑：“吾书第一，诗第二，文第三，画第四!”而对那些想推其门进其屋一窥究竟、一沾风雅的闲人，他立刻关紧柴门，大喊一声：“徐渭不在!”

千古之下，苦难疯魔，徐渭当数第一人也!

2

人过四十不学艺。因为再学也只能学出个棒槌。而画家徐渭直到 40 岁之前还从来没有画过一幅画。作为一个画家，他是用整整前四十年来为后三十年提一口气。

提着这口沧桑之气，四十开外的中年男徐渭开始画画。而以一个画家面世时，他已经四十有五。也许正是因为从业太迟，所以徐渭在自评其艺术成就时才说自己“书第一，诗第二，文第三，画第四”。也许在徐渭心目中，画画只是为了换取酒资，只是他艺术茶坊里最不开的那一壶水。那么，我们不妨就先从徐渭眼中这最不开的“第四壶”提起，看看徐渭生命之水的艺术温度。而在品这“第四壶”之前，不妨先听听爱喝这一壶的人怎么说。徐渭自己认为的这一壶最不开的水，却把很多茶客喝得如痴如醉。

其中一个茶客是扬州人郑燮。他哭着喊着说：“愿当徐青藤门下走狗!”为了时刻铭记这一点，他专门把这句话刻在一枚印章上，随身携带，时刻观摩，并经常遗憾地对诸茶客说：“我印章上的文字是实实在在的，而我想当徐渭的走狗却还没当成。假如能让我郑燮早生百十年，投身到徐先生门下，每天看其豪放的言行举止，陪其一起嗨歌喝酒，即使真的当他脚前的一条小狗，我也会其乐无穷啊！”（“印文是实，走狗尚虚，此心犹觉慊然。使燮早生百十年，而投身于青藤先生门下，观其豪行雄举，长吟狂饮，即真为走狗而亦乐焉。）

这么下贱的话竟然说得这么壮怀激烈。这个姓郑的一定是个卑贱龌龊的小人吧？那可未必！这个清朝的扬州人其实也是个画家，而且是个一笔千金的大画家。他有另外一个名字，叫郑板桥。绝非盗版，他正是正版的那个二十四桥明月夜下难得糊涂的郑大画家。

郑大画家是徐渭的超级粉丝，但却不是唯一的超级粉丝。另外一个超级粉丝自陈心迹的呼喊甚至比郑大粉丝更甚。他是怎么说的呢？“恨不生三百年前，为青藤磨墨理纸！”磨墨理纸，这不是书童奴才干的活儿吗？说这话的想必是哪个脸上没毛的黄口小儿吧？错！说这话的人不但脸上有毛，而且满脸都是，他有一个吓人一跳的名字——齐白石。

这俩粉丝一亮相，一开口，40岁才从业的画家徐渭作为一个画家便站起来了。如果没两把硬刷子，能让郑板桥和齐白石甘心为狗为奴吗？而欲投徐渭门下为狗为奴者绝非仅郑、齐两人，数得上名字的就有石涛、八大山人朱耷、吴昌硕等等。这些中国绘画史上的大师们为啥在徐渭面前集体卑躬屈膝？那是因为徐渭乃花鸟大写意绘画之鼻祖也！“推到一世之豪杰，开拓万古之心胸”，子孙后代在鼻祖面前，敢不恭恭敬敬、顶礼膜拜？

花鸟画至明代，发展成工丽、写意、合工丽与写意为一体的钩花点叶三大派。这三派虽画法不同，但骨子里藏着的都是中国文人画中正和谐、精致秀雅的传统古典美。站在这样的画前，即使这幅画画的是锦鸡，那幅画画的是牡丹，但你一闭眼，脑子里出现的一定是一模一样的中国文人态。这些因苍白惨淡、虚弱无力而显得玉树临风的文人画家，好像都把画画当成了 T 台走秀，刻意拿着捏着、藏着掖着。他们那一提笔、一顿挫间的神韵总让你想起央视“靓装频道”里国际名模一拉裙摆的春光乍现，浑似无意但其实都是刻意做给你看的。透过这些或纤毫毕现或烟云满纸的画面，你看不透画家的气与魂，看不清时代打在画家脸上的光与影。花鸟三大流派中，徐熙开拓的写意花鸟一派虽强调以笔墨传达高古旷达之意，但也仅仅是笔墨的写意，从中同样难以看到画家活泼泼的精神。

要从花鸟画里看晚明士人精神的大写意，那还得靠狂人徐渭。命运强塞给他的那些满满当当的黑色苦难，仿佛就是为了让他有朝一日倾泻在白色的宣纸上。从黑牢中走出来的徐渭，内心潜藏着太多的苦难与疯魔。他不需要也不可能有闲心去把画画当成文人秀。画画对他来说，是心灵积郁的宣泄，是苦难灵魂的舒缓，是用手在纸上搭建精神的乌托邦。那些画是无声的挣扎，是淋漓的黑色鲜血。

袖中青蛇舞墨戏，笔底风雷写精神。绍兴城里的醉汉徐渭的酒壶又空了。为了换钱买酒，在这个深秋的黄昏，他站在自己的青藤书屋一枝堂前铺开纸张，从院子里号为“天池”的小池中打水磨墨，叹一口气，又朝天空翻翻青白眼，然后，大笔猛地落到了纸上。墨汁飞溅处，兔起鹘落；狂挥狂扫间，乌云满纸。初不知所画为何物，只觉得绿叶片片，墨线纵横，紧接着笔尖穿针引线，星星点点，浓浓淡淡中，一幅画终于完成。再看纸上，却原来是一挂墨葡萄。徐渭意犹未尽，挥笔草书，题画道：“落魄半生已成翁，独立书斋啸晚风。笔底明珠无处卖，闲抛闲掷野藤中。”

徐渭的画传世很多，而最为后世津津乐道的便是这幅《葡萄图》。这挂仿佛在忧郁中哭泣的葡萄，这挂超越了葡萄形体本身而体现徐渭狂乱胸臆的黑葡萄，如一场巨大的墨雨，直击后人荒芜的审美之田。那仿佛在纸上燃烧的葡萄，颗颗都是徐渭为伤痛而流的眼泪。风吹叶舞，墨气氤氲之间，我们仿佛可以透过画纸看到徐渭热泪滂沱的双眼。

就像谈梵高必谈《向日葵》那样，后人谈徐渭画，也必提起这幅《葡萄图》，但这《葡萄图》其实仅是徐渭众多绘画作品中的一幅而已。也许是生前无名、又好以丹青换酒之故，徐渭传世的画作甚多，有《墨竹图》《牡丹图》《水仙图》《五月莲花图》《芭蕉梅竹图》《芭蕉梅花图》《菊石图》《兰花图》《榴实图》等等，数不胜数。透过风中墨竹或者雪中芭蕉，我们看到的是徐渭在苦难中挣扎、在疯狂中超越的灵魂。板桥之“愿当徐青藤门下走狗”，白石之“为青藤磨墨理纸”绝非自低自贱之言，实乃心慕手追、神交古人之时的肺腑之言。

徐渭开创的这一大写意花鸟画风，经石涛、八大山人朱耷、扬州八怪及近代吴昌硕等大师的继承与发挥，乃成一大宗派。而追根溯源，徐渭当为开山第一人也！

3

徐渭是以一个神童的形象出现在这个世界上的。他记忆力超常，6岁入私塾，老师讲书，数百字的文章，他只听一遍便不必再读，立即就可跑去背诵给老师听（书一授数百字，不再目，立诵师听）。他文思敏捷，9岁即可作文，为地方官所称道。他文胆极大，十多岁就敢仿杨雄《解嘲》作《释毁》，文名轰动了绍兴城。不足二十，他的大名已列入“越中十子”。这样一个聪慧之人，想不成为文豪都难。但时乖运舛，徐渭在文坛的成名却是在他身死数年之后。而在身前他被人所知，多因他曾是总督胡忠宪的秘书兼第一参谋。

提起胡忠宪，那可真是了不得的大人物。《明史》中大名鼎鼎的戚继光、俞大猷等高级将领，都曾是胡大总督手下的马仔。倭寇祸害东南半壁，胡总督督军浙江、福建，高薪聘请了绍兴城里年已37岁的徐秀才。在威严肃杀的军营里，在威震东南的胡忠宪面前，彪形大汉们规规矩矩、唯唯诺诺，如同待字闺中的大姑娘一样，唯有徐渭大摇大摆，目中无人，一身酒气，直进横出。刀枪林中，他何敢如此，就因为他有一笔羡煞神仙的好文章！

徐渭在此期间的得意之作，就是替胡忠宪给嘉靖皇帝写的那篇奇文《进白鹿表》。嘉靖皇帝是个求道的老仙人。这样的皇帝，美女珍宝在其眼中已成低级趣味，心中所好唯有祥瑞之物！而祥瑞之物说白了就是那些奇特但又具有一定审美价值的玩意儿。比如长胡须的鱼，长角的驴等等。深知嘉靖爱好的胡忠宪多方寻访，终于在东南人迹罕至的海岛上找到了祥瑞之物——白鹿。鹿本乃仙家妙物，更何况通体雪白之鹿。得了这样的好东西，胡忠宪当即决定献给皇帝。但光有好玩意儿不行啊，这个白鹿不会说话呀，还得有花团锦簇的好文章，表表这玩意儿的重大意义，顺便也在皇帝耳边给自己多多美言几句。这样的任务就交给了徐渭。徐渭也当仁不让，对道家方术研究甚深的他，调动深厚的道家修养，东南西北，上天入地，将这只白鹿吹成了上天降给嘉靖皇帝的宝物，将胡忠宪发现这只白鹿看成是大明朝国运昌盛兴隆的伟大象征。这表一进，嘉靖皇帝立即喜得马上下旨大赏胡忠宪。胡总督一高兴，便视徐渭为至宝，干脆将表、疏、启、书等事务性、应酬性文字工作全部交给了徐秘书。靠这两笔好文章，徐渭迎来了生命中虽然短暂却辉煌的好日子。他疯狂地喝酒，疯狂地写诗，替胡忠宪出谋划策。

作为一个秘书，徐渭也许可以为了生计在短时间内违心地迎合领导，但作为一个诗人，徐渭是绝对清高傲世的。他不像如今某些诗人那样为了发表作品便自轻自贱地谄媚文坛领袖以求照拂，也不对看不入眼的诗人诗作说恭维话、写假诗评以求互相捧场。徐渭写诗的嘉靖、万历年间，主盟诗坛的是李攀龙和王世贞。这两位士大夫出身的官方诗人喜好拉帮、结伙、摆架子，对民间布衣诗人一味地打压排挤。这本与徐渭个人无关，但他就是看不惯这两位领袖挟威权以谋私的做派。他不但不像当时的很多民间诗人那样屈身奔走于王世贞门下以期奖掖，反倒连续写诗抨击痛斥王、李二人："乃知朱毂华裾子，鱼肉布衣无顾忌（《廿八日雪》）。"结果可想而知，徐渭作为一个诗人，被当时的诗坛封杀了。但凡诗会，一概拒绝朗诵徐渭作品；编辑诗歌年鉴，也一概不用徐渭作品；诗歌评论、诗歌翻译，绝口不提徐渭诗名。于是徐渭就被压制在绍兴城内这样一个极小的范围之内而不为外人所知，即使同乡习文之人，对他也未必知悉。

1597 年的一个黄昏，南方文坛领袖、素有"公安巨子"之称的袁宏道来到了绍兴城。这位政绩突出但极其厌恶做官的苏州县长（吴县县令）此番请假来到绍兴其实并无公干，纯粹是游山玩水。这个黄昏，他寓居在朋友陶望龄家，闲来无聊，便步上书楼，在陶望龄收藏的图书中翻翻拣拣。作为一个已破万卷的大师，他对朋友架上的一般书籍是没有丝毫兴趣的，所以眼光飞快地扫过那些大部头的精装书，最后落在书架角落处的一本薄而旧的破书上。他抽出书抖去灰尘一看，桑皮纸封面上大书《阙编》二字。哦，原来是本手抄的民间诗集啊，他随手翻开，不想内文的毛边纸早被烟煤、灯油熏得黑糊糊的，连字迹都很难辨认。就像那些真正的书虫一样，这本破书反而让袁宏道来了兴趣。他捻亮一盏灯，凑近细读，刚读完一首诗便大惊。又读完两首诗后，他跳了起来，扑到楼梯口大喊："周望（陶望龄，字周望），周望，这本《阙编》是哪位诗人大作啊？是今人，还是古人？"急急跑来的陶望龄接口道："《阙编》乃我们绍兴徐文长先生的诗集啊！"于是他也欣然坐到书桌前。两个人一起就着油灯读起了徐渭的诗。这一读不要紧，转眼便是好几个时辰，他们晚饭也不吃，觉也不睡，而且越读越有快感，乃至手舞足蹈，大声狂吼起来。这两个书虫的叫喊声在大半夜听起来可不怎么动听，楼下已经入睡的书童和仆人们纷纷惊起，还以为主人出了什么事，但又不敢上楼查看，只好聚在楼下等待。良久，喊声停了，只听袁宏道长叹一声："白活了三十多年啊，我直到今天才知道世上竟然有徐文长先生这样的人。为什么不早点认识他呢？唉！"（盖不佞生三十年，而始知海内有文长先生。噫！是何相识之晚也！）

在这个被古典文学史所铭记的伟大夜晚，一代宗师袁宏道在对徐渭诗歌的偶然发现与阅读中感叹连连。在这位大师眼中，徐渭"一扫近代芜秽之气"，实乃明诗第一人！而更让他遗憾的是，当他放下书本拖着陶望龄准备去夜访徐渭时，方知这位默默无闻的诗人已病故四年。据说咽气时身边无一人，仅有一犬相伴！若非在断篇残简中被偶然发现，那徐渭岂不是要被埋没千古！兴奋而伤感的袁宏道于是在这个夜晚做出了一个重大的决定，他发誓要向整个文坛隆重推出徐渭。他先是郑重嘱托陶望龄下大力气收集徐渭散佚的文稿，并游说绍兴推官（相当于绍兴市副市长兼法院院长）孙应时拨公款出版徐渭的全集，接着又请李贽的密友梅国桢为徐渭立传。最后又亲自写推荐信，向当时的礼部尚书（相当于管文教的国务院副总理）、有一代宗师之称的冯琦隆重荐举徐渭。在这封推荐信中，袁宏道写道："于近代得一诗人曰徐渭，其诗尽翻窠臼，自出手眼。有长吉（李贺）之奇，而畅其语；夺工部（杜甫）之骨，而脱其肤；挟子瞻（苏轼）之辩，而逸其气。无论七子（前七子，明代重要文学流派，包括李梦阳、何景明、徐祯卿、边贡、康海、王九思和王廷相），即何（景明）李（梦阳）当在下风，不知师曾见其诗乎？"这封写给中央领导的推荐信，认为徐渭诗歌有李贺的奇崛，但语言比李贺晓畅；有杜甫的风骨，但形式比杜甫清新；有苏轼的明辩，但文气比苏轼飘逸。而当时文坛上推崇的以何景明、李梦阳为首的七子诗歌则完全在徐渭之下了。为此，袁宏道委婉地恳请冯琦大人能够站出来登高一呼，为已故诗人徐渭增添几分哀荣。

但当时的官员们显然对资助、推举一位已故的前囚犯缺乏兴趣，所以袁宏道最后不得以只好自作《徐文长传》。虽然袁宏道的热情奔走并未完全达到预期的目的，但也极有力地推动了徐渭作为一个大诗人的面世。随着其遗著的陆续出版，徐渭的诗名渐渐为世人所知，而袁宏道对徐渭的发现与推重亦成诗坛佳话。令人莞尔的是，袁宏道对孙应时、梅国祯等人在推崇徐渭过程中的"不给力"十分愤慨，多年之后仍然耿耿于怀，心绪难平。

徐渭诗歌诸体皆善，尤以七绝、七古见长。流传至今的有两千余首，按当今诗人录百首刻一部诗集的标准，可出整整二十本诗集！其诗按题材可分为抗倭诗、讨严（严嵩）诗、题画诗、贫病诗等类。他在抗倭诗中表达爱国思想，在反严诗中展示反压迫精神，在题画诗中书写讽世情怀，在贫病诗中强调不趋富贵的高尚情操。在俗与趣之间，他的诗如"急管幺弦，凄清幽渺，足以感荡心灵"。

有志于徐渭诗者，可购而细读之，并可从中感悟"文长无之而不奇"。

4

徐渭自谓“吾书第一”，可见其对自己书法的绝对自信，但在很多俗人眼中，徐渭的书法却“极丑”。

对此，徐渭早想好了对策。他在《题自书一枝堂帖》中翻着白眼说：“世俗的眼睛欣赏不了高妙的书法，世俗眼里所谓的书法也必定不是高妙的书法。然而这个道理也只能和不俗的人讲讲，和俗人说他们是不会懂的！”（高书不入俗眼，入俗眼者必非高书。然此言亦可与知者道，难与俗人言也）而在不俗的人眼里，徐渭的确是惊世的大书法家。明人张岱以“奇绝”二字概括徐渭书法，而袁宏道则直接送徐渭一个“八法散圣，字林侠客”的尊号。这一下子就把徐渭推到了王羲之那个高度，而“侠客”之谓，更让徐渭多了几分剑拔弩张的威武豪迈之气。

是的，生平最擅长也最喜欢草书的徐渭，是把毛笔当刀枪使唤的书坛侠客。欣赏徐渭书法，得有几分心理承受能力，他的草书狂放躁动，几近歇斯底里，往往有把无数文字挤压到一个狭小空间后再突然引爆一般的惊人审美效果。

徐渭草书的笔法既狠且媚，如同阴狠娇媚、乖张妖艳的美人。说其“狠”是因为徐渭草书用笔讲究一种刀砍斧劈的锋利效果，而说其“媚”是因为徐渭的字同时讲究一种刺激而耀眼的效果，有“一种礼花炸开般的快感”（栾义鹏语）。从结构上看，徐渭的草书体现出一种内在滞涩而沉重、外在开张而中空的格局。看他的草书，我们能强烈地感觉到每个字的笔画都拉得极开，仿佛一个人的四肢正向着不同的方向挣脱和逃逸；又像一丛炸裂开的黑色花朵，花瓣正在疼痛的撕扯中飞溅出绝望的眼泪。另外，从章法上看，徐渭草书最大的特点是“密”。他的字远观如满纸乌云，密不透风；

近看又如刀丛枪林，让人内心陡生无限压抑、惊惧、绝望之感。

观徐渭的草书，你能强烈而清晰地感觉到笼罩于徐渭心头的那种灵魂的挣扎与宿命般的绝望。每一个字几乎都是他急欲摆脱、逃跑之心的象征。而这种向着外界的灵魂出逃最终却被压抑在一个逼仄而狭小的空间之内，上天无路，入地无门，只能那样憋着，闷着，直至窒息。

徐渭书法传世甚多。单说草书，透过这些跌宕狂怪又连绵飞动的草书，我们可以看到一位书坛奇侠大写的灵魂。

5

1593 年，浙江绍兴城西某条幽深细长的巷子里，挣扎半生、老无所依的徐渭如一滴冰凉而痛苦的露水，在晚明初绽的晨光中终于消逝在他笔下的黑葡萄之间。

他生前有诗云："几间东倒西歪屋，一个南腔北调人。"大致可看作其晚年自画。

徐渭在评其生平诸艺时，除了言及书画诗文，竟对其极其擅长的剧作绝口不提。事实上，徐渭不仅仅书画诗文领一代风骚，而且在剧作成就上实乃万历剧坛开新风气之第一人。他与比自己小二十九岁的汤显祖、比自己小三十岁的沈璟被人并称为"万历剧坛三大家"。而他又以先行者的先锋姿态位居第一，其剧作《四声猿》在汤显祖看来"乃词坛飞将"，至今流传于世并脍炙人口。

品评徐渭，难免使人慨然而叹：人生是苦甘蔗，艺术是糖饽饽，但高妙的艺术无非是苦难人生的一个投影。诗呀文呀书呀画呀歌呀舞呀，里面藏着的可能都是人生满满当当的苦难。心之所至，赋诗一首以追徐渭之魂：

黄昏的冷雨，像一阵泼洒的墨汁/下到纸上或就是冬天了。//绍兴城里画葡萄的徐渭/孤独之瘾又犯。/他的瘦弱，需要更多阴冷与潮湿/为纸上的黑牡丹火上浇油/一缕一缕的愤怒，抽打鞭子一般的兰叶//让墨雨更黑些吧！就像破衣袖里的苦难/就像长指甲抓挠的隐忧/墨戏换酒，写成一盏盏绝唱，杯子里长出了疯狂/野藤深处闲抛掷/一豆烛光，照亮墨雨泼洒后冬天的来路。

【“达”得有理】

人奇、诗奇、画奇、书奇、文奇、病奇，可谓史上“无之不奇”第一人也！

狂放達人

朝霞之上行走的旅客

——旅行达人徐霞客

晚明，伴随着郑和下西洋地理大发现系列著作的广泛流布和王守仁心学思想启蒙运动的兴起，突破理学束缚、走出书斋学舍、到奇山异水间寻找生命激情与意义的浪游远足渐成士林新风。

一时间，云南滇池畔的车马横行于辽水之阳，岭南两广的客商畅游于京津各地（滇南车马纵贯辽阳，岭徼宦商衡游蓟北）。东西畅通、南北通透的海陆交通，大大激发了读书人问奇于名山大川、治学于九州地理的壮志豪情。一时间，山巅水畔涌现出一批既风尘仆仆又风骨卓异的文学家与地理学家。而这其中最耀眼的人物，还要数“千古奇人”徐霞客。这位四百年前的背包客与独行侠，用他仿佛可以连续充电而永不停息的铁脚板儿，更用他的浪子襟怀文豪笔，为我们留下了一个惊心动魄的山水传奇。

我甚至以为，上世纪50年代以“在路上”为旗帜而闻名全世界的凯鲁亚克和他的神奇伙伴们，不过是徐霞客的美国翻版。

1

在旅游景点完全免费、不扎篱笆的时代，徐霞客之所以能在晚明一群群的背包客中脱颖而出，是因为他心血来潮的一个点击便刷新了晚明乃至中国旅游史！而他创下的纪录，即便是在四百年后的今天，也仍然让人难以企及——放眼晚明一代，中国人出游时间最久、范围最广、经历最奇的便是这位“眉庭霞起，读书好客”的徐大侠。

中华上下五千年，就旅行而言，似乎没有人能比徐霞客旅行的时间更长。从22岁婚后第一次出门远行到56岁逝世，徐霞客整整远游了三十四年。他的生命中没有别的事业，旅行便是他唯一的工作和唯一的意义所在。他生命中的分分秒秒都在旅行，或者在为新的旅行做准备。在51岁之前，他每年中的春夏秋三个季节都在周游各地，只在秋末冬初回家探望母亲，顺便总结旅行成果。他并不是由于惧怕严寒而放弃冬季旅行，而是因为回家省亲是他旅行事业的一部分——他必须回家向支持他旅行事业的母亲汇报一年的旅游经历，并一一展示旅行成果。这是当初母亲亲手缝制远游冠，鼓励其出门远游时提出的唯一要求——“旅行回来，要把名胜画成图一一呈给娘看”（第游名胜归，袖图一一示我）。所以每年秋末，徐霞客无论走到哪里，都会从远方匆匆返回自己出发的港湾——江阴湖庄书屋，将自己在旅行途中收集采撷的“琪花瑶草、碧藕雪桃”献给母亲作为寿礼。每当徐霞客讲述旅途的惊险奇遇时，很多人都惊吓得张口结舌、大汗淋漓、面如土色，而徐母却听得津津有味，抚掌大笑（各方风土之异，灵怪窟宅之渺，崖谷梯磴之所见闻，有使人舌挢汗骇者，母意反大惬）。

而放眼明朝三百年内，也无人能比徐霞客行走的范围更大。三十四年中，从初游太湖开始，徐霞客走遍了当时全国十九个省市区的无数山川。他出江苏，到浙江，游台州，过雁荡，足迹抵达安徽、江西一带，游过黄山、白岳、九华、庐山后，又到福建，登顶武夷山，泛舟九鲤湖，然后掉头返回湖广。他又从湖广一路北行，到山东、直隶、山西、陕西，登上泰山、五台山、恒山、嵩山与华山，遍览北地风物。51 岁时，徐霞客又开始了长达四年的西南之游。这一次史无前例的远游，他从江苏经浙江、江西、湖南，抵达广西，然后过贵州，到达当时的边远之地云南。

有人会说，从这份旅行路线图来看，徐霞客好似没走过多少地方啊？但你要知道，这一路可不是坐飞机，也不像如今很多人重走长征路那样乘高铁、开越野，而是全靠暴走族的两只铁脚板儿。就这么一步一步地量着，徐霞客在生命最后的几年里还走遍了福建、广东、湖北、四川、云南、贵州数省，而且很多地方都走了三四遍。所以徐霞客的一位粉丝感慨道："没有比徐霞客走的范围更大的人了！"（霞客之游，在中州者，无大过人）这位在清初学术界鼎鼎有名的粉丝叫潘耒，他还有一个更为有名的师傅叫顾炎武。潘大学者无比崇拜徐霞客，曾亲自为《徐霞客游记》倾情作序。如果把潘耒这篇有名的序言作为证据，那么我们敢说，若论旅游之奇，即使放眼当代，也无人敢与徐霞客比肩。

作为一个伟大的背包客与独行侠，徐霞客旅行时只带一根登山杖，背一个登山包，不带行李，不带压缩干粮；旅行过程中，他能像一只骆驼那样饱吃一顿便可忍饥数日，徒步行走数百里。在名山大川之间，他披荆斩棘、攀缘绝壁，敏捷得像一只穿衣服的猿猴，又像一只健壮的小牛犊。倦了累了，他便以岩石为床席，以溪涧为澡盆，以各种野兽为伴侣，在天地之间，自得其乐。如此傲然独行、胆大如斗者，可谓奇乎？

作为一个把旅行当成唯一事业的旅行家，徐霞客的旅行可不是组团游，更不是开着电瓶车和小汽艇在水陆之间走马观花。“近游不广，浅游不奇，便游不畅，群游不久”，他绝不搞一日二日三日游这样的小玩意儿，而是一门心思专往远、僻、高、深、奇、险、怪处去。也就是说他的旅行目标非险则怪，非奇则异，不但目标要奇，而且过程也要奇。他旅游出行，绝对不走畅通无阻的高速公路（官道）直奔目标，而是专寻崎岖的小路曲径通幽。接近目标中的名山大川后，他也绝不像如今的发烧友那样只坐上过山车凭空草草一看就罢了，而是先上顶峰，一览众山小，然后审视山川的来龙去脉、水势开合。胸中有了大蓝图还不够，他还要一山一水都走遍，还要看看花儿为什么这样红。上山不管有路没路他都要把顶峰踩到脚下；过河不管有渡船没渡船，他就是抱块石头走河底也要走到对岸；钻山洞不管多深多窄，他都要像只猴子或条蛇那样钻进去钻出来。走了弯路他不后悔，误入绝境他也不害怕。天黑了他就随便找棵大树觅块大石安然而卧，饥了渴了他就摘取野菜野果张口便吃。他的旅行安安然然，大大咧咧。刮风下雨，随他！虎啸狼嚎，随他！如此以绝境为闲庭，以赴险如信步者，可谓奇乎！

潘耒仰天长叹道：“像这样不管行程多远，不求伴侣而孤身上路的旅行，是灵魂的旅行，同时也是敢于牺牲生命的旅行。这样的旅行者，亘古以来，只徐霞客一人而已！”（不计行程，不求伴侣。以性灵游，以躯命游。亘古以来，一人而已）

2

在远足大西南之前，徐霞客曾给自己文艺界的朋友陈继儒写了封信。这位陈继儒曾因写了一本叫《小窗幽记》的格言书而被后人熟知。在这封信中徐霞客表达了自己这一去便甘作“绝域游魂”的誓死之心。他说：“如果我死之后，你若想起我就用楚地的歌曲替我招魂吧！”（他日，或老先生悯其毕命，招以楚声，绝域游魂堪傲玉门生入者矣）又说：“我曾恨自己上不能看透星空的玄奥，下不能看清生命的秘密，中不能掌握社会纷纭杂乱的规律，而只有在那些高山深水之间，我可以用眼睛去拾取、用脚步去分析宇宙自然的奥秘与规律！”（尝恨上无以穷天文之杳渺，下无以研性命之深微，中无以砥世俗之纷沓，惟此高深之间可以目摭足析）

读着这些颇有壮士一去不复还意味的慷慨之词，不知道你有没有从徐霞客不避虎狼、轻生赴险的旅行中看到诺贝尔试验炸药时的那股疯狂劲儿？读着这些发誓寻找宇宙奥秘的肺腑之言，不知道你有没有从徐霞客如痴如醉的寻求中看到做电灯试验时的爱迪生把怀表当成鸡蛋煮的那股痴迷劲儿？是的，徐霞客的旅行其实不仅仅是旅行，更是一项严肃的科学实验。他既是实验人，也是实验品。天地是他的大试管，他与山岳河流便是管中之物。他殚精竭虑，如疯如魔，只为在这开天拓地的大实验中有所发现。

不得不说，儒家经世致用的传统和君子不器的戒条像一只孔眼细密的筛子，早早就筛掉了中国古人本就不太发达的理性精神，留在筛子里的是丰富的感性与玄想。所以五千年中国从来不缺纯粹的文人，但奇缺纯粹的科学家。作为一个严肃而纯粹的地理科学家，徐霞客用他漫长的考察实践发现了地质学、地貌学、植物学上的无数个第一。1616 年，徐霞客首次发现并考察了武夷山丹霞地貌，而直到三百多年后，冯景兰才为此地貌命名；徐霞客首次发现了中国西南诸省岩溶地貌的异同，这是世界上最早系统地研究该学科的论述；除此之外，他还发现了金沙江是长江的真正源头；发现了黄山的最高峰是莲花峰而非古人误认为的天都峰；发现了山高及温度对山花的影响……

如果说张骞、甘英通西域的地理大发现是为了政治，如果说玄奘和法显的地理大发现是为了宗教，那么徐霞客的旅行则如潘耒所言是“无为而为”——为了纯粹的科学。如此出于纯粹的科学目的、又如此耗尽一生的旅行家，中国历史上可谓绝无仅有。

在徐霞客为了地理科学梦而出门远行将近两百年后的1799年，在资本主义和理性主义一起兴起的西方，一个叫洪堡德的德国人才开始了他以地理考察和自然发现为目的的南美旅行。这一历时五年的南美远游和此后二十年持续的研究，开创了西方现代意义上的自然地理学。而在1831年，一个年轻而多病的英国学者坐在一艘名为“贝格尔号”的科学考察船上，读着洪堡德新出版的著作来到了南美。在那里，他发现了后来影响人类世界的进化论。这个年轻人的名字叫达尔文。但无论是洪堡德还是达尔文，都不知道在两百多年前，在遥远的东方，有一位自然地理科学的先行者叫徐霞客！但徐霞客却以他的背影赢得了中国粉丝们的热爱。

现代著名地质学家丁文江说：“（徐霞客）先生之游，非徒游也，欲穷江河之渊源，山脉之经络也。此种‘求知’之精神，乃近百年来欧美人之特色，而不谓先生已得之于二百八十年前！故凡论先生者，或仅爱其文章，或徒惊其游迹，皆非真能知先生者也。”

与竺可桢齐名的现代著名科学家张其昀说：“霞客之游历，纯然为学术上之兴趣，既无使命，亦无其他目的，此种无所为而为之的求知精神，即是科学精神。”

3

徐霞客不但是个旅行狂人，而且是一个日记狂人。正如美国小说家凯鲁亚克远游归来在一卷 120 英尺的打印纸上疯狂地敲打出超越时代的名作《在路上》一样，徐霞客用他的日记写下了自己伟大而疯狂的旅行。

千万别小看日记。正如一本《安妮日记》便呈现出整个二次世界大战的苦难心灵史那样，徐霞客的旅行日记是中国晚明时代地学史、文化史、民情风俗史的综合画卷。而二三十年的日记一经整理，便汇成了 20 卷共 60 万字的巨著——《徐霞客游记》。这是中国游记文学史上里程碑式的著作。

明末文坛领袖钱谦益在读了《徐霞客游记》后拍案大呼曰：“世间真文字、大文字，奇文字！”他由此得出一个结论：“徐霞客千古奇人，《游记》乃千古奇书！”

而曾以不读中国书自命的鲁迅，在读过《徐霞客游记》后摸摸唇角的硬须，暂时放下斗士的傲慢，以文人独具的儒雅，挥笔写下了“独、鹤、与、飞”四字题跋。他的意思是：《徐霞客游记》就像一只西飞的孤独之鹤，逸趣超然，具备使人神游天外的强大感染力。

而纪晓岚在《四库全书》中，则咬着一口铁齿铜牙硬硬地下断语道：“《徐霞客游记》是与《山海经》并驾齐驱的伟大著作，是与国家重要图籍《舆地志》互相印证的地理奇书！中国的游记多如牛毛，可是能超越《徐霞客游记》的著作连一本都没有！”（山经之别乘，舆记之外篇！游记之夥，遂莫过于斯编！）

书如其人千般奇，有兴趣者不妨借来一读！

【“达”得有理】

千古第一远游人，“千古奇书”的创作者。

旅行達人

说书的麻子
——说唱达人柳敬亭

明朝万历三十年（1602），江苏泰州府曹家庄，一名年方十五的人犯曹逢春逃走了。这个因伤及人命而被新上任的知府下牌缉拿的少年人犯闻风遁逃，于是乡人眼里相貌丑陋且狂野无赖的麻脸少年曹逢春从此人间蒸发。

三年后，安徽宣州敬亭山下，一个浪迹江湖的麻脸行客醉卧柳荫，仰观满天飘飞的柳絮，遥望雾霭苍茫的山峦，起身折柳为姓、指山为名，从此江湖报号柳敬亭。

又过了二十年，金陵城里秦淮河畔桃叶渡边来了一个说书卖艺的柳麻子。在这个六朝金粉、倡优如云之地，相貌猥琐、脾气极臭的麻子竟然一声断喝，在历史的河流中喊出了属于自己的旋涡。他不但在偌大的响动中把自己言说为一代艺坛宗师，而且以口舌为媒，将身为卑贱艺人的自己送入了宏大瑰丽的历史之中，进而在帝星起落、改朝换代之际被人视为旧时代、旧情绪、旧文化的标志，让两千年的中国演艺史第一次放飞了自己豪华而辉煌的偶像巨星。

从曹逢春到柳敬亭，从少年犯到评话王，这是一个麻子奋斗的奇迹，而每一粒麻子后面都有一段闪闪发光的传奇。

1

曹逢春是揣着一卷《三国》话本逃出曹家庄的，而这卷话本是借来的。

谁也不会想到，一卷借来的话本会催生一位名垂青史的大师。

在那个渔火夜钓的春夜，他守着钓钩夜读《三国》，替自己许下了出将入相的宏愿。但不等他做醒这个黄粱之梦，县里捕快下乡拿人的风声已经灌满他年轻的耳朵。这个年仅15岁的少年渔民于是星夜弃船奔逃，仓皇间仅来得及把未读完的话本揣进腰间。

从此，他江湖飘零，天涯亡命。这一卷借来的话本和两片天生的肉唇，竟然让伤过别人性命的曹逢春活得毫发无损。不但活得毫发无损，他竟然还渐渐出落成一个像模像样的说书艺人。

其实曹逢春说书完全是出于饿昏了头的偶然。话说逃出泰州后，他慌不择路跑进了盱眙县城，饿得晕头转向、两眼发黑的时候，任他百般乞求，也没能给自己讨来一口剩饭。也许就是在一摸襟怀触到那卷话本的时候，他的脑子里蹦出了一个说书易食的念头，而恰好有一个喜欢听书的人在等待着他表达这个意愿。当他勇敢地对一个出不起茶楼听书钱但手里有食的人表达了自己的愿望，并使出天赋的麻利唇舌讲了一段新看的《三国》故事后，他换来了自己逃亡以来的第一个烧饼。

生存是最强大的动力。吃完第一个烧饼的曹逢春，为了吃到第二个烧饼并能喝上一碗肉汤，毅然踏上了自学说书艺术的豪迈旅程。每到一地，他必先混进茶馆、酒楼、书场等处听各路专业艺人讲今说古，暗暗地把那些轻重缓急、板眼腔调装进了自己脑中。在没人的地方进行一番温习、演练之后，他便找个没有说书摊子的地方，露天拉场子开讲。一开始效果很差，讲个把时辰能换两个烧饼就不错了，但慢慢地，他就喝上了肉汤，行囊内还积起了些许余资。这让身为一介游民的少年曹逢春心中，重又燃起了旺盛的生命之火。

就这样现学现卖数年后，曹逢春21岁的身影出现在松江府（今上海）的茶楼书场中。此时他已非当年那个厚着脸皮蹭书偷艺换烧饼的小混混，而是江湖报号柳敬亭的专业说书艺人。而就在这松江书场，自学谋食的半吊子艺人柳敬亭遇见了为自己点燃心灯的那个贵人。如果说此前的柳敬亭本质上只是一个浑浑噩噩地行走于城市靠唇舌乞食的乡村游民的话，那么经过贵人点拨后的柳敬亭，已经脱胎换骨，从精神上出落成为一名有着自觉艺术追求的城市文艺工作者。

这个对柳敬亭醍醐灌顶的人，便是儒生莫后光。莫后光的公开身份是一名私立学校的教师（塾师），但他私下里却是一个有着巨大声望的说书人。据说每当三伏天，他便喜欢到古寺里避暑纳凉，这时他便会替周边的穷苦人说《西游》与《水浒》。酷烈的阳光将石板地晒得灼热烫人，但席地而坐听他说书的数百人却都浑然不觉。而这些听书人中，很可能就有慕名前来偷艺的柳敬亭。

莫后光其实早已注意到这个相貌奇丑、一脸麻子的黑面青年，他也知道此人在县里许多茶楼上游走说书，但却并不点破。有一天，柳敬亭登门拜访莫后光，并郑重表达了请前辈指点之意。莫后光为人谦虚，他说，我不以说书为业，所以不敢授徒，咱们权当同行之间的交流吧。然后，莫后光请柳敬亭先给他说一段儿，于是柳敬亭拉开架势，用尽流浪数年来积攒下来的全部功力，给莫前辈说了一段儿。

莫老师听后，先赞了一声：“好！”然后诚恳地对柳敬亭说：

“你很机灵，讲得不错，我觉得你将来一定可以靠说书成名。”不等柳敬亭面露喜色，莫老师马上又说：“愚以为，说书虽然是小技，但它其实并不卑贱啊，谈古说今、传播道义、教化人心，这难道不是儒家君子的大事业吗？而要想说好书，必须先涵养自己的性情使之通达，还必须考察各地的方言习俗丰富自己的表达能力，使自己能够像古时著名的表演艺术家优孟那样可以声情并茂地摇头歌唱，然后才可以实现自己的宏大志向！”柳敬亭听了，朝莫老师一拱手，说声“谨受教”，就转身走了。

一个月后，瘦了一圈儿的柳敬亭站到了莫老师眼前，恭恭敬敬地说：“前辈，我听从您的教导，回去关门苦练了一个月，今天我再给您说一段！”于是便讲了一段儿。莫老师听后又赞了一声：“好！”然后说：“你进步了，你如今的水平已经足够让听众乐不可支、开心大笑了！”柳敬亭想了一想，又拱手而去。

一个月后，比上个月更瘦的柳敬亭又给莫老师说了一段儿，莫老师说：“又进步了，你现在的水平可以让人慷慨悲歌、长吁短叹乃至痛哭流涕了！”柳敬亭于是再次离去。

第三个月后，骨瘦如柴的柳敬亭再次出现在莫老师家中。这次，他一拉开架势，尚未开口，莫老师便大惊道：“后生可畏啊！你的书艺已经练成了！因为你还没有开口，我已经从你的神色中先看到了你内心深处漫溢而出的悲伤与喜悦，这让我自己的感情都不由自主了。好！”然后莫后光起身邀柳敬亭落座，郑重道：“你我既然有缘相遇，那我还有一言相赠，那便是‘在坐忘’这三字，只要身在书台后一坐，除了所讲之书，世间万事便都要忘却！”

莫后光这一番指点，让柳敬亭铭记终生，虽然其书艺全凭自学，但他日后一直将莫后光视为自己唯一的老师。

被莫后光指明了职业艺术道路的柳敬亭两眼放光地离开了松江

府，一路江湖一路歌。扬州、杭州等地的书场渐渐传开了柳敬亭的大名。

2

崇祯七年（1634），金陵秦淮河畔桃叶渡边，突然来了一个身材高大、长髯及胸、一脸黑麻子的说书人。这个说书卖艺的柳麻子，不但价格贵得离谱——说一回书黄金一两，而且需要提前十天预约。到了双方约定的那天，他也从不自己登门献艺，而是等着人家的高车大马前来迎接。作为花天价请他说书的金主，把这位爷请进门后什么时候开讲你说了不算，这得等人家柳麻子自己定时间，而这柳麻子觉得合适的时候，一般是在万籁俱寂的午夜时分。这个时刻，更残漏断，柳麻子喝足了茶水，醒木一拍就准备开讲了。但你这个出钱听书的金主，或者你的家人、仆人这时忍不住瞌睡打了一个哈欠，或者交头接耳地说半句小话，台上那位你雇来的爷马上就不高兴了，就又不讲了。等全场鸦雀无声、所有的眼睛都齐齐地向台上的麻子爷致敬的时候，他才叹息一声，仿佛受了天大的委屈，然后慢悠悠地开讲。但你刚听到精彩之处，就听他醒木一拍，停了！不但停了，而且立即拍屁股走人，想听下回分解，二十天后重新花钱来请吧！

但就这么着，请他登堂入室摆谱说书的车马竟然经常把他家门口堵得水泄不通。这位柳麻子凭啥这么大气派呢？就凭当时南京城里的一文一武两位大佬把他当贵宾供着。哪两位大佬啊？武的是大明兵部尚书范景文，文的是大明相国、大学士何如宠。再说明白点儿，这位武的，当时是替皇帝管着大明朝全部的兵；而那位文的，在退休前曾经主管全国最高级别的公务员考试（总裁会试）。这两位大员虽然一个开门好士，一个闭门谢客，但竟然不约而同地把说书的柳麻子奉为家中贵宾。在一个社会关系如链条一般环环相扣的封建时代，居于关系链最上游的大人物家中的座上宾，哪位缙绅敢不接着捧着？而像范景文、何如宠这样权势很大的大员，之所以如此迷恋柳敬亭，则完全是因为麻子那条三寸不烂的舌头和两片上下一碰便风雷激荡的肉唇。

柳敬亭说书究竟有多神奇？虽然萧条异代不同时，虽然明朝没有留声机，我辈不能亲耳领略麻子唇舌间风起云涌的神采，但是，当时的粉丝团却用大量豪华的诗词笔墨使麻子的艺术风范传之后世。

或许可以这样说，中国明清文化史以及风流史上大名鼎鼎的人物几乎全是柳麻子的粉丝。在他的粉丝团里，我们可以看到明末“江左三大家”钱谦益、吴伟业、龚鼎孳（这三位都是开宗立派的文坛领袖），可以看到大文学家张岱（这位写过无数篇像《湖心亭看雪》那样的神妙文章）、大哲学家黄宗羲（这位是反清志士，但连康熙皇帝都不敢拿他怎么样）、“大风流家”冒辟疆（这位是明末四公子之一，以和名妓董小宛的风流情事而为人熟知）、大编剧兼导演孔尚任（写《桃花扇》那位）、大交际花李香君和顾媚。另外还有陈维崧、顾开雍、阎尔梅、毛奇龄、余怀、杜濬、方拱乾、周容、赵吉士等等。你随便“百度”、“谷哥”一下便会发现，以上粉丝无一不是大名鼎鼎、著作等身、影响深远的主流文化精英，而他们一致把赞赏的目光投向了柳敬亭这位说书人，并不吝笔墨，为之立传赠诗，使柳敬亭一个旱地拔葱跃出了民间艺人之列，升华为明清之交文化史上的一道奇异风景。

而之所以会如此，最主要的原因还是因为柳敬亭的说书神技。在粉丝张岱看来，听柳敬亭说《水浒》和看当时已经流行开来的小说，那感觉是绝对不同的。柳敬亭讲“武松打虎”，能让听众的耳膜享受类似于当今“重金属”摇滚般的强烈轰炸。他一开口就响起武二郎洪钟一般的喊声，而当学起老虎叱咤风云的啸叫时，那声音恨不得把房子也要震塌了。这还不算，闭眼听他讲这一回，听众甚至能感觉到老虎扑向武松时扎煞起来的虎须和扑面而来的寒风；而武松走进景阳冈酒店叫店家买酒的那一声吼，从柳敬亭嗓子里喊出来，那效果真如乱石穿空，突兀而奇崛，绝对是“蓦地一吼，店中空缸空甓皆瓮瓮有声”。

而粉丝周容在粉丝钱谦益家中听柳敬亭深夜说书，那感觉竟然如看惊悚电影一般诡异而神秘。在一片扑闪的黯淡烛光中，闭眼听柳敬亭说书，在他唇舌的搬弄间，听者但觉四面八方阴风环绕，密密麻麻的鼓声中，夹杂着刀枪剑戟刺杀砍磔之音。一会儿觉得一群一群面目模糊的骷髅在围着桌子蹦跳起舞，一会儿又觉得汉寿亭侯关羽、唐朝的李光弼和郭子仪、宋朝的岳飞和韩世忠等著名武将顶盔贯甲出现在你面前。听者吓得魂不附体，膝盖一软几乎都要下拜了，但睁眼一看，说书台上早已不见了说书人柳敬亭！

而对柳敬亭说书最神奇细腻的描述，大概还要数粉丝阎尔梅的《柳麻子小说行》。在这首篇幅宏大、辞藻富丽的歌行体诗歌中，清初大诗人阎尔梅记载了 79 岁的老年柳敬亭在庐江说书时的神妙情景。其中阎粉丝用了一组奇特的排比句来比拟柳敬亭那条变化多端的舌头，从其中的描写来看，柳敬亭神奇的舌头简直就是一部多功能的声音合成器。在粉丝的耳朵中，柳敬亭的声音就像长江三峡以迅猛的气势冲过十二座山峰的激流；就像庐江六月势若奔马的暴风骤雨和摧枯拉朽的山洪。在他看来，年近八十的柳敬亭喉间舌下毫无老迈之音，他的声音反而像初生的婴儿那样，如金石一般清脆而奇异。阎粉丝由此感叹说：“如果古代最著名的优孟再世，他一定会主动前来吹埙以助柳敬亭说书。柳老先生啊柳老先生，真是天下独一无二、最为豪放的布衣百姓啊！”

“千百化身存舌传，哀乐穷通与荣辱。吁嗟乎！柳翁精神充斥文字外，造物苍莽哪可绘”，这是清代大学者、粉丝赵吉士的感叹，同时也是后世共同的感叹——是啊，一条肉舌头、两片薄嘴唇，就能穷尽大千世界万千法相，就能说透炎凉人世的荣辱浮沉，柳敬亭说书的风采哪是文字可以形容的呢？即便穷尽天地造化也难以描绘他唇舌之间的神奇啊！

因此，麻子柳敬亭赢得了“南都第一”、“书绝”等盛名。

3

柳敬亭的豪华粉丝团中，其实还有一位影响晚明历史的大人物不可不提，他便是崇祯和弘光年间最大、最著名也最复杂的军阀左良玉。

在清军入关、崇祯皇帝吊死煤山的严峻时刻，弘光帝在江苏四大军镇和马士英、阮大铖的拥立下建政于南京。而当时这个南明小朝廷江南四大军镇的总兵力加起来，还抵不住一个左良玉。左良玉反清，但并不拥戴南明。他在武昌开府，做出一副随时都可能顺流而下、拥立新君的高压姿态。但就是这么一个飞扬跋扈、杀人如麻、人见人怕的乱世军阀，却拿说书人柳麻子当知己、心腹，而其诸将也丝毫不敢以说书艺人来看柳敬亭。

柳敬亭和左良玉的关系，甚至亲密到可以自由出入其卧室的地步。而左良玉在军中好像一时都离不开柳敬亭，营中的参谋秘书们引经据典也说不清的事，柳敬亭用俚语三言两语便说得清清楚楚了。所以在不识字的左良玉眼里，逃犯出身且通达古今、谙熟人情世故的柳敬亭便是难得的智囊和心腹。柳敬亭心善，一次与左良玉吃饭，营中厨子粗心，米饭盆中赫然出现一粒老鼠屎。就在左良玉须发倒竖、拍桌跳脚要杀厨子的时候，柳敬亭神色淡定地一筷子夹起老鼠屎送进口中，轻松咽下之后缓缓说：“侯爷，不必动怒，那其实是一颗黑米!”

弘光乙酉年初，左良玉以清君侧之名发动兵变，准备杀入南京废掉昏庸而荒淫的弘光帝另立新君，此举被南明政府中很多正直的官员视为扭转明朝颓势的重大转机而热烈响应。而柳敬亭正是左良玉提前派往南京与这些高官接洽的要员。在风雨飘摇的历史关键时刻，一个卑贱的说书艺人便是这样走进了历史旋涡的中心。在彼时的南京城中，宰相以下的官员纷纷讨好柳敬亭，昔日亡命江湖说书乞食的曹逢春，如今成了人人称颂的“柳将军”。一时富贵荣华从天而降，而柳麻子依然淡然处之，但左良玉还没有打到南京便暴病死于军中，柳敬亭自然也如断线风筝一般从九霄云上掉入悬崖深壑之中。但他依旧淡然处之，将左良玉馈赠的数千银两分赠友人后，重操就业，以老病之躯横行东南诸省，于穷愁漂泊间重吃说书饭。

而在左良玉军中的丰富经历、亲身参与历史关键时刻的际遇，以及目睹国破家亡的黍离之悲，也渐渐融入了柳敬亭的说书艺术之中，使其本已炉火纯青的书艺更是登峰造极。大思想家黄宗羲在《柳敬亭传》中用了一个百字之多的豪华长句把传主柳敬亭推上了艺术的高峰。其中，他用二十个字来描摹柳敬亭经历了亡国之恨后的说书风格：“或如刀剑铁骑，飒然浮空；或如风号雨泣，鸟悲兽骇……”这些苍劲峭拔、沉郁悲凉的词汇，一语道出了柳敬亭说书最本质的特征。

入清后，在清廷连续下达“剃头令”并威胁“留发不留头”的白色恐怖中，柳敬亭坚持不剃头、不易服！他穿着一身明朝衣冠，顶着一头白发招摇过市，说书做人，堪称风骨铮铮！

“能令千古事长新，一往从何辨假真。天地欲存三寸舌，江湖难老八旬人”，随着柳敬亭说书布道的脚步，以扬州评话为代表的淮扬说书界开始把柳敬亭誉为自己的开山宗师。而康熙初年，80 岁的柳敬亭应邀进京，在龚鼎孳的引荐下，在满清天子眼皮子底下痛说明朝往事。他随场授徒，于是后来的北平说书界又有三辰、五亮、十八奎等支派，此辈也尽是柳敬亭的徒子徒孙。

飘摇流浪江南数省，柳敬亭的说书风格和人格魅力开始深刻地影响一个时代。听晚年的柳敬亭说书，已经不单单是享受一种高妙的听觉艺术，在明朝故老和士林遗民的心中，听衣冠不改、长髯飘飘的柳敬亭说一段前明旧事，是对一个旧时代深情缅怀和衷心追慕的精神仪式。而说书台上的那位麻子老人，更类似于一个神坛上的精神偶像。通观两千年中国演艺史，享用如此荣光和礼遇的艺人，只柳敬亭一人！

正如吴梅村所说：“只有敬亭，依然此柳，雨打风吹雪满头！”

【“达”得有理】

评话宗师、艺坛偶像！中国古代光彩夺目的演艺明星！

說唱達人

杨柳依依　美人如是

——风流达人柳如是

崇祯十四年（1641）六月初七，松江边，一个晚明年间的古典婚礼现场发生了始料不及的失控事件。

这是当时文学界和娱乐界顶级人物联姻的婚礼现场，也是一位六十老翁与一个二十少女的婚礼现场。但当一对新人出现在岸头时，赞颂与咒骂、鲜花与臭蛋同时飞向了这对甜蜜无比的老夫少妻。

这是一场惊世骇俗、视礼法名教如敝履的婚礼。这不只是因为新郎新娘年龄悬殊，更因为这个以正室之礼迎娶新娘的新郎，其家中尚有一妻二妾。不仅如此，还因为 60 岁的新郎乃是江南文坛领袖、"诗中李杜"、东林党魁钱谦益，而 24 岁的新娘则是名动江南的秦淮八艳之首柳如是。

钱谦益冒天下之大不韪，以匹嫡之礼娶妓，因此让一位文采风流、气节铮铮的风尘奇女昂然走进了历史。三百年后，国学大师陈寅恪耗十年时间写成了一部八十万字的《柳如是别传》。大师的倾情巨著，更让这棵站立在晚明文化水岸上的风中之柳显得婉媚动人。

玉笛何时响？人在凤凰台。月夜吹笛、对花吟诗的她究竟是怎样的一个人？

1

老茅台配野草莓，即便按如今的世俗眼光来看，钱老与小柳的混搭也还是不合适的。何况在三百年前，作为享有崇高声誉的公众人物，钱谦益以正室大礼娶风尘女是需要巨大勇气和牺牲精神的——就在不久前，因“有伤风化”，小柳曾被驱逐出松江县境而成流妓。钱老娶小柳，就意味着放弃自己六十年的声望与名誉，而他之所以心甘情愿地执“柳”在手，完全是因为小柳的诗才征服了他这位诗坛领袖。

钱柳姻缘，其媒在诗。柳如是写给钱谦益的第一首诗，便如同蒙娜丽莎的经典微笑，让钱老欣欣然欲罢不能。

这是崇祯十三年（1640）十一月的上午，闲居在江苏常熟城中半野堂里的钱谦益忽然读到一首令他大吃一惊的诗。这首诗是仆人从门外一位来访的少年儒生手中接下并上呈钱老一阅的。诗里写道：“声名真似汉扶风，妙理玄规更不同。一室茶香开澹黯，千行墨妙破冥濛。竺西瓶拂因缘在，江左风流物论雄。今日沾沾诚御李，东山葱岭莫辞从。”

钱老读罢先是一惊，旋即哈哈大笑，拍手赞曰：“好诗好诗！”这首诗正是女扮男装的柳如是写的。钱老作为一代文化大师，唯一的人生遗憾便是仕途多舛、官运不畅，当了一届礼部侍郎便回家养老了。但钱老对此人生遭际很不服气，经常把自己视为东晋的谢安以图东山再起。而柳如是在这首诗中，第一句就拿汉朝的经史大师、扶风人马融来比钱老，赞叹钱老通达经史有文化，又能探索释道两家的玄妙，才学比马融更为博大高深。而钱老不但才学好，还富有高雅的生活情趣，诗文书法也精妙无比，真像谢安一样，是江南精英之首啊。而我（柳如是）真想像汉朝的荀爽为李膺驾车并深感荣幸那样，始终侍奉在您老人家的身边不离不弃啊！

诗下署名是“柳是”。钱老心中一动，马上按图索骥，于湖畔舟中见到了写诗之人。不出所料，仆人口中的“少年儒生”如今已化身为嫣然妩媚的女子。钱老一眼便看中了她，但不知对方是否中意自己，于是心跳加速，马上口占两首赠答。其一诗曰：“冰心玉色正含愁，寒日多情照柂楼。万里何当乘小艇，五湖已许办扁舟。每临青镜憎红粉，莫为朱颜叹白头。苦爱赤栏桥畔柳，探春仍放旧风流。”这个意思就是说，我真的看上你了，但我老了，你能喜欢我的白发和皱纹吗？你要是敢喜欢我，我就敢放下一切，娶你！

令钱老目瞪口呆的是，柳如是在舟中读罢该诗，略一沉吟，便再答一首。诗曰：“谁家乐府唱无愁，望断浮云西北楼。汉珮敢同神女赠，越歌聊感鄂君舟。春前柳欲窥青眼，雪里山应想白头。莫为卢家怨银汉，年年河水向东流。”

钱老一听此诗，又惊又喜，真想朝天大哭一气。喜的是，小柳在诗中告诉她：“钱老啊，你不要因为我的年轻和美丽而怨恨时光对你的掠夺，河水东流，逝者如斯，是人早晚都会年华老去。而我，就像春柳爱慕远处高高的雪山那样倾慕您的白发啊，因为那是智慧和阅历的象征！”惊的是，柳如是一介女子，其才思的敏捷、文采的华美，尤其是用典的丰富巧妙以及思想内涵的深刻，即使自己这个被誉为“诗坛李杜”的诗人也难以企及。

如此才华绝世的美女，百代难逢一人。钱老顿时倾倒，心甘情愿成为小柳的俘虏。

钱柳结为诗歌的夫妻之后，为给小柳盖新居，钱老不惜卖掉家藏宋本前后《汉书》，花银千余两盖起一座五楹三层的绛云楼，楼上两层为夫妻二人的私家图书馆。钱柳二人每日在此进行诗歌创作。钱老每每想出佳句便在小柳面前显摆一下，不想小柳答诗很快便成。有时小柳诗先成，钱老就说不忙，待我也写一首比一比，于是深思熟虑，欲超过小柳。良久写成，相互出示，却往往伯仲难分。诗史说：谦益诗文“气骨苍峻，虬松百尺，柳未能到”，但柳诗“幽艳秀发，如芙蓉秋水，自然娟媚，宗伯公（谦益）时亦逊之。于是旗鼓各建，闺阃之间，隐若敌国云”。也就是说，钱老的诗像千年老松，铜枝铁干，百尺摩天，小柳显然不具备这样的气度，但小柳的诗像秋水中的莲花，其娟媚秀丽，也完全不是钱老能够达到的。二人可谓旗鼓相当。换句话说，小柳作为一个诗坛后辈，已经从另一条路径攀登到了与钱老相同的高度上。对小柳的诗艺，钱老的评价是：“近日西陵夸柳隐，桃花得气美人中。”也就是说，西湖的桃花之所以开得鲜艳如火，完全是因为从小柳的诗中吸取了精华啊。

在此后的年月里，钱柳两人共同生活于“绛云楼”上，作诗、理诗，编辑成一大套明代诗人的作品选集《列朝诗集》。此书1649年初版，而柳如是名列女诗人之部。

其实作为一个女诗人，在下嫁钱谦益之前，柳如是已学诗十年。这十年，恰是她流落风尘、漂若浮萍的苦难十年。而在柳如是学诗的过程中，著名诗人陈子龙起到了关键性作用。

作为晚明诗坛“云间派”诗人中的翘楚，陈子龙既是柳如是的“青春教师”，也是她的“诗歌教师”。也可以说，才子陈子龙是在对柳如是青春的消费中提升了其诗歌艺术。史称，在遇到陈子龙前，15岁的柳如是只会写诸如“李卫学书称弟子，东方大隐号先生”之类的入门诗句，但在同陈子龙于南园恩爱酬唱数年之后，柳如是的诗才便突飞猛进。

崇祯十一（1638）年，22岁的柳如是出版了第一部个人诗词集《戊寅草》。陈子龙在为这部诗集所作的序言中认为，柳如是作为诗人就像一匹马驰骋在晚明诗坛上。她的诗歌在对日常细微题材的发掘与书写上，已经达到了“沉雄”之境！其清新悠远同时又细腻入微的诗才连汉代最著名的女诗人唐山夫人、班昭、蔡文姬等都不能与之相比，而放眼晚明，柳如是实为第一女诗人！

而就是这个此刻大唱赞歌同时曾被柳如是视为终身依靠的陈子龙，却因惧于名教，在消耗柳如是青春数年后将之冷落在一旁，任其风尘飘零。而柳如是却在漂泊途中，为陈子龙一连写下了二十首《梦江南·怀人》。每一首都以凄惨悲怆如啼哭般的“人去也”开头，读来颇让人感叹陈子龙负心而红颜痴情！

2

柳如是不但诗才绝代，其文其赋亦为晚明绝品。三百年后的今天，阅读柳如是在江湖漂泊途中写下的深情文字，便仿佛透过半弯明月，看到了风姿绰约、含情不语的晚明灯火。

崇祯十三年（1640）年底，在杭州富翁汪然明的资助下，柳如是刊刻了自己的书信体随笔集——《尺牍集》，其中收录了自己两年来与汪然明的三十一通书信（所谓“尺牍”便是古代的信件）。

写这些尺牍的时候，世人眼中的“流妓”柳如是正风尘仆仆，往来于松江、嘉定、苏州、杭州各地。她四处奔波的目的，是为了给自己找到一个可托终身的夫君。而汪然明的妻子林天素作为柳如是的“青楼闺密”，便托丈夫给柳如是介绍“对象”。柳如是因此与汪然明夫妇频繁通信，其尺牍中的内容，无非是一些对朋友的思念和旅途苦难的感慨，但一经柳如是的锦心绣口，这些再普通不过的情绪便化为极富审美意义的美文。

《尺牍集》刊刻时，“闺密”林天素挥笔为其作了序言。吴中名妓出身的林大美女写道：“（柳如是）今复出一瓣香，以柳如是尺牍寄余索叙。琅琅数千言，艳过六朝，情深班蔡，人多奇之。”六朝文章绮丽，班昭蔡姬情深，而在林天素以及晚明文人看来，柳如是的尺牍作为小品文却“艳过六朝”而“情深班蔡”，这相当于在语言和思想情感两方面将柳如是推上了晚明小品文的顶峰！

这绝非友人之间的吹捧之词。看一段柳如是的尺牍，我们便可知其文采风流。

尺牍第三通云：“泣蕙草之飘零，怜佳人之埋暮，自非绵丽之笔，恐不能与于此。然以云友之才，先生之侠，使我辈即极无文，亦不可不作。容俟一荒山烟雨之中，直当以痛哭成之可耳。”

尺牍第七通云：“鹃声雨梦，遂若与先生为隔世游亦。至归途黯瑟，唯有轻浪萍花与断魂杨柳耳。回想先生种种深情，应如铜台高揭，汉水西流，岂止桃花千尺也？但离别微茫，非若麻姑方平，则为刘阮重来耳。秋间之约，尚怀渺渺，所望与先生维持之矣，便羽即当续及。昔人相思字，每付之断鸿声里，弟于先生，亦正如是。书次惘然。”

这些柳如是在旅途中随手写下的尺牍，便如一块浑然天成的宝玉，即使天荒地老，亦将绽露其温润的光华。这些如珠玑般的文字，用现代汉语翻译很难展现其神采。第七通勉强翻译成现代散文大概是这样的：“我与先生您的上次交游已恍如隔世。微雨如梦，杜鹃声里，如今我扁舟一叶，随波逐流在暗淡而萧瑟的归途中。眼前唯有轻轻的浪花推送着浮萍，以及远处岸上随风起舞的断魂杨柳。回想起先生对我的种种深情，便如滚滚流淌无穷无尽的汉水，哪里只如桃花潭水仅深千尺呢？但一经离别，所有的情感便难以寻求了。我与先生今日一别，如果不是像麻姑与王方平一别之后便人神永绝的话，恐怕也会像刘晨、阮肇那样，要过几十年才能回到家乡吧？我们计划的中秋约会，如今还遥遥无期，我只希望能和先生您保持联系与通信。古人说，互相思念的书信，每每都交给大雁用悲伤的鸣叫去传递。我的心情之于先生，便是如此啊。当我写下这些的时候，心情无比怅惘难言。”

由此可见，这些尺牍作为小品文真可谓“本无师匠，莹自心神；语不费饰，片辞可宝”，其遣词用典风味隽永、含英咀华，令人回味不尽，齿颊留芳。

不但尺牍写得好，柳如是的赋也极为时人称道。她传世的赋中最有名的便是《男洛神赋》与《别赋》。赋最能体现一个作家的文采。而柳如是的这两篇文字华美而含义艰深的赋，则体现了她作为一名散文家的博大精深的功力。

这两篇赋据说都是柳如是为怀念其“青春教师”陈子龙所作。其中《男洛神赋》将才子陈子龙比为光彩照人的男洛神，体现的是柳如是的理想爱情偶像与精神追寻，而《别赋》体现的则是其在被弃被逐之后，于流浪途中的失望与哀伤。

柳如是流露在赋文与尺牍中的文采风流，让我们在三百年后，仍然为这位文学家的灼灼锋芒感到惊讶。

3

作为晚明最著名的传奇女子，柳如是还精于书法与绘画。其书法融合了唐代书法家虞世南与褚遂良两人的长处（得虞褚两家遗意。《牧斋遗事》），而其于绘画则精通用酣畅淋漓的浓墨泼洒水仙和竹子以及石头（其所作水仙竹石，淡墨淋漓，不减元吉、子固。《玉台画史》）。但柳如是真正富有传奇色彩的故事，还不是她的诗文书画，而是其在明清易代之际展示出的民族气节和女侠风范。

作为一个早年被卖入娼门的苦命女子，如果说柳如是的前半生是为了实现自我价值而不懈努力，并体现出了一种令人震撼的顽强与执著的话，那么其后半生，则是在对民族气节的捍卫中体现出一种超越个体生命的大尊严、大高贵。

当南明即将灭亡时，柳如是力谏钱谦益自杀殉节，为此不惜自己先以身投水。当作为东林党魁、南明高官的钱谦益率众降清时，柳如是心如铁石，斩断恩爱，坚决不与其赴京。但当钱谦益因怀念故明而被清廷打入牢狱之时，柳如是则只身赴京，以大智大勇施展过人的社交手段，两度救钱出狱。

清康熙三年（1664），钱谦益病故。当钱家族人、无赖等聚众上门勒索财产并吵闹不休时，柳如是颜色淡定，说一句“诸位稍待，容我上楼取来”，随即上楼而去，但一上便再也没有下来——为了自己的女儿能够安稳生活，为了给钱谦益的儿子保存家产，柳如是慨然自缢于绛云楼上。

就在柳如是的脖颈被白绫勒紧的一刹那，楼外，远处，水边，一棵风姿绰约的柳树“喀嚓”一声，折倒于风中！

如是慷慨一死后，世间再无章台柳！

【“达”得有理】

诗奇：晚明第一女诗人；文奇：艳过六朝，情深班蔡；人奇：气节铮铮，晚明侠女！

風流達人

空茫时代里的火枪手

——兵工达人戴梓

戴梓乃中国古代不可多得的“通才”。

如果这个人的才华能够充分地被他所在的时代吸取，那么我们就敢于设想另一部崭新的中国近代史；敢于设想十九世纪扩张中的西方会一头撞碎在东方自创的坚船利炮上。

这位被湮没于历史烟尘中的兵工学家后来几乎被遗忘，名不见经传，但事实上，他曾拥有过影响历史走向的巨大可能——用他的枪，用他的炮。

但，康熙和他的时代轻轻地与这个叫戴梓的伟大火枪手擦肩而过，并迅速地将他打入异类。当戴梓死于辽东的冰雪之中，东方的清王朝便永远地丧失了比肩于西方的所有可能。

透过硝烟，让我们重新来认识这位被尘封的兵工达人。

1

康熙二十九年（1690）八月初一清晨，距北京七百里外的乌兰布通（今内蒙古翁牛特旗西南），一场生死大战在清军与漠西蒙古准噶尔部之间展开。

准噶尔，常让今人想起新疆的准噶尔盆地，但当年准噶尔人的势力范围，可绝非今天准噶尔盆地这么大。这个新崛起的漠西蒙古部落在短时间内疯狂扩张，通过种种阴谋和手段，把与其同属漠西蒙古的其他三个部落一个向西赶到了沙俄的国土上（因此才有乾隆年间的土尔扈特部东归），另外两个则驱赶进清朝的势力范围之中——内蒙古。准噶尔首领噶尔丹并不满足，他率领自己的骑兵不断追击渗透，其马蹄踏进了清朝蒙古八旗的地盘。

为了击败野心勃勃的准噶尔部首领噶尔丹，康熙皇帝调动满蒙骑兵御驾亲征。这一年七月，康熙的銮驾刚出长城，就接到了消息——由恭亲王常宁率领的大军在喜峰口外九百里处被准噶尔大败。康熙皇帝赶紧命令主力大军迅速前进接应，但没走多远再次接到报告——准噶尔骑兵的前锋已经进抵乌兰布通，距离北京仅七百里。康熙不由得一惊，赶紧飞诏传书，命裕亲王福全率领的另一路大军迅速进抵乌兰布通，截击噶尔丹。

八月初一清晨，福全率领的清军从四十里外来到乌兰布通红色的小山下，隔着一条大河与对岸的噶尔丹军队对阵。噶尔丹军队驻扎在乌兰布通山上与山脚下浓密的树林中。战斗一开始，清军的骑兵就傻眼了。当他们驱马过河扑向敌人时，准噶尔人阵地上突然出现了由无数的大象构成的“象阵”，比蒙古马高一大截的象背上是强悍的准噶尔武士，他们手中的火枪与长矛将飞驰而来的清朝骑兵一个个击落马下。而少数冲过“象阵”接近树林的清兵发现，林子中是一个奇怪而巨大的“驼城”——出自沙漠的准噶尔人善于使用骆驼。他们把一万头骆驼的四足捆紧，令其贴着军营的四边在地上围卧成一个大圈。这些骆驼的背上驮着高高的箱子，箱子上加着厚厚的毡子，毡子被浇水结冻后，准噶尔人的营地四周就出现了类似于寨栅式的“驼墙”。准噶尔人就躲在“驼墙”后面，用从沙俄买来的滑膛火枪向清军骑兵射击。他们不但射冲过“象阵”的清军，还把正打马过河的清军远距离射杀在河里。康熙皇帝英勇的亲舅舅——一等公、镶黄旗都统佟国纲就被这迎面而来的火枪子弹射杀在河里。

就在噶尔丹洋洋得意的时候，清军营中推出了几十尊生铁铸就的铁炮。这些铁炮炮管甚短，长不足三尺，但口径极大。它们排成一列，炮口朝天，远远望去就像一排即将高高跃起的青蛙。河对岸的噶尔丹冷笑一声，对部下说：“这么远的距离，从河对岸打过来的火炮是击不穿驼城的，传令各军退回驼城！我倒要看看满人的大炮能奈我何?!”

噶尔丹话音未落，就听见惊天动地的一阵阵巨响，旋即无数黑色的“铁瓜”冲出炮口，带着死亡的呼啸飞过河面，飞进树林，飞过准噶尔人的头顶，然后“咣”的一声凌空爆炸了。四处飞迸的铁片与铅丸当头落下，迅速将准噶尔人的“驼城”炸成一片血海。不等噶尔丹调整部署，清军炮兵的第二轮连射又开始了。与此同时，清军骑兵迅速出击，杀进“驼城”……

六年后（1696），昭莫多（今蒙古谢图汗中旗南，图拉河与喀鲁伦河之间），清军名将费扬古率领满蒙骑兵和当时最精锐的绿营兵在此设伏，围歼几年前漏网的噶尔丹。

当噶尔丹的一万多名骑兵追逐着清军诱敌的四百名轻骑悍然而

来的时候，埋伏在山顶上的宁夏总兵殷化行将令旗一挥，设置在山顶上的几十门铁炮便先发制人。黑色的“铁瓜”呼啸着在准噶尔骑兵群中爆炸，将方才还杀气腾腾的准噶尔人炸成了一团一团的血雾。费扬古趁机从两翼包围，迅速将敌军歼灭。此次战役中，噶尔丹连王妃都被清军铁炮炸死了，他自己逃回外蒙古，并于次年服毒自杀。

在康熙征讨噶尔丹的战争中，数次扭转战局并克敌制胜的这种铁炮名为“冲天炮”。它的发明者是一个叫戴梓的浙江人。当这个浙江人发明的大炮在中国的西北荒原大显神威的时候，他已经被自己的皇帝发配至辽东边地将近十年了。

戴梓的“冲天炮”是他在1676年为清军收复台湾而发明进献的，当时进献的可能只是图纸。四年后，戴梓因“佐康王平三藩、征台湾”之功而被康熙皇帝选入南书房，成为皇帝身边的侍从官，又因精于天文算学而被康熙皇帝调遣到钦天监（清朝天文机构）供职。当时主持钦天监工作的是比利时传教士南怀仁。这个洋和尚有一天对康熙说：“我们比利时有一种冲天炮，威力极大，陛下您只要给足经费，我保证让陛下的大清朝拥有这种大炮。”康熙大喜，给钱给人给地方让这位神父造炮，但说了大话的洋和尚用了整整一年也没造出他说的这种大炮，只好用“难度极大”等托词来搪塞康熙。对西方科技不甚了解的康熙也吃不准，有一天他对戴梓说起这件事。戴梓平静地说：“臣数年前也曾深研此炮，不知皇上可否允臣一试。”康熙大喜说：“你要是能造，我大清朝何必仰仗那些洋人呢！”

于是戴梓开始了自己的造炮工程。从画图纸到铸造，仅仅用了八天，他就把两尊二三百斤重的新炮送到了康熙面前。康熙到靶场上亲自试验，果然威力无穷，于是龙颜大悦，按清朝喜欢给枪炮起名的惯例，将这种大炮封为“威远大将军”。

用今天的军事眼光来看，戴梓在二百多年前发明制造的“冲天炮”，其实是一种大口径短体滑膛臼炮（因形似石臼而得名）。炮身短而坚固，不易在使用中炸膛，同时，它还有可以调整高度和角度以测定射击目标的炮尺，这就使射击精度大大提高。更厉害的是，戴梓的“冲天炮”发射的不是传统的火药和铁丸，而是一种后来被曾国藩的湘军称为“开花弹”的炮弹。这种生铁铸就的炮弹形状如瓜，每个二到三斤，中间是空的，可以装填火药和铅丸铁片。弹的上方留有圆孔，可将放置药捻子的竹管插进弹身。发射时，先把炮弹上的药捻子点燃，紧接着把大炮火门的引火药点燃，这样炮弹便以抛物线的样子直飞目标。戴梓的“冲天炮”被迅速装备至八旗和绿营中，史书形容这种炮射击时“子在母腹，母送子去，从天而下，片片碎裂，锐不可当”。当炮弹接近敌人时，“迸裂四散”，“敌人遇之无不糜烂”，由此我们可以想见这种大炮在当时的威力。

将近三百年后的1940年，德国火炮工程师们制造出了著名的“卡尔臼炮”。这种口径六百毫米、身长却极短的猪鼻式重型迫击炮就像戴梓“冲天炮”的超级扩大版，但这种庞然大物可以发射二到四吨重的超级炮弹。这玩意儿一旦发射，顿时地动山摇，如同西方神话里的雷神在抡锤发威。德军于是将之称为“雷神之锤”。在二战中的苏德战场上，这种巨炮曾经轻易击碎苏军的无数要塞，但这把“锤子”要抡一回，德国工兵们就得为它忙乎22天，来安装、稳定它沉重的炮座。

2

1676年，杭州军营，大清帝国康亲王杰书在军帐中迎接了一位

25 岁的汉族青年。这位被大清亲王重礼聘来的布衣书生，便是杭州仁和人戴梓。

戴梓献给杰书的除了平定三藩的各种方略外，还格外进献了一种“秘器”——“连珠火铳”。这种火铳可以连续击发 28 枚铁弹，因此被命名为“二十八响连珠铳”。对戴梓进献的平藩方略，康亲王欣喜地照单全收，但对“连珠火铳”这种在当时显然十分先进的军事火器，他在玩赏一番之后却将之弃于一旁。

是这种“连珠火铳”华而不实，缺乏实用价值？还是康亲王杰书不识利器？

其实都不是，后来的很多历史研究者认为，戴梓的“连环火铳”是现代机关枪的雏形，但比西方的机枪要早一百多年。而史书上记载的康亲王杰书，是一位大智大勇、文武皆备的贵族精英。对这种威力强大的先进火器，他其实一眼就看到了其威力和价值。弃之一旁，令之“器藏于家”，实乃另有深意。

这一藏，就藏到了乾隆年间。这把“器藏于家”的神枪，外人谁也没有见过。很多只闻其名而未见其身的好事者于是纷纷登门“寻枪”，后来因一部《铜牙铁齿纪晓岚》的电视剧而被中国普罗大众熟知的清代名臣纪昀便是其中之一。这个乾隆朝最著名的文化人在其唯一的散文集《阅微草堂笔记》中记载，他曾听戴梓之子戴亨描述过这把传说中的“二十八响连环铳”。在戴家三少爷的描述中，这种枪一次可装 28 颗铅丸，射完后可以重新装填（计二十八发，火药铅丸乃尽，始需重贮）。

令纪先生感到遗憾的是，虽然戴三少爷把枪说得这么热闹，但当他要求侄子戴秉瑛回家去取这支枪以备观瞻的时候，戴秉瑛却说，他五弟的儿子在户部学习的时候，因为穷得要命，把这把祖宗传下来的宝贝枪拿到当铺典当成零花钱了。这把枪现在在哪里，谁也不知道。于是纪先生遗憾地认为，这把传说中的神枪要么已经失传，要么就是戴家人遵从祖训，深藏不出，秘不示人。无论是哪种情况，总之，这把正史中言之凿凿的神枪就这样消隐于历史的迷雾深处了。

2011年，在一部名为《枪炮侯》的戏说类电视剧中，传说中的“二十八响连环铳”被搬上了荧屏。编剧让虚构的戴梓后人戴刀重新制造了祖宗当年发明的“连环铳”。按照屏幕上展示的实物，这是一个类似于二战时苏联红军所用的转盘式机枪一样的家伙。荧屏上的这种威猛的自动火器让许多军事发烧友肾上激素猛增，纷纷惊呼清初中国枪械科技领先世界二百年，戴梓为机关枪鼻祖云云。

我们当然希望十七世纪的戴梓就为中国发明出十九世纪意义上的机枪，因为这样一来，中华文明又添值得大书特书的骄傲，但事实却是某一科技产品的出现，是受限于时代整体科技及工艺水平的，认为戴梓发明的连珠火铳是机枪的雏形，只能算是一种幻觉。

事实上，根据现代科技史研究者的研究成果，我们基本可以断定，戴梓发明的火铳其实是一种“燧发单击滑膛鸟枪”，也就是说，这种枪是由内置的燧石击发点火、可以单发射击28次的枪械。这种枪虽然不能像现代的机关枪一样，只要扣住扳机不放，就可以一次性射完弹夹里的所有子弹，但它可以一次性在枪托后部的弹仓里填满28颗铅弹，射击完一颗子弹后，只要将枪筒朝下，同时扳动机枪，弹仓里的铅弹便可凭借自身重力滚入轮机，从而实现第二次击发。在一个熟练的火枪手手上，这种枪的威力也是极其可怕的。尤其是在清初已经具备粒状火药的前提下，颗粒均匀的火药也能产生足够强大的推动力，从而保证这种枪械拥有足够远的射程。

试想，五百名手持戴梓火铳的士兵分成两队，面向数百米外的骑兵集团依次齐射，对冲锋中的骑兵来说，遭遇这种可以在极短时间内连射28次的火枪，那简直就是自杀。而无论是康熙，还是其堂兄杰书，都知道满人争天下、守江山靠的就是看家的骑兵。

以满蒙骑兵起家并靠此夺取汉人江山的清朝皇帝，怎么可能容忍这种武器出现在汉人手上？而发明了这种火器的戴梓不但是个汉人，还是个在满洲人眼里极其危险的“南人”。

戴梓的悲剧由此注定。

3

戴梓显然是一个聪明绝顶同时又锋芒毕露的人物。他可能不懂得“藏锋”对一个专制王朝中的臣子来说意味着什么。他供职的钦天监，在清初是一个洋人掌控的地方，葡萄牙传教士徐日升、比利时传教士南怀仁等人，都是在康熙面前说得上话又极会讨皇帝欢心的人物。

而对康熙来说，传教士和中国的和尚一样，都是化外之人。这些漂洋过海来大清国土上念经的洋和尚不过是一些可以装点门面的饰品。既然他们所图的无非是传教之权，所贪的不过是黄金白银，既然他们对大清的国土没有任何觊觎之心，他们所掌握的西方科学技术又对大清的江山稳固几乎没有负面影响，那就由他们鼓捣瓶瓶罐罐，胡折腾吧。

但戴梓不同，这是一个来自中国南方的汉人，其父还是前明军队中的监军，而其表亲中有不少人曾在明军中担任过火器采买的重要职务，与海外洋人多有沟通。这样一个人用现在的词语来说就是“历史不清白”，而他偏偏还聪明绝顶，造炮制枪几乎比洋人还厉害。更可怕的是，他不但会造炮制枪，还能诗善文，通晓军事、天文、算学和水利，甚至连音律也十分精通。有这些本事的人一旦站到大清朝的反面，就是一个极其危险的人物——他能诗能文，就有极强的煽动性；通晓军事、天文和算学，就有统领军队排兵布阵的可能；精通水利，在农业经济占绝对优势的清朝就有治国之才。而他最为精通的造炮制枪的本领，则极有可能让中国南方的那些视满人如仇敌的汉人手里拥有克制骑兵的武器，因而为满清江山增添无数的麻烦。

怎么处理戴梓？这是一个问题。

但在康熙身边的戴梓似乎并不清楚自己在康熙皇帝的大脑中已是一个问题。他依旧故我，随时释放着自己灼人的才华。1686 年，荷兰使团来京。这些曾被郑成功打败的红毛荷兰人进献给康熙一把“蟠肠鸟枪”，并扬言这种当时最先进的鸟枪只有他们荷兰国才能制造。自尊心极强的康熙一听就不高兴了，竟然说只有你荷兰国才能制造，你蕞尔小邦红毛蛮夷都能造的东西，我堂堂天朝岂不会造？康熙随口就说：“这种蟠肠鸟枪本来是我天朝所有，你们既然这么稀罕这玩意儿，离京时朕必多赏你们几把。”大话说了，但清朝当时的确没有这种枪啊。康熙皇帝本想倚仗南怀仁他们这帮洋和尚，不想这些洋人跪在地上恨不得钻进地缝里，反正他们是造不出这种枪来。

这时候，戴梓站出来了。他不但站出来了，还打了包票。他把这个造枪的任务当成了给大清争脸面、扬国威的崇高政治使命来完成，殊不知，他这次投注其中的才华很快便会影响其后半辈子的命运。

五天后，戴梓向康熙皇帝进献“蟠肠鸟枪”十支，其外形、性能皆与荷兰枪一般无二。康熙大喜，当场就把这十支枪回赠给荷兰使者，借此扬了一回国威。但这种能力、这种速度，一旦为敌人所用，那还了得。康熙作为一个帝王，是要对祖宗江山负责的，他不能让戴梓这样一个人对国家的稳定形成威胁。

那么，戴梓，只好对不起你了。

这时恰好戴梓与一个叫陈宏勋的人打了一架（斗殴起事），原因是陈宏勋向戴梓勒索钱财。戴梓因不甘勒索而与陈宏勋大打出手，由此也可看出戴梓是一个性情极其刚烈且不善隐忍的胆汁型人物。要知道，这一年戴梓已经 38 岁，将近不惑之年，身份又是翰林院侍讲（皇家学院高级教授）。以这样的年纪和身份，去同别人打架的确是有点不太合适。于是此事一时间被传得沸沸扬扬。南怀仁和徐日升等洋传教士本来就嫉恨戴梓，立刻抓住这个良机，迅速密谋，然后给康熙皇帝打了一个小报告，说戴梓通东洋（日本）。这是一个相当大的罪名。因为在当时，康熙皇帝为断绝汉人购买西洋先进枪械的通道，已经下令海禁，断了沿海通西洋之路。而一衣带水的东洋日本，却依然与中国有千丝万缕的联系，而当时的日本与荷兰、葡萄牙、西班牙等国多有勾连。戴梓若通日本，那不就是间接通西洋吗？康熙龙颜大怒——我正不知道怎么收拾你呢，你却自己送上门来了。于是他不进行任何调查，立即将戴梓发配辽东充军。那时的辽东，是大清朝铁桶一般的后院，专门圈养、改造戴梓这样的危险人物。

于是一代神匠戴梓就这样终老于辽东铁岭。穷困潦倒间他只好靠卖书卖画为生。辽东冬日奇寒，家贫无柴无米，浙江人戴梓只好在早上冒着关东的大雪上山采摘榛子充饥。其满腹才华、一身绝学，在此荒山野岭中只能抛掷于迎面而来的如刀冷风里。冷风吹疼胸膛，戴梓清醒过来，南望关山之时，他似乎有所醒悟。于是从此之后，这个世界少了一位神匠，多了一名野老。

很多年过去了，戴梓在其《七十自寿》诗中写道："白发苍颜老放民，敝衣羸马冒缁尘。饥摅楮墨生烟雨，饱听妻孥议贱贫。雪窖病中怀贯酒，冰天梦里役回轮。愁肠纵令今宵断，已占人间七十春。”

人生七十大寿，满纸贫贱穷愁，令人不由得清泪两行。

八年后，戴梓死于羁旅。死前不久，他刚刚被朝廷赦免。

4

戴梓才华横溢的生命就这样在大清朝的维稳方针下，被碾为齑粉。其实，戴梓是一个象征，一个专制时代中科学和理性破灭的象征。他的存在，说明在十七世纪的时候，中国其实可以像西方一样，同样产生科学和理性的火花，并进入一个理性之光普照众生的时代。但这种可能还未来得及火花一闪，便被迅速吹灭了。

神灯熄灭之后，是头脑的暗夜，是沉睡的迷梦。直到二百年后，南海的一声炮响，康熙的子孙们才在疼痛中醒来。当他们打开封死的仓库，看见戴梓二百年前的枪炮，他们会做何想？

常常想，戴梓这样的奇人，若晚生二百年，必是钱学森、邓稼先这样的大师。他的伟大才华被虚掷于一个空茫的时代，只能让我辈后生对其背影空发几声千古浩叹！

【“达”得有理】

他手中创造的“雷神之锤”与“东方神枪”，其实可以让中国兵工提前整整一个时代，进而融入世界诸强争霸的大潮流。但，历史放弃了他。

追风筝的小说家
——风筝达人曹雪芹

小说，是他徜徉于云端放给大地看的风筝。而风筝，是他脚踩大地写在云朵上的小说。

这个一生如在梦中并追逐梦幻的人，便这样同时拥有了写小说和放风筝两种伟大的才能。

满纸荒唐言，一把辛酸泪——是雪芹说给石头听的真实的谎言。

而被一条长线放飞的满天纸鸢，却是雪芹大智慧、大才华、大心胸、大情怀的写照。

风筝，风筝，你快快飞，我们渴盼的雪芹，正在后面追。

1

乾隆十九年（1754）腊月的一个傍晚，大雪纷纷扬扬，染白了北京香山脚下曹雪芹家的茅草屋顶。正对窗映雪修订《石头记》的曹雪芹突然被屋外叩击柴门的声音惊动，出门一看，在篱笆外瑟缩站立着的人不正是老友于景廉吗？雪光映照中，但见老友须发蓬乱、满面愁容，那只因战伤而跛掉的瘸腿正在雪地上不停地抽搐着。

曹雪芹于是赶紧打开柴门，一把拉住老友的手将他让进了屋内。落座后，曹雪芹奉上一盏热茶，待于景廉身上的寒意稍稍被驱散后方问："叔度（于景廉字），家里又遇到难处了不成？"

于景廉眼圈一红道："雪芹兄，家里断顿已经好几天了。这大冷的天，家里缺米少柴，我实在不知到谁家去借钱啊！小儿幼女又冷又饿，拉着我的衣袖哭着喊着要吃的，可我这当爹的硬是变不出大饼呀！你说这不是要活活急死人吗！"（家中断炊已数日，值此严冬，告贷无门，小儿女辈，牵衣饶膝，啼饥号寒，直叫人欲死不得矣）说罢，他掩面痛哭。

第二日，于景廉怀揣着曹雪芹筹措的五两碎银，提着曹雪芹连夜新扎的燕子风筝与曹雪芹洒泪而别。看着老友蹒跚而去的背影，曹雪芹长叹一声，心想但愿这几只风筝真能如景廉所言，卖出去，也好解老友一家饥困。

三日后的除夕下午，曹雪芹正在书房作画，忽听于景廉远远地在喊他的名字，出去一看，只见老友牵驴提酒而来。定睛细看，驴背上驮着鸡、鸭、鱼、肉、鲜果、蔬菜。曹雪芹大惊道："叔度，你莫不是撞了财神，哪来这许多肉菜？"于景廉笑道："小弟特来报兄长大恩。小弟拿着兄长所制的风筝到了一个贝勒府上，那位贝勒一见，立刻以百两高价收购风筝，还说要小弟再做些送去。”

曹雪芹闻言也甚喜，但随即陷入了沉思。良久，他对于景廉说：“叔度，若我将此风筝之技传你，今后你全家生计便不成问题了吧？若你再将此技传授诸多饥困冻寒之家，这人世就会少许多饿殍吧？那么，为兄就画些图谱，并以文字歌诀一一写明制法，将制风筝之法编制成册给你如何？”于景廉一听，深深一鞠躬道：“雪芹兄，你真是菩萨心肠啊！”

两年后，一本名为《南鹞北鸢考工志》的风筝工艺专著问世了。在这本世界第一的风筝理论专著中，曹雪芹以纸架结构和扎糊方法的分类首创中国风筝理论。他不但用通俗如话的歌诀、清晰明快的骨架图、色彩分明的绘画记载了43类风筝的制作方法和绘画图样，还从扎、糊、绘、放四个技艺层面，将中国风筝这种源远流长的民族工艺上升为一种体现个人审美情趣的独特艺术。在这本书的前言中，曹雪芹写道：“古代太平盛世，社会上的孤寡老人和残疾病人都能有所养护，安稳度日，但在今天像老于这样的人，一旦打仗伤了腿脚，便丧失了生存能力，其一家老少缺衣少食，离死也没有多远了啊！风筝这门技术真的能够用来养活老于这样的苦寒之家吗？于是我怀着这个目的开始动笔来写这本《南鹞北鸢考工志》。”（因思古之世，鳏寡孤独废疾者有养也，今则如老于其人，一旦伤足，不能自活，其不转乎沟壑也几希，风筝之为业，真足以养家乎？于是援笔述此《南鹞北鸢考工志》。）

与曹雪芹这种以风筝济危救世的动机相对应，其好友、宫廷画家董邦达在看过这本书的初稿后欣然为之作序，并在序中将曹雪芹视为一位居功至伟的大慈善家。他说：“我曾听说只要是教老百姓维持生计的人，无论他教的是大技术还是小技术，其道德名声都能被广泛赞扬，因其宗旨在于济危救世；而救死扶伤的行为，无论是有目的还是无目的，都能给子孙后代积累下好运气，因为人家的志向是救人。而像曹雪芹先生这样因怜悯孤寡老人和残疾人，不忍坐视他们生活穷困而写书传授谋生之道的行为，其伟大的功劳真是难以计量啊！”（尝闻教民养生之道，无论大术小术，均传盛德，因其旨在济世也。扶伤救死之行，无论有心无心，悉具阴功，因其志在活人也。曹子雪芹悯废疾无告之穷民，不忍坐视转乎沟壑之中，谋之以技艺自养之道。厥功之伟，曷可计量也哉？）

让人叹服的是，曹雪芹在写作《南鹞北鸢考工志》的两年多里，竟然同时写成了《蔽芾馆鉴印章金石集》《岫里湖中琐记》《斯园膏脂摘录》等另外八本论述金石印章、园林湖山、烹调厨艺、编锦、印染、染织、织补、脱胎、竹木雕刻等工艺理论的专著，并将之合称为《废艺斋集稿》。更让人吃惊的是，这套大书写作的时间，也正是曹雪芹的《红楼梦》写作和定本的关键时刻。一边字字如血地写着满纸辛酸泪，一边却以菩萨心肠忙里偷闲地写着一部综合性工艺巨著，试问天下文豪，谁人能有曹雪芹这样渊博如海的学识，谁人又有曹雪芹这样慈悲若佛的心肠？

放眼海内，唯曹子一人而已！

2

说曹雪芹是空前绝后、中国第一的风筝大师，那是一点都不虚言。因为无论之前还是之后，中国乃至世界都再也不可能出现像曹雪芹这样既能以理性头脑体察风筝科学之理、又能以风雅之心涵养风筝审美之道的大师了。曹雪芹提毛笔写小说的手，扎、糊、绘、放起风筝来，当时恐怕无一人可及。不为别的，就为曹雪芹极有可能是大清朝三百年来第一个用科学眼光看待风筝的人。乾隆年间，人人眼里小玩意儿一般的风筝，在曹雪芹看来，却是一门饱含着无限奥秘和机巧的格致之学。别人是用手和眼来对待风筝，而曹雪芹却是用大脑来思考风筝，以治学之心来钻研风筝，就这样，终于形成了独步天下、影响深远的“曹雪芹风筝”。

先说扎风筝。十八世纪中叶的曹雪芹已经用他精密玄妙的头脑发现了飞行力学的奥秘。风筝在他看来其实是一只御风遨游的飞行器。在扎风筝的过程中，他讲究要使风筝的内在结构和外形严格符合飞行力学原理。比如曹雪芹根据北京风烈的气候特征，结合南北方“软翅”和“硬膀”风筝的不同特点，制造出六种“扎燕”风筝，并以拟人手法，将肥燕喻男、瘦燕比女、比翼燕拟夫妻，半瘦燕象征青少年、小燕代表小童、雏燕代表幼儿，形成了系统而完整的扎燕风筝家族。而在“肥燕”的扎制过程中，曹雪芹按飞行力学原理总结出了一首朗朗上口的歌诀：“肥燕四四法分明，一头两腹尾根停。七股等分论条架，两膀对扎半圆形。中间应照拍子计，尾竹上端中线缝。下端条短如何定？横放架子首尾平。上条健直两梢软，下条扁软缓随行。论纸中间方四块，两膀各四力均衡。档肥腿软风好泻，保稳不致左右倾。膀角配花要扎牢，上下大小利泻风。”可以说，作为一名风筝设计师，曹雪芹使风筝的结构达到了完美之境。

次说糊风筝，也就是给风筝架子糊纸的这个过程，千万别以为这就是把纸粘到竹架上那么简单，这里面有个“裁纸计力”的大问题，也就是怎么用纸才能符合飞行原理的问题，曹雪芹糊风筝，总是能使风筝的纸面最大程度地利于承载风力。

再说绘风筝。如果说风筝的扎、糊过程体现的是曹雪芹注重体察科学之道的话，那么对风筝的绘制，则体现了他作为文艺大师的无限风雅与独特性灵。

风筝是一个风雅吉祥之物，所以曹雪芹画风筝，首先注重让画面于吉祥中透出风雅味。作为一个深谙中国传统文化和民族心理的工艺大师，曹雪芹最善于综合使用富有吉祥意味的视觉意象。燕子这种“天命玄鸟”在中国民间是吉祥的象征，所以曹雪芹特别爱发挥无穷无尽的想象和联想来画燕子。比如在“比翼燕”的中心画两个尚未绽放的并蒂牡丹花骨朵，意为“互证丹心”、“同心共结连理”；而在两个燕头上各画上一绺白边，两个翅膀上绘上象征富贵的牡丹，意为“富贵到白头”、“相携白首”。而蝙蝠这种会飞行的哺乳动物，因其名的谐音与“福”相同，所以在中国民间一向被看成是幸福和福气的象征，所以曹雪芹也极其喜爱在风筝上画蝙蝠。比如画蝙蝠及寿桃、寿字，再以蓝、紫色相配，取谐音“多福多寿多男子”之意；再比如画一只大红的蝙蝠，取“洪福齐天”之意。

与画面的吉雅相对应，曹雪芹的画法可称奇幻。在十八世纪中叶的乾隆时代，西洋画风刚刚借助传教士郎世宁的画笔在中国一露端倪，但敏感的曹雪芹已经窥见了西洋画讲究用光和调色的奥秘，在整合中西两种不同画法的基础上，他独创了“迷笔”画法。所谓“迷笔”就是借助西画用光和调色之长，使所画之物因角度、距离不同而呈现不同立体感的一种画法，而这里据说又有曹雪芹家独传的“织锦用色之法”。

比如，他在“比翼燕”翅膀内用“迷笔”手法画了一只飞向牡丹花丛的彩蝶。就这么一只蝴蝶却让著名宫廷画家董邦达不禁称奇叫绝，他问朋友：“你们过来看看，曹雪芹画的这只蝴蝶是落在牡丹花上呢？还是没有落上去啊？”朋友远远一看，不约而同地说：“这蝴蝶哪里是画的呀，分明是把彩纸制成的蝴蝶或贴或挂在纸上的吗！”但他们走近一看，蝴蝶真是画在纸上的，但退后几步再看，这只蝴蝶又好像正“飞离地面，凌空翩跹”。

再比如，曹雪芹用“迷笔”画了一只用光极其鲜明、立体感极强的“宓妃”风筝。董邦达看了之后问曹雪芹：“这个画面的色彩太绝了，你是怎么让色彩如此鲜明，好像强烈的阳光晒在画面上一般?”（此色彩诚为奇绝，何以如此鲜明如阳光曝照耶）曹雪芹淡淡地说：“我无非是从我家藏的《织造色谱》中窥探到西洋画用色的奥秘罢了。”（霑从家藏《织造色谱》中稍窥西洋染色之精要）

“以天为纸，将云拟水”，这样的风筝在空中飞舞起来，广阔苍穹就成了一个巨大的动态画卷。飞鸟游鱼尽在其间，而曹雪芹便是这个以天地为展台，让鸟飞于天、鱼游于云的大画师。

3

就像很多飞机设计大师往往也是飞行高手那样，风筝制造家曹雪芹同时也是一位放风筝的达人。在其著作《南鹞北鸢考工志》所收的一篇《瓶湖懋斋记盛》之附录文章中，大清英王阿济格的后裔、税务官员敦敏记载了乾隆二十三年（1758）腊月二十四日的一次风筝盛会。44 岁的曹雪芹在结冰的瓶湖（北京太平湖）之上一展风筝绝技，让这次盛会在画家董邦达的心目中因而堪比王羲之的兰亭聚会。

这一日在敦敏家中用过午饭之后，曹雪芹乘着酒兴，为敦敏、敦诚、董邦达等友人先后放飞了苍鹰、宓妃、串鹭三只风筝。瓶湖冻得结结实实的冰面就像一个阔大而寂静的舞台，而曹雪芹便是这舞台上唯一的演员。在众目睽睽之中，他凭借空中的风筝，展现了他精妙绝伦、御风于掌的手、眼、身、法、步。

午后的瓶湖，天空晴朗，微风徐来。曹雪芹撩起衣襟，挽起袖口，用右手捏住“苍鹰”的头朝着东北方向顺风一扔，趁它向前猛冲而未落之时，左手一翻腕子，滑开摇车，右手顺势拢住了被风刮起的细鼠儿线，略往回一带步，回身向东北，右手往上一扬，随之又向右下方做了一个半圆的滑线动作之后，只见这只“苍鹰”凭空来了一个鹞子翻身，掉转了头，面向西南，对着风儿，“飒”的一立，昂首朝着天空一直蹿了上去。就在这一刹那，雪芹把右手的线用力向下一带，“苍鹰”一挺身，雪芹猛地把手向右上方一荡，接着向前抢了一个垫步，“苍鹰”立刻掉过头向东北方向冲了过去。大家以为雪芹脱了手，谁知“苍鹰”把头向西北转了过来，回过身来了一个盘旋，接着又是一个盘旋，一直向远处飞走了。大家以为这是断线了，但见雪芹用右手拢住被风刮弯了的线，向后一绷劲儿，“苍鹰”忽地回转过来，又是一个翻身，一直向上蹿去。“苍鹰”已只有掌心大小了，和远处的真鹰无法区分了。雪芹这时加紧往回收线，不时叫“苍鹰”来两个盘旋，然后把线上下移动了一下，“苍鹰”跟着一俯一仰。忽地雪芹把手高高一举，再猛地向下一蹲身，右手点地。“苍鹰”在天上一个翻身，头朝下，尾朝上，一直冲向地面。等“苍鹰”已快到地面不过二三尺高时，雪芹向前猛一甩手，扔出一把线，“苍鹰”立刻返回来，直冲霄汉，回到天上。接着又是四五个盘旋。

董邦达说：“神乎其技矣！雪芹你太累了，我们可饱了眼福。”曹雪芹慢慢地把“苍鹰”收到头上，“苍鹰”轻轻落在了他的右臂上。

接着，曹雪芹又为友人们放起了“宓妃”风筝和“串鹭”风筝。

董邦达喟然叹曰：“以天为纸，已经绝妙；将云拟水，尤难想象。雪芹真是妙人啊！”又叹曰：“今天这场盛会，雪芹这样的绝技，真是千年都难有一遇啊。和这比起来，即使王羲之的兰亭雅会，也不能算奇妙了！”（今日之集，固乃千载一遇，虽兰亭之会，未足奇也！）

而敦敏则用更细腻的笔法描述了观看曹雪芹风筝绝技的感受。他说：“观看曹雪芹玩风筝于股掌之上的神奇绝妙，真是得心应手，变化万千！风筝在几百米的高空中仿佛能听懂他的命令一般，那根指挥风筝的丝线其实是源自曹雪芹聪慧的心灵啊。湖岸上看他放风筝的人，都被他深深吸引了，一会儿大惊，一会儿狂喜，完全就像小孩子一样。如此忘情地玩乐，再也不觉得时间的流逝了。”（观其御风施放之奇，心手相应，变化万千；风鸢听命乎百仞之上，游丝挥运于方寸之间；壁上观者，心为物役，乍惊乍喜，纯然童子之心，忘情忧乐，不复知老之将至矣。）

这就是风筝达人曹雪芹的风采。

4

1943 年，北平城内，一封由日本人高见嘉十发出的手信被送到了一个叫孔祥泽的中国学生手上。

这封并不被中国文化史所收存的手信，像一颗低调而疯狂的石头，无意中砸开了历史虚掩的大门，让我们无意中隔着门缝发现了一位放风筝的巨人。

信中，时为北平国立艺专著名外籍教授的高见嘉十催促孔祥泽速到他家中观阅一部中国古书。孔祥泽不敢怠慢，立即动身前往。此前不久，孔祥泽为了学习西洋雕塑，经人引荐拜了日本人高见嘉十为导师，并参与了高见嘉十极为热衷的一个研究课题——中国风筝艺术。

于是在高见嘉十的居处，孔祥泽见到了那部后来影响他一生的古书《废艺斋集稿》。经高见嘉十斡旋，以重金从前清礼亲王府购得此书的书主——日本商人金山终于答应由孔祥泽等中国学者勘定这部奇书的真伪。包括孔祥泽在内的五位中国学者在金山的严密监督下，分别趁机用铅笔对该书进行了偷偷抄录。而孔祥泽得以部分抄下的正是这套九册古书的第二册——专论风筝的《南鹞北鸢考工志》。

短短二十六天后，金山携书返回日本。此后，该人该书便人间蒸发，再也没了踪影。而孔祥泽抄下的残书，也于十多年后毁于“文化大革命”。但这部奇书惊鸿一瞥式的出现，却让以《红楼梦》闻名的小说家曹雪芹，又以一位风筝达人、工艺大师的形象走近了我们。

2006 年，由孔祥泽口述、北京工艺美术出版社出版的《曹雪芹风筝艺术》一书在德国莱比锡图书节上被评为“世界最美的书”。“曹雪芹风筝”于是飞出了中国的天空，飞进了全世界人民仰望的眼眸之中。

【“达”得有理】

一边字字泣血地写着《红楼梦》，一边忙里偷闲地以风筝救穷济世，并把中国的南鹞北鸢放向了世界的天空。雪芹真达人也！

風箏達人

深宫里的武者
——武术达人道光帝

十九世纪，是科技的野蛮取代并战胜肌肉的野蛮的时代。

所以，一个东方的武术家皇帝被一个西方的文质彬彬的女王打得满地找牙并非偶然。

但如果执著于历史的细节，我们又不得不承认，这个叫绵宁的满族青年身上，的确保存了源自其穿树皮鞋的祖先身上那种惊人的勇武和豪迈。就个人而言，他的弓马骑射，他的拳棒刀术，甚至他的枪械射击，都具备了国际运动会的冠军水平。

但，当他戴上皇冠成为龙椅上那个叫道光的黄色幻影时，他是冥顽不化而老朽虚弱的。乃至一声炮响，祖宗两百年基业霎时便走向尾声。

所以，当我们说起武术家道光时，这是一个巨大而辛辣的讽刺。

1

嘉庆十八年（1813）九月十五日夜，一轮月亮高高地升起来了。硕大而圆满的月盘朗照着大清帝国这个貌似平常的秋天。

承德避暑山庄。嘉庆皇帝从一阵瞌睡中回过神来，一束月光斜斜入户，照在他手里半开半合的书页上。皇帝抬头看了一眼高天上的月亮，顿时感到心烦意乱。他扭身问随侍身侧的戈什哈："大阿哥有信来吗？"戈什哈连忙跪答："回皇上，大阿哥自五日前抵京后，一日一报，京城平安无事，您就安心静养吧。"皇帝烦乱的心略有所安。他轻轻叹息，口中默念："二八中秋，黄花落地。但求祖宗护佑，保我大清平安。"

北京皇宫养心殿。大阿哥绵宁被这夜奇异的月光吸引了。他推窗凝视，若有所思，仿佛欲把月盘里的一切看清看透。"二八中秋，黄花落地"，这传遍北京四九城连宫里的太监宫女都在悄悄念叨的两句民谣究竟是什么意思？"二八"不就是说今年的闰八月吗？父皇虽然应钦天监之请特颁诏旨"改闰"——取消了今年的闰八月，而在下一年设置一个闰月，但这句奇怪的民谣仍在疯传。"中秋"不就是今天吗？"黄花落地"又是何意？绵宁很想找人一表心中所惑，但夜漏已深，内宫落锁。在这九重宫殿里，除了两个待宣的太医、两个值班的军机章京，连自己在内，也就区区五个男人，这忧闷，又与何人倾诉呢？绵宁不禁感到一阵郁闷，但一想到自己此刻是代父皇镇守帝京、料理国事的，他又马上振作起来。他起身来到大殿之外，撩起衣襟束于腰间玉带，扎扎袖口，然后一个"骑马蹲裆"，在月下走起了一套拳路。

皇城午门前，城门上茶碗大的铜钉在月光下反射着柔和而神秘的青光。紧紧关闭的五道铁门与高高的城墙将宫里宫外隔离成两个世界。

满月朗照，一串黑色的人影如海底的游鱼，忽然从月光难抵的角落游于城门之下。只听三声击掌之后，紧闭的铁门竟然打开了一道缝隙。从前明永乐皇帝朱棣建宫以来，在夜晚从未向外界开启的皇宫顿时如被撬开一道细缝的坚蚌，珠光宝气与逼人的杀气在一刹那间相撞了。

一些锐物刺入肉体的声音与垂死的呻吟发出之后，一面巨大的白色旗帜在皇城城墙上挥舞起来了。迎着满天的月光，可以看到旗帜上写着四个大字“大明天顺”。就在白旗挥舞的过程中，从城门外不同的方向突然涌出数面白旗，旗上皆书“顺天保民”，旗后各跟一队白布裹头、黑衣罩身的持刀人。这些人快而无声地依次跃入午门，又继续快而无声地向着帝国的心脏刺去致命的一刀。

嘉庆朝最凶险的一次造反就这样开始了。造反者几乎就是在皇帝的肚皮上突然拔刀而起。嘉庆皇帝和他的儿孙以及大大小小的帝国官员们都不会想到，他们疑惧已久的“刀兵之灾”竟然会骤起于萧墙之内，匪人竟然转眼间遍布皇宫。更可怕的是，随着匪人不断逼近的步伐，各宫太监竟然也纷纷白布缠头，加入其中。原来，匪人就是太监引进来的。或者说，宫里的很多太监便是匪人的骨干。

无声而血腥的杀戮开始了。事实上，匪人并不多与抵抗者纠缠，他们在太监的带领下，一路经过西华门等处，刀锋直抵养心门以及门后的养心殿。

养心殿是什么地方？那是皇帝本人的卧室、书房兼办公室。自从雍正皇帝住到养心殿以来，养心门之内的这座殿宇就成了大清帝国各代皇帝的寝宫。皇帝除了上朝之外，吃喝拉撒睡一般都在这里进行。造反者的计划显然是目的明确且布置周密的。在他们的策划中，大清皇帝是其要消灭的首要目标，也是要在第一轮打击中便要清除掉的障碍。但他们似乎没有考虑到大清皇帝此刻其实远在承德，并不在养心殿内，而等待他们的，是皇帝31岁的儿子绵宁。

练罢功的绵宁复又挑灯观书。正看至快意处，灯花却无端地颤动起来，书页上的字迹也开始无端地模糊，耳力极佳的绵宁忽然听到了异样的响动。宫里之人，平日走路都是脚心贴地，碎步而行，那种轻微的响声与节奏，都是绵宁极其熟悉的。在这样的深夜，宫里之人绝对不会走出像此刻外面那样的脚步声。绵宁低喝一声："熄灯，取枪！"

灯灭之后，月光更显清白。绵宁操枪在手，带领两名小宫监登上养心殿倚柱观瞧。养心门外，上百条黑影已经围聚。宫墙高大，众匪跃跃欲试，已做好了攀墙而上的准备。绵宁听到了身后小宫监上下牙齿不停磕碰的声音。他在心里冷冷一笑，把上好膛的荷兰鸟枪举了起来，对准了三百步外的墙头。

一个白影在宫墙上露头了，绵宁从柱后闪出，抬手就是一枪。他自信这一枪很准，可以击死一头牛的铅弹必将击碎攀墙者的头颅。枪火在墙头白影的包头布上闪了一下，巨大的响声传了过来，绵宁发现那个白影只是缩了一下头，旋即继续攀缘，肩膀已经过墙。绵宁马上反应过来，方才枪中有药而无弹，故只有枪火闪烁，却并不能伤敌。这么说来，取枪的宫监必是匪人，如不出所料，那另外一支枪里也一定是有药而无弹。思及此，绵宁迅速抓住自己衣服上的扣子，这些纯银的纽扣就这样被皇子作为弹丸填进了愤怒的枪口。

一声枪响，一朵血花绽放于月光朗照的墙头。未久，又一白色包头布隐现于墙头另一端。枪声又响，这一名攀墙者也应声而倒。养心门下的上百名匪人，立即伏地隐匿。危急的形势就在这两声枪响中发生了奇妙的转变。做好准备的攀墙者不知道墙内有多少支枪对着他们的脑袋，一时间谁也不敢造次。就这样，一个持枪者在与上百名持刀者的隔墙对峙中，站稳了上风。而就在此刻，皇宫里反应过来的各路警卫带着失职的羞耻与戴罪立功的决绝之心，从不同的方向杀到了养心门外，一场围捕与厮杀开始了。

绵宁吹吹枪口飘散的硝烟，状极潇洒。

翌日晨，搜捕与审讯报告送达绵宁的案头。原来，这是一次由天理教组织并精心策划的造反行动。他们原计划用这次外科手术式的大规模刺杀，一次性摘取大清帝国的心脏与大脑，但没有想到遭遇的却是皇帝嘉庆的儿子。嘉庆酷喜读书而不爱武事，但他的这个儿子绵宁，却是一个不折不扣的练家子，用今天的话来说，那是绝对标准的武术达人。

2

远在承德的嘉庆皇帝听闻京城大变，颇感震惊、委屈与困惑，马上返京。在回家的路上，嘉庆写了一份“罪已诏”，把这次“事故”的责任放到了自己头上。他想，要不是绵宁临危不惧，这帮乱匪还不祸乱宫廷啊。生子如绵宁，真是天赐之福啊。老皇帝一高兴，马上颁诏，封绵宁为“智亲王”，连绵宁御敌的那杆枪也被封为“威烈”。诏书一下，大家马上就知道了自己的下一任大老板该是谁了。其实，对帝国政治洞若观火的那些老臣们早在二十多年前便已经预料到今天的这个结果。他们谁都没有忘记二十年前木兰围场里的那一幕。

乾隆五十六年（1791），在位于河北承德的皇家专用打猎场木兰围场里，乾隆率领皇家子孙和八旗精兵，在这里举行了一次大规模的狩猎活动。自从圣祖康熙皇帝为训练八旗精兵而开辟围场以来，在每年的秋天来这里狩猎已经成为清朝历代皇帝遵循的惯例，史称“木兰秋猕”。

这是一个盛大而神圣的时刻，对所有参加围猎的人来说，这都是一次验证自身力量并有所斩获的机遇。可以说，兴起于白山黑水深山密林里的满人，其后来征服天下、开疆拓土的所有赫赫武功，其实都脱胎于祖先为图温饱而不得不进行的猎杀行动。充满血腥的猎杀行为已经化为一种灼热的民族基因，流淌在满人奔涌的血液里，化成他们刚烈勇猛的集体性格。在这个充满了巨大刺激与狂喜的时刻，参加围猎的八旗士兵们按照祖先们遗留的传统，头戴雄鹿角，在深密的树林里模仿公鹿大声啼叫，被惊动的母鹿和其他各种动物们纷纷四散奔逃。这时，包括皇帝在内的王宫贵族们便纷纷走马射猎，体会祖先不惜马革裹尸、开拓万里江山的艰难与喜悦。

就在围猎者纷纷狂喊着追逐自己的猎物的时候，一只硕大的母鹿冲出包围圈，绕过两名士兵的马头，又几乎贴着第三个士兵的马腿急速奔逃。站在一个小山丘上的乾隆皇帝远远地看见了这只鹿。老皇帝举鞭遥指，对身边随侍的子孙及亲兵们说快看，快看！老皇帝话音未落，就见一名骑士驱马而出，在奔跑中弯弓搭箭，弓弦响处，羽翎飞出，那只跳跃如飞的母鹿应声而倒。

在一片欢呼声中，射鹿骑士翻身下马快步来到乾隆皇帝的马前下跪谢恩。乾隆皇帝一看，这不是自己10岁的孙子绵宁吗？这小子的骑射功夫又见长啊！乾隆皇帝龙心大悦，当场作七律一首：“老我策骢尚武服，幼孙中鹿赐花翎。是宜志事成七律，所幸争先早二龄。”什么叫“争先早二龄”，这是说孙子绵宁10岁射鹿要比自己12岁时在圣祖康熙马前射熊还要早两岁呢！就像当年康熙皇帝隔代看中自己一样，乾隆此刻在年幼的绵宁身上，也看到了当年的自己，并再一次看到了大清帝国未来的希望。其实早在两年前，在木兰围场的行宫里，乾隆皇帝就见识过绵宁的箭术。彼时，绵宁尚在冲龄，七八岁的小孩连用的弓都是特制的小弓，但一听说爷爷要考诸位皇子皇孙的箭术，绵宁马上应试。皇子皇孙依次试射，论到绵宁时，他用小弓一箭中的，再发再中，乾隆一看大喜，笑着说："你小子要再中一箭，爷爷就赏你穿黄马褂。"他话音未落，绵宁即发一箭，又中靶心。射完之后，绵宁也不说话，快步来到乾隆座椅前伏地跪下，就那么等着。乾隆好像不太明白小孙子要干什么，忙说你想做什么呀。但绵宁就是不说话，两只漆黑的眼睛看着爷爷。乾隆这才想起了自己许诺的黄马褂，马上命人赶紧去找黄马褂，但赏赐巴图鲁（满洲勇士）才用的黄马褂哪有给小孩子穿的呢？仓促间只好用一件大号的黄马褂裹到了绵宁的身上。当时在侧随侍的满洲亲贵心里都说，小小年纪，射艺了得已经够奇异的了，在皇帝至尊面前，竟会这般乖巧，讨人喜欢，难道真是天命所佑吗？

就像当年射熊之后，小弘历受到了爷爷康熙皇帝的特殊关照一样，这次射猎回去之后，绵宁也得到了乾隆皇帝的格外垂青。他继续刻苦读书，同时，武艺也得到了强化训练。清朝对皇子读书、学武的管束是极其严格的。从康熙时起，就为皇子教育定下了严规。身为皇家子弟的绵宁和他的兄弟们，从四五岁起，每天都要在后半夜的三四点起床，打着白色的小宫灯通过隆宗门，进无逸斋书房，开始几乎不间断的六小时学习。中午两个小时的吃饭休息之后，从下午一点到七点，皇家子弟们除了要复习上午的功课，还要在皇宫内院的武术场练习骑射、拳术、刀法、摔跤以及火枪射击。据统计，绵宁和他的兄弟们每天习文练武的时间长达13个小时，天天如此，"无间寒暑"。这还是祖宗定的规矩，个人出于兴趣和志气而主动加班加点习文练武的就忽略不计了。可想而知，有志于习武的绵宁在皇家演武场上，抛洒了多少年轻的汗水。他拉断的弓、射出的箭应该无以胜数。成年之后，他成为一名具有相当专业水准的武术家，除了精通满人传统的骑马、射箭和摔跤之外，还对刀法研究精深，甚至自创出一套“二百连环刀”。因为皇家禁忌以及年久失传，我们如今难以亲眼目睹这套刀法的神奇，但是完全可以遥想当年英姿勃发的绵宁在月光下持刀而舞的风采，想必是“刀出梨花飞，剑舞秋月白”吧。与传统的冷兵器相比，绵宁似乎对火枪射击技术更为热衷，他不但熟悉各种中外枪械，而且对射击术颇有心得。多年之后，已为皇帝的他在一份臣下的奏折上大谈鸟枪的用法和自己的射击心得。他说：“鸟枪非炮可比，不必论以轻重。朕自幼练习，深知此法，五斤至七八斤均可，全看人技艺如何。打枪之法，全在随机智巧，非靠膂力也。”侃侃而谈间，我们可以想象他的内行。

如果那时候便有国与国之间的现代奥林匹克运动会，如果顾拜旦能早生一百年并敢于邀请中华帝国的皇帝赴会，那我们的绵宁，想必会如一百多年后的许海峰一样，为大清帝国一枪打下一块黄澄澄的金牌。

1820 年，嘉庆皇帝突发疾病死于热河避暑山庄。38 岁的绵宁旋即登位，成为道光皇帝。武术达人带领下的帝国又在暴风雨来临之前，貌似平静地度过了二十年时光。

3

东南一声炮响，英国人来了。

其实英国人早就来了，当老努尔哈赤穿着树皮鞋跟着满洲祖先们在白山黑水间挖参猎熊的时候，伊丽莎白资助的德雷克海盗们便已经驾驶着骷髅头高悬的双桅帆船漂洋过海到了印度，并成立了后来影响整个东方世界的东印度公司。大海是最广阔通达的道路，英国人的船头早晚会撞到大清帝国的海岸上。两个兴起于十七世纪的国家一旦越海相遇，世界便要在疼痛中改变。

当林则徐在广州虎门点燃了英商义律的鸦片，当火光与浓烟冲天而起的时候，远在北京的道光皇帝——武术达人绵宁肯定有某种快意。但他并不知道硝烟的火光熄灭之后，他和他的帝国将要与陌生的世界劈头相撞。

关于林则徐与关天培的英雄壮举以及那场战争的结果已被各种各样的口吻讲述过太多次。在这些讲述中道光皇帝始终是作为一个昏庸之君被提及的。但其实，这场战争的惨败不能完全归罪于道光皇帝本人，因为他用数十年苦学掌握的所有文化都无法与正在遭遇的世界发生联系，他即使调动全部的智慧也无以解释、判断并应对眼前的变故。这就像一个在集装箱里苦练摸索术的盲人，突然被扔到了大海里，惊慌失措、大喝苦水是必然之事。

道光本人强悍的体力与超凡的武功于这场战争亦是无补。作为一国之君，他总不能轻身犯险，到广东前线施展自己的“二百连环刀”吧？假如上帝真能给他一个机会，让他与年轻的英国女王维多利亚用手枪决斗并以此决定两国胜负，那善武的中国皇帝必定会击败手无缚鸡之力的英国女王。即使女王任意指定一名英国的海盗或骑士来与道光皇帝单挑，小小英伦三岛也未必能胜堂堂中华。但时代已非上古角力之时，道光没有想明白的是，在时光的轮盘赌中，四肢的暴力早就输给了理性头脑引发的科技风暴。坐在西方工业革命蒸汽机车上的挥舞着来复枪的英国佬们早就比坐在蒙古马上的满蒙骑兵们更为强悍有力。

上帝之所以选择让一个武术达人领导的老牌帝国输给一个弱女子领导的新兴帝国，或许就是为了用这种强烈的反差来证明一个历史内部的朴素真理——旧，必破于新；新，必战胜旧。而在新旧之外，进取者胜，保守者败，创新者赢，守成者输，亦是定局。在日升于东和日落于西的古老争论中，太阳最终偏向了那个据说日不落的岛国。

对这种西方蒸汽机的破门而入，中国武术皇帝只能拔剑四顾心茫然。

不可原谅的还不是鸦片战争的失败，而是面对失败的麻木与萎靡。1843 年，大臣们在鸦片战争后将英国人使用的洋枪进呈给精通火器的道光皇帝，武术达人亲自一一试用，并认为的确是“绝顶奇妙之品”、“灵便之至”，然而当大臣们提出仿照的建议时，达人却摇头反对，并用后世琢磨不清其意图的口吻说：“仿造二字，朕知其必成望洋之叹。”仿照先进枪械怎么就成“望洋之叹”呢？是怕造不出来吗？大清朝早在康熙年间便出了兵工家戴梓这样能造“二十八响连环铳”的神匠，仿造区区洋枪易如反掌。那所谓的“望洋之叹”，其实是怕西洋之奇技淫巧破坏了祖宗的铁打江山。

浑浑噩噩近六十年后，当道光皇帝的儿媳妇慈禧太后带着光绪皇帝为躲避八国联军而失国失家、转徙于华北的荒山野岭并为之痛哭流涕时，黄泉之下的老道光不知有没有心生“望洋之叹”？

【“达”得有理】

幼年神射，享誉宫中；一枪平叛，勇武绝伦；又独创拳法刀法，深通搏击射击之道。道光皇帝可谓武术达人也！

武術達人

舌尖上的李中堂

——美食达人李鸿章

西方人说，李中堂是东方的俾斯麦。但俾斯麦却很不情愿被人说成是西方的李中堂。

也许在这个用铁与血再造德意志的巨人眼中看来，那个从安徽乡下走出来的东方大个子，其实就是一个彻头彻尾的吃货！虽然他也尽其所能并深刻而剧烈地影响了他的时代。

如果不能做一个影响世界的好中堂，那么就退一万步，做一个影响“食界”的好吃货吧！

而李鸿章——李中堂，这个为了一张填不满的口而挺身出来改变世界的人，就这样一路猛吃——吃遍了世界。

中堂实乃美食家！

1

1901 年 11 月 1 日，北京东门外贤良寺。

禅院空寂，雪落无声。咳嗽声一阵接一阵地从禅房病榻上传出，让铅灰色的天幕仿佛多了丝丝血色。

大清帝国直隶总督兼北洋大臣李鸿章的喉头像拴着一盘沉重的石磨，再也吞咽不下任何食物了。自从三个多月前代表大清与八国联军代表签署《辛丑条约》之后，这位帝国强人便因胃血管破裂而反复吐血，饮食不进。京师一隅的贤良寺，成了他最后的栖居地。

也许只有在此刻因高烧而致的深度昏迷中，这位独撑危局的老人才能暂时放下他牵挂的祖宗国土与大清白银，才能暂时忘却他忧心的帝国首都以及太后与皇帝，而将混沌的意识集中到自己流血的胃肠中来。冥冥中，他感觉到了一阵清晰的饥饿，恍惚间他记起自己其实是个特别好吃的人。一生遍吃美食无数，而人生成败荣辱，其实仅在一饭间。

昏迷中虚弱的李中堂，想起了自己那些年吃过的饭。

首先进入李鸿章混沌意识中的第一餐饭，是在安徽庐州府合肥县田间地头吃的干粮。那是道光十八年（1838），他刚刚 15 岁。那一天他同母亲在自家地里给谷子锄草，辛苦的劳作过后，他在一阵阵饥饿的肠鸣中坐下来，就着瓦罐里的水吃母亲做的干粮。干粮很硬，他年轻的牙齿使劲地咀嚼着，一任谷物的清香在口腔中弥漫。在咀嚼声中，一阵马蹄声抵达了他的耳膜。未等李鸿章反应过来，几匹快马已停在了他家地头，来人翻身下马，跪地高声报道："恭喜夫人与公子，李家老爷高中一百一十二名进士，恭喜恭喜！"

直到这时，李鸿章才明白，原来是离家多日的父亲在京城考中进士了。从此之后，父亲李文安再也不用在家开馆授徒教那些懵懂无知的乡村孩子了。而他自己的命运，从此也将不同。李家老二这么想着，将自己手里的干粮猛地一口吞下。

这块在田间地头吞下的干粮可了不得。两年后，李鸿章中秀才；五年后李鸿章得“优贡”，考取国子监；六年后，李鸿章中举人；九年后李鸿章中进士。合肥乡间李家老二在吃了那块干粮之后，只用了九年时间，便完成了帝国文人登科及第的终极梦想，从此入翰林，授编修，只等着时间的马车一步步将自己送上帝国宰相的高位。

印象深刻的第二餐饭，是在合肥乡间的一个土围子里吃的。这已经是咸丰四年（1854），31 岁的李鸿章没有在自己的七品编修生涯上继续升迁，因为他无比敬爱的咸丰皇帝在两年前的某一天突然一口气任命了 43 名团练大臣，而他李鸿章便是其中之一。这个时候，帝国的南方，已经被一群从广西金田村冲出来的农民搅得风雨飘摇。帝国需要李鸿章这样的小文官们放下笔杆子回老家拿起枪杆子保家卫国。

李老二在连续几场对太平军的小胜利之后连升三级，七品编修迅速蹿升为四品大员。但这个帝国四品大员的午饭却是这样吃的：中午时分，李大员饿急了，但土围子外面的土匪仍然死命进攻。李大员饿得实在扛不住了，就跑步来到厨房，一脚踢开门进去，见灶台上蒸的饭已熟，于是李大员一只脚踏在灶台上，一只手揭开锅盖，一只手用碗舀起米饭便吃。他不用筷子，也不吃菜，就这样一口一口地猛嚼白米饭，一边吞咽一边骂自己手下的兵丁：“快吃！吃饱了好跑路（同队快干，好跑）!”吃完饭带队疯狂败逃的李大员刚好被满族钦差胜保迎头撞上。李老二羞愧难当，顿感在安徽壮志难酬，于是卷铺盖去老师曾国藩那里吃闲饭了。

但曾国藩老师的饭不是那么好吃的，在曾国藩的饭桌上，轻狂散漫的李老二马上遭到了恩师的迎头痛击。在此刻的昏迷中，李鸿章仿佛还能看到恩师威严的眼神。曾国藩每天早上有召集众幕僚吃工作餐的习惯，早上 6 点准时吃早饭，饭间或进行一日工作安排，或总结前日工作情况，或就时事发表看法，或讨论某幕僚近日读书治学心得。按曾国藩的规矩，所有幕僚必须按时来到餐桌旁，所有人到齐之后才能开饭，所以幕僚们无事绝对不会延误。但刚到恩师府中的李鸿章却喜欢睡懒觉、吃小灶，对曾国藩的集体早餐制极其怠慢，一连数日不到。终于有一天，曾国藩忍无可忍，专门派人把李鸿章从床上提起来架到了早餐桌上。饭间，他也不教训李鸿章，等到饭毕，就在李鸿章战战兢兢的时候，曾国藩放下筷子说了一句话：“少荃，你既到了我这儿，就请好自为之。我这里没有别的规矩，一个‘诚’字，希望你能做得到!”说罢，率人扬长而去。李老二呆在那里，良久，方悟这是恩师于学问之外对自己做人办事的另一种教诲。在这张饭桌上，李鸿章渐渐学到了曾国藩修身养性的大智慧。

饥饿感愈加清晰了，昏迷中的李鸿章又突然想到，一生好吃且饭量奇大的自己也并非没有饿过。比如同治元年（1862）三月初的那几天，在开往上海的轮船上，他三天三夜，不睡，也不吃。三月七日那一天，他带领刚刚组建的十一营近万名淮军弟兄，乘坐七艘租借的英国轮船，从安庆出发驶往上海。这不是一次平常的武装行动，也不是一次平常的军事转移，而是一次近乎于自杀的军事冒险——因为此时长江下游的上海，正陷在百万太平军的重重包围之中。前往上海，就意味着深入敌后千里孤军作战。而此时轮船途经的长江两岸，遍布太平军的炮台，一旦被发现洋船里有“清妖”，那这支庞大的船队势必成为太平军大炮的活靶子。难怪上海方面开出每月六十万白银的高额军饷，但湘军诸将无一人前去。只有李鸿章，看到了这是一块巨大的蛋糕，虽然这块蛋糕的一头悬在炸药包上，但他仍然要将其弄到手。

三天三夜里，未来的李中堂隐藏在船舱里。他沉默着，像一匹真正的狼那样，阴鸷而凶猛。他不睡亦不食，无人敢靠近他。为了决定成败的那一次扑击，为了人生的那一次大升华，他用真正的饥饿，给了自己真正的清醒。三天后，在完成了千里大穿越之后，当船抵达上海码头的那一刻，年近不惑的李鸿章对着烟笼雾罩的大上海，在心里轻蔑地喊了一声："爷来了！"

就这样，他成了大清帝国独一无二、顶天立地的李中堂。而荣辱成败仅在一饭之间，也成了他难得的人生经验。

2

在那部被誉为中国历史剧第一的《走向共和》中，我们看到了李鸿章吃鱼的情景。在普遍缺乏精致刀叉的晚清时代，好吃鲈鱼的李鸿章却有一整套纯银打造的刀叉——这套精细无比的刀叉专门用来吃鱼。每一次吃鱼的过程，对李鸿章来说，都是一次极尽精微的探幽求胜。他像庄子笔下那个游刃有余的庖丁，又像白居易诗里那个琴技超群的琵琶女，把自己盘子里那条鲜美的松江鲈鱼当成一条牛来条分缕析，当成一具琵琶来轻拢慢捻抹复挑。他精细而无微不至的刀叉，既发掘出了松江鲈鱼最高的营养价值，也让吃鱼者获得了至高无上的快感。

每个月就要吃掉两艘战舰、一顿饭要吃几百道大菜的慈禧老佛爷问李鸿章："你这么大年纪了，耳不聋眼不花，是不是有什么秘诀啊？你工作这么忙，为什么还这么精神呢？"李鸿章只答了八个字："食不厌精，脍不厌细。"

李中堂好吃，其一生胃口极好，饭量极大，东西南北，吃遍天下。若吃饭也能像如今的艺术一样"考级"，那李中堂吃的水平一定已经超越了"吃货"级别，而达至美食家之林。

善于以美食养生的李中堂，饮食起居绝对是有板有眼的。他的规矩从早晨5时开始：早5时进一碗稀饭、四碟小菜；早6时，进白煮鸡蛋加醋、鸡汤、米糕；午时，进米饭、绿豆粥、蒸鱼、炖肉、炒猪肝、马铃薯等。而每次饭后，他都要照例喝一碗粥、一杯清鸡汤，外加一杯家人用人参和黄芩配置的"铁水"。饭毕，中堂脱去长衫在廊下踱步，散步的时候，有专人在一旁记数。当仆人大声禀报"够矣"时，中堂便止步回屋，坐到椅子上闭目养神。

甲午年后，李中堂美食家的名声伴随着其遍游列国的壮举而蜚声海外。这一次出访，以1896年4月李中堂率队赴俄庆贺沙皇尼古拉二世加冕典礼开始。这一次赴俄，中堂大人不但带足了中国的粮肉蔬菜，连做饭用的全套厨具和吃饭用的桌椅也带上了。此外，中堂大人还带了大量的中国名酒、名茶以及用中国天然瓦缸泥封口的矿泉水，以作烹茶之用。而供佐茶的各类小吃，如宫廷秘制的桂花皮蛋他也没忘带。更令人惊奇的是，中堂的几名亲信侍卫还抬着一口硕大而豪华的金漆大棺材随行，让人颇怀疑李中堂有怕自己吃不惯外邦饮食而饿毙于海外的担忧。这口棺材一直跟随着李中堂走访俄、德、法、英、美诸国，绕行了大半个地球。

中堂到了俄国，俄国人为讨其欢心，特地为其请来了身怀绝技的中国厨师。他们给李中堂所做的东西，不但菜肴是地道中国式的，连茶水和点心也是地道的中国味道。

在英国，李中堂一边会见英国女王，一边威严地在英国各处精美的地毯上随地吐痰。吐痰之后他顿感口中寡淡无味，便叫来厨子炖狗佐餐。第二日，中堂已故的老朋友——著名将领戈登的夫人便接到了中堂大人的感谢信——前一日，尊贵的夫人刚刚送给李中堂一条名贵的英国小狗。中堂在信中说："我都七十多岁了，吃不了多少东西，但夫人您送给我的这条小狗真是美味啊，让我大快朵颐一番!"（老夫耄矣，于饮食不能多进，所赏珍味，咸欣得沾奇珍，朵颐有幸!）

吃完英国小狗，李中堂抹着嘴乘坐"淑女沙龙"号穿越大西洋到了美利坚。美国举国轰动，总统中断休假特来迎接。1896 年 8 月 31 日，美国总统举行国宴款待李中堂。美国方面预先准备了山珍海味俱全的豪华菜单并为之沾沾自喜。不想数日后，当美国人应邀参加李中堂为他们举办的答谢宴会时，才明白他们先前摆下的国宴对于中堂大人而言不过是一碟小菜，李中堂完全用自己带来的中国菜蔬，为美国人办了一次具有中国皇家气派的国宴。一百多道大菜按照中国天干地支的排列鱼贯而上，每道菜都有富有中国吉祥诗意的专门名称：福如东海鱼、寿比南山掌、貂蝉如意汤、贵妃鸡、嫦娥饼，不一而足。这些大菜皆为秘方配置，仅调料中就配有一百多味中药，但食之鲜美，药味全无，参加宴会的美国官员无不倾倒。

而李中堂却似乎吃不惯美国饭。在席上，中堂大人经常将中西菜肴"拌于一盘而食之"，好像这样才能勉强找到味道似的。尴尬的美国厨师急中生智，后来专门为中堂大人制作各种杂烩菜来迎合他的口味。今日，美国许多中餐馆都有一道名菜曰"李鸿章杂烩"，这可谓是中堂大人无意间为饮食文化作出的贡献。

3

美食家李鸿章平生爱吃鱼，但有些鱼，作为大清最高外交家的李鸿章却是不能吃、不忍吃、不愿吃的，比如日本的河豚，尤其是日本马关春帆楼上鲜美的河豚。

1895 年 3 月 14 日，李鸿章作为中国谈判代表，前往日本马关为大清朝的甲午兵败收拾残局。日本人伊藤博文或许知道李中堂性喜食鱼，故选了一个极富中国诗意且以河豚驰名的地点——春帆楼为进餐地，但这个美丽而美味的名字却是不折不扣的耻辱之地。李鸿章知道，自己是来割地赔款背“卖国”之骂名的。或言之，自己不是来春帆楼上吃鱼的，而是作为一条活鱼来接受日本人的宰割的。

谈判过程中，虽然明知自己已为日本人砧板上的鱼肉，但李鸿章依然姿态强硬。按捺不住的日本人于是喂了一颗子弹给不吃日本河豚的李鸿章当点心—— 一名日本刺客拦轿掏枪，对着李鸿章的脸开了一枪。子弹卡在脸部的骨头缝里，离左眼只有半寸。剧痛中的李鸿章特意命侍从不要洗他换下的血衣——“此血可以报国也。”

劳劳车马未离鞍，临事方知一死难。三百年来伤国步，八千里外吊民残。

秋风宝剑孤臣泪，落日旌旗大将坛。海外尘氛犹未息，请君莫作等闲看。

1901 年 11 月 7 日，在国人口中做了六年“汉奸”的李鸿章，因签订《辛丑条约》而吐血禁食的李鸿章终于去世了。79 岁的帝国重臣在咽气前，努力地转动着沉重的喉头，用游丝一般的嗓音口占一首诗，句句悲怆，字字带血。

【“达”得有理】

中国历史上第一个不但善吃、会吃，而且吃遍了世界并把中华美食带向全世界的人。

美食達人

我的成功我做主

——社交达人张謇

大清同治十年（1871）四月初的一个风雨之夜，江苏如皋县城，一个18岁的青年书生在万般无奈之下选择了逃亡。

无人能够想到，二十三年之后，这个书生会成为帝国声名显赫的状元郎；更没有人会想到，他在高中之后，会主动放弃正统仕途，投身于广阔的中国社会。他用自己的大脑摆平了黑白两道、三教九流，在实业、文教、政治、慈善等诸领域成为开风气之先并影响中国社会走向的大佬级人物。

这位大佬有一个让后来很多学历史的孩子深感困惑的名字——张謇，孩子们在考卷上常常把他的名字错写成两千多年前通西域的那个张骞。其实二者不难区分，晚清民国时代的大佬张謇摆平世界靠的是一张正直敢言的铁嘴，所以他的名下必有“言”，而西汉的大冒险家张骞摆平西域靠的是四条马腿（当然还有两条人腿），所以他的名下必有“马”。

在中国各种分门别类的史书中，张謇这个名字被分解成实业家、教育家、社会改良家、慈善家、农垦家、水利家等不同的身份，但归根结底，在张謇不同的身份之下，是他作为一个社交家的本来面目。

让我们来看张謇的社交网络，并从中领悟人生即社交这一哲理。

1

天地君亲师，师徒如父子。作为一个读书人，张謇社交网的第一层便是他的老师们。但就社交层面而言，给张謇上课的老师显然不如不上课的老师。

张謇拜过两个不上课的老师，第一个老师便是张謇老家江苏南通的市领导（通州知州）孙云锦。张謇与孙云锦的师生之谊和半生交往，皆源于张謇青春期的一次“错误”。这一由张謇家长和私塾老师共同造成的错误，差一点把张謇本人和其家庭送入万劫不复的深渊。

本文开头我们描述了张謇在风雨之夜从如皋城逃亡的情景。夜幕沉沉，乌云如墨，张謇穿着钉鞋冒着大风密雨在泥淖中一路狂奔。街上泥水及踝，不时吸掉他的鞋子。他之所以逃亡，是因为他风闻县吏将要前来缉捕他，而县吏之所以缉捕他，是因为他“冒籍考试”。所谓“冒籍”，就是你顶着别人的名头去参加科举考试并获取了国家的功名。这罪名在大清朝，往小了说就是该生道德败坏，往大了说就是欺君罔上，万恶不赦。那张謇为什么要“冒籍”呢？这完全是因为清朝考试制度的一大弊端所致——清朝科举制度规定，祖上三代没有学官或入学为生员者，被称为“冷籍”，其子弟没有报考资格。要想考试，就得找同族有脸面的人来给你担保，要不，就得冒用别人的名籍去参加考试。张謇的父亲张彭年和其老师宋璞斋在反复掂量之后，决定让张謇认如皋人张駉为祖父，让他冒充张駉的孙子张育才去参加如皋县的科举考试。张謇经过千辛万苦的努力，终于获得秀才称号。但没有想到的是，张謇所认的祖父张駉，其实是一个大烟鬼。他不但提前收取了张謇家高额的“冒籍”费用，而且在张謇中秀才后，还反复向他家敲诈勒索，一旦敲诈不成，便威胁要去学部（教育局）告发，革除张謇的功名。张家有苦难言，只好打掉牙和血吞，甘作张駉兄弟砧板上的鱼肉，几年之内，被敲诈一千多两白银。一个小康之家，几乎被毁。虽然张家一忍再忍，怎奈张駉一再催逼，最后张謇只好连夜奔逃，从如皋逃回了南通。回南通之后，张謇即向学院递交了一份报告，主动承认了自己的“冒籍”之罪，并陈述种种被逼受辱的苦衷，主动要求革除自己的秀才功名。

在这个危急时刻，地方领导孙云锦就站出来了。他爱张謇之才，惜张謇之命，于是伸手相助，通过各种关系，最后把张謇的秀才功名给保了下来。“冒籍”事件是社会大课堂给张謇上的第一课，在这节课的末尾，张謇拜了救他一命的孙云锦为不上课的老师。

张謇的第二个不上课的老师是翁同龢。翁老师可了不得，他除了有张謇这么一个门生，还有另一个门生叫载湉——光绪皇帝。翁同龢作为当朝帝师，怎么会收农家书生张謇为门生呢？

这是因为张謇的一篇文章。29 岁的张謇所写的一篇论述中朝关系的论文《朝鲜善后六策》传入京城后，翁老师一看大为赞赏，于是命令各路人等密切关注这个张謇，随时准备提拔。怎么个提拔法呢？那就是在科举考场上特殊关照张謇，不让他这个有超级才华但出身寒门的人才被埋没、被打击，用今天的话来说，就是给他一个公平竞争的机会和环境。书生张謇与帝师翁同龢因此结缘。

在翁老师的密切关照下，32 岁的张謇以全国第二名、南方第一名的成绩获取举人资格。接下来，就出现了帝师与书生的捉迷藏游戏。简单说就是翁老师认为张謇有状元之才，于是在张謇中举人之后的三次会试考试中，给予其高度关注，也就是随时准备把张謇“取”为全国第一名。但不幸的是，大清帝国科举考试是封卷的，拆封之前阅卷的老师完全不知道你判的满分是判给了哪位学生。主考官纷纷把疑似张謇考卷的那份卷子递给翁老师过目。翁老师一一细看之后，把他认为是“张謇”的那个人“取”成了状元，但不幸的是，这位幸运儿却不是张謇。

在张謇本人并不知情的状况下，这种猜谜式的考场游戏以一次比一次更严肃的形式走了三次，但每一次，被误认为是“张謇”而“取”为状元的那个人却都不是张謇。而以巨大热情投考十年而不中的张謇最后气得扔掉了考篮。他心灰意懒，决定这辈子再也不参加科举考试了。但命运总是走在他的前头，老天既然许他一个状元命，并以喜剧的形式耍够了他，自然最后也要以喜剧的形式成全他。1894 年，慈禧太后六十大寿，朝廷为此给天下读书人发了一次全体福利——除了往年的正式科举考试外，今年特开一届“恩科”。这就给了读书人又一次机会。张謇的老爹张彭年老泪纵横地央求 41 岁的儿子说：“儿啊，我知道你考得苦，但你还不老，可我老而不死啊，你就再去考一回吧！”难违父命，张謇于是再次进京赶考。

这一次考试，张謇连考试的用具都没有提前准备，临考前才一一“杂借友人”，进了考场后也是消极应试，懒散交卷。但他没有想到的是，收卷官收了他的卷子之后，直接就送到了翁同龢之手。欲“取”张謇的翁同龢这次说什么也不能再让张謇“漏网”了。他特命收卷官“坐候张謇交卷”，于是，丝毫没有心理准备的张謇不出意料地一举夺魁，成为大清状元。

就这么一个师生关系，大致就能看出张謇在朝廷及地方上的政治能量了。

2

世间白手起家的老板，几乎都是从前老板的雇员干起的。“状元实业家张謇”可谓南中国第一老板，但其也有过“跟老板，当马仔”的年月。

张謇曾经跟过两个半老板，第一个老板，同时也就是他的老师孙云锦。21 岁时，秀才张謇被他名誉上的老师、通州知州孙云锦聘为幕僚。这种相当于领导私人秘书兼智囊参谋的工作对大多数出身寒门的读书人来说都是一件美差。至于孙云锦为何不请当时的名士而单聘当时尚一文不名的张謇，我们无法得知原因，只能叹市领导孙云锦真有慧眼识人之才。而正是孙云锦，把深陷“冒籍”泥淖的张謇拉了出来，并拉着他的手，将其一步步领入人生的社交场。

张謇跟随孙云锦从南通到了江宁（南京）。在这里，孙老板给张謇每月十两银子的薪水，而当时在江宁当官的孙云锦每月俸银也不过五十两。这种将全部收入的五分之一分给雇员的好老板，真是不多见。孙老板不但在经济上照顾张謇，还将他介绍给当时南京凤池书院的院长张裕钊，让他跟随张大学者读书深造。两年后，孙云锦调任，本想让张謇跟随，但张謇因为要在当地参加科举考试，不愿远行，于是孙老板就为张謇推荐了他人生中的第二位老板。

张謇的第二个老板，是孙云锦的世交、淮军著名将领吴长庆。如果你对吴长庆和其历史地位都感到陌生的话，那就换个比较熟悉的说法——后来掌握北洋六镇新军进而侵吞辛亥革命果实成为民国大总统的袁世凯，曾经只不过是吴长庆屁股后的一个小马仔，而张謇却是吴老板身边极为倚重的机要秘书。张謇到吴长庆军中当幕僚后，不但工资涨了一倍，连待遇也涨了。吴老板作为军人，作风豪放，专门为张謇在军营旁盖了五间茅屋，供他在里面静心读书。至于工作，吴老板让张謇专门掌管机要文书，不干其他杂事。

1882年，朝鲜发生“壬午兵变”，日本乘机出兵朝鲜。张謇作为机要秘书，先跟随吴长庆到天津与代理北洋大臣张树声秘议，随即乘轮船赴朝参战。吴长庆作为中国朝鲜派遣方面军的总司令，当时身边带了一文一武两个年轻马仔。文是张謇，武是袁世凯。吴长庆入朝后，不等日本军队反应，就迅速诱捕了亲日的朝鲜国王的亲生父亲“大院君”，还政于国王本人。朝鲜国王李熙感恩戴德，于九月中旬亲自设宴招待吴长庆、张謇和袁世凯，礼节十分隆重。不知当时代表天朝军人坐在朝鲜国宴上享受无上尊荣的张秘书，是否会想起自己多年前风雨奔逃的狼狈与辛酸。

张謇跟随吴长庆一跟就是八年，经历各种人生磨砺，收获丰厚。他不仅结交了更多的朝廷名流，而且还直接参与了重大国事的决策，而他自己也在这个过程中逐步成长为一个声名显赫之人。

张謇的另外半个老板是张之洞。之所以说是半个，是因为张謇好像从来没有正式承认过张之洞是自己真正的东家，但他实际上却经常为张老板做事。吴长庆病故后，张之洞立即委托专人前来聘请张謇，但张謇早已不是当年一文不名的小后生了。对张大老板的聘请，他没有答应，而是婉言谢绝了。他先是返回老家读书种桑，积极科考，然后又着手创造大生纱厂。而正是在创办纱厂的过程中，张謇逐步与张之洞有了越来越密切的联系。坐镇中国南方的张香帅有很多事务都是交给张謇来打理的。他不但给张謇发了一张聘书，让他到江宁文正书院当院长，还经常委托张謇代为起草许多重要的请示报告。除此之外，许多通州当地的行政、文教、治安事务，他也都统统交给张謇来管理。当时的张謇已经高中状元，因父亲亡故而守制在家。他既要办纱厂，又要管书院，还要应付各种当地事务，所以充其量他也只能算张之洞的半个雇员。

除了这三位老板之外，张謇还时常给两江总督刘坤一这位晚清时代的重磅人物打打短工。有这些权倾一方的军政老板在背后撑腰，张謇的政治能量更可见一斑。

3

张謇教过很多门生。他的第一个同时也是最不成才的学生，叫袁世凯。

张謇与袁世凯相识于吴长庆军中。袁世凯当时十七八岁，从老家跑到山东登州投奔他叔叔的好朋友吴长庆。吴长庆见袁世凯浑浑噩噩，整个儿一浪荡公子相，就命他拜张謇为师，在营读书。学生袁世凯交给张老师的第一篇命题作文“则文字荒芜，不能成篇”。但张老师发现，他的这个学生虽然读书不行，但在办事上却“井井有条，似颇干练”。于是，张謇举荐袁世凯到前敌营务处任职。这样一来，袁世凯在吴长庆军中才算有了正式职务。入朝后，袁世凯因其精明和勇敢，甚得张謇赞许，更得吴长庆的器重。三年之内，他便有了接吴长庆班的意思了。但张謇没有想到的是，吴长庆被调回国以后，随军驻扎朝鲜的袁世凯马上投靠了李鸿章。

对学生袁世凯的这种背叛，张老师写了一篇八千多字的长信来痛骂自己这个不成器的学生。信中举了一条袁世凯的罪名，读来非常有意思。他说，你袁世凯随着地位的升迁，对我张謇的称呼也在不断改变。以前你叫我老师，后来叫先生，慢慢地叫我张翁，到了现在就成了张兄。我张謇其实是一个人啊，为什么你给我这么多不一样的称呼呢？难道就是因为你的地位和以前不一样了吗？因此，张謇与袁世凯绝交二十八年。

直到二十八年后的1911年，热心于政治立宪改良的张謇为了尽快促成君主立宪制在中国的实现，决定利用当时手握军权的袁世凯，他们才重又联系。当时的袁世凯表面上服从清廷的处罚，放弃手中的所有权力回老家河南彰德洹上村隐居，实际上北洋六镇的军政大权仍然把持在他的手里。张謇深知这一点，为了中国的前途，他决定摒弃二十八年的嫌隙，重新访问袁世凯。六月六日这一天，他亲赴洹上村会见袁世凯。此时的袁世凯已被磨砺为乱世枭雄，城府深不可测。他热情地接待了故人张謇，两人密室相谈，一直谈到午夜 12 时方才结束。谁也不知道他们两个人在这次夜谈中具体谈到了什么。张謇只是在当日的日记中表达了对袁世凯的好感，觉得自己的这个学生已非二十八年前可比，其对时势和国家前途的见解已经远远超出了当时的一般人，尤其是袁世凯谈到了淮河的治理，这让热衷于农业水利、关心人民疾苦的张謇对袁世凯刮目相看。而在张謇来访不久之后，袁世凯便结束隐居，出山逐鹿。他一出山，立即就把小皇帝宣统逼下了龙椅，结束了满人在中国的统治。在当时许多人的眼里，袁世凯都是实现共和的功臣。民国二年，当袁世凯出任大总统时，张謇还应邀出任了民国政府“名流内阁”的农商总长。但这一曲师生合唱并没有朝着张謇希望的方向善始善终，随着袁世凯洪宪帝制嘴脸的逐渐暴露，张謇终于认清了昔日这个不肖门生的真实嘴脸，于是在尴尬之中再次与其分手。

除了因不成器而最后成为民国大总统的袁世凯之外，张謇还以自己的学问和人格言传身教，培养出了众多后来影响中国纺织、航运、水利、教育等行业的著名人才。

4

张謇有过很多朋友，官场和生意场上的“俗朋友”就不谈了，在此单说张大佬与艺术家的交情。作为一个游走于政、商两界的生意人，张謇却与京剧大师梅兰芳相交莫逆。在南通博物苑花竹平安馆遗址围墙外，有张梅二人亲密地站立在一起交流的塑像。张謇这样一位投身实业与社会改良的大人物，竟然还操心着中国传统戏剧改革这样的事，并把这个旧戏革新以促社会改良的事业寄托到了梅兰芳的身上。二人不但大谈戏剧，还互相以诗词唱和。张大佬夸梅大师戏唱得好："有约听歌抛美睡，明朝万纸落江湖。"梅大师感激张大佬盛情，回赠道："人生难得自知己，烂贱黄金何足奇。毕竟南通不虚到，归装满压啬公诗。"除了梅兰芳，张謇还与戏剧大师欧阳予倩、刺绣艺术大师沈寿等保持着真挚而深厚的友谊。他聘请这些艺术家来南通主持工作，并积极支持他们的艺术事业。

作为一位成功的社交家，张謇一生阅人无数，看人极准，但也曾误交误信小人并深受其害。

张謇创办的大生纱厂里挂着四幅厂儆图，以生动形象的水墨花鸟画来记录办厂过程中误交的歹人。第一幅"鹤芝变相"，画的是一只眼神凶恶的仙鹤和一丛黑色的毒灵芝。这幅画讲述的是在大生纱厂初创的六董事中，沪董潘华茂（鹤琴）、郭勋（茂之）两人先积极参股，后因无利可图而中途退出。张謇由此总结，贪利小人，不可终事；第二幅"桂杏空心"画的是一桂一杏两棵树心中空的枯树。这幅画说的是上海商务局道台桂嵩庆及官商盛宣怀（杏荪）在纱厂发生危机之时，起初答应入股帮忙，后百般拖延，最终食言。张謇由此总结，言而无信，不可妄交；第三幅"水草藏毒"画的是水畔的一蓬黑色毒草，影射通州知州汪树堂、黄阶平串通一气，在纱厂资金难以周转的危难情况下，表面上拿出一万两教育基金来支持，但实际上却暗中发动当地秀才举人来反对办厂。张謇由此总结，奸邪小人，阳奉阴违；第四幅"幼小垂涎"，画的是两个小孩对一盆鲜红的果子垂涎欲滴。影射的是在纱厂经费困难时，本想把厂子出租给上海巨富朱幼鸿、严信厚（小舫），但二人乘机压价，终于无成。张謇由此总结，乘人之危者不可与之交。张謇以四幅厂儆图总结了自己一生社交过程中所受的耻辱，同时也总结出自己一生阅人的经验。

现代心理学家认为，社交是人在对外部世界的探索中认识并实现自我的过程，而人的世俗性成功与其社交程度成正比。这一理论在张謇身上得到了印证。他从社交中认识了世界，并以其成就证明了自我。

关于自己与天地宇宙的关系，他说："天地生人也，与草木无异。若遗留一二有用事业，与草木同生，即不与草木同腐。"

他留下了自己的事业和名字，注定与天地不朽。

【"达"得有理】

他是中国最大社交网络的掌控者。他的成功是社交的传奇！

针尖上舞蹈的魂

——刺绣达人沈寿

大清光绪三十年（1904）十一月十六日，一架来自江苏吴县（苏州）的通景绣屏将慈禧老佛爷的七旬寿诞推上了喜庆的珠穆朗玛峰。

老佛爷已经一连四十年没有过上一个喜庆的整岁寿辰了。想当年，四十寿诞，不争气的独子同治帝夭亡；五十寿诞，法兰西入侵；六十寿诞，倒是花了海军军费修出颐和园想好好庆贺一番来着，但东洋鬼子使坏，海上打了败仗。闹心啊，而刚刚经历过的庚子之变和巡狩西安的流离之苦，让老佛爷决定好好过过七十整寿。

而这架名为《八仙上寿》的通景绣屏简直就是对太后前四十年所有不顺遂的莫大安慰。这玩意儿实在是太吉祥、太喜庆了，简直就是贴着老佛爷的心窝窝绣出来的。最令慈禧太后喜不自胜的是，绣屏上手持莲花、脚踏祥云的何仙姑活脱脱就是年轻时的自己——那个令咸丰帝神魂颠倒的兰贵人嘛。

老佛爷欣喜若狂，连道："神品，速召沈氏觐见，赐宴！"她又命人研墨铺纸，挥毫大书"福"、"寿"二字，然后吩咐："此字赐沈氏夫妇。"

就这样，在针尖上讨生活的绣女沈氏冉冉升起在世界艺术舞台的中央，从此成为举世瞩目的刺绣宗师！

1

一介民间绣女被太后老佛爷赐宴赏字，这是大清三百年来前所未有的至高恩宠。苏州绣女沈氏于是择太后所赏“寿”字为己正名。在后权至上的晚清，这相当于是为自己的绣品请到了天下无双的名牌商标！从此之后，她的绣品上多留有“余沈寿”的落款以及“姓名常在御屏风”、“三百年来第一人”两大印鉴。这两句广告语是说，我是沈寿，我的大名永远伴随在太后身边的绣屏上，我是三百年来享此殊荣的第一人。

但这个名在帝侧、身享殊荣的沈寿，在家庭生活中却是另一种角色。在被慈禧太后赐名之前的十年中，20 岁的绣女沈云芝作为客居苏州的浙江画家余觉（兆熊）的妻子，在灶台与绣绷之间过着极其辛酸劳苦的日子。

画家余觉曾经猛追沈云芝达四年之久。画家之所以对绣女梦寐以求，是因为彼时 16 岁的绣女已以绣技名动苏州。但小吏兼古董商出身的沈父认为画家巧言令色，并非可托终身之人，故坚辞不许。画家于是死缠烂打，八方说项，并动辄以不许婚便自戕或出家相要挟。沈母怕余觉寻短见惹出事端，这才勉强应婚。但可气的是，婚后未久，余觉便将身体单薄的新娘当成女仆使唤。云芝不但要独自料理全家一日三餐，还要侍奉丈夫、婆婆以及两个小姑的日常起居，工作琐碎到要包揽小姑们的洗澡与梳头。更可恨的是，婚后未及三年，余觉便以云芝未孕为借口，一连娶了两房小妾。从此以后，沈寿不但要侍奉丈夫、婆婆和小姑，连两位小妾都得由她侍奉。她每餐得做出六个大菜供丈夫与小妾喝酒宴乐，而自己吃饭却很简单。

但日常生活的艰辛与屈辱，都不能使沈云芝忘却自己身负的使命与梦想。她在盥洗、烹调、缝补的间隙，挤出所有的时间，一头扑在绣绷之上，在针尖里追寻自己从7岁时便放飞的刺绣之梦。

苏州阊门海红坊，是苏绣艺术的摇篮。闺阁家家架绣棚，妇姑人人习巧针。生长于斯的沈云芝7岁便开始了刺绣启蒙。她跟随母亲宋氏以及姐姐沈立劈丝分线，引针度梭，分绷独绣，而且时有令人大吃一惊的绣品诞生。在长达五年的大量日用绣品刺绣实践中，云芝熟练掌握了苏绣的基本针法，小小年纪便成为一个合格的刺绣从业者。但她不满足于做一个在针尖上讨生活的俗门绣女，揣着一个隐秘的梦想，时年12岁的云芝走出海红坊的小天地，孤身前往城西的木渎古镇，投奔一个专业刺绣机构——宋三元绣庄，研习经纬天地的刺绣之艺。而艺名“绣天下”的宋三元绣庄之主，正是云芝的外婆。外婆执教极严，云芝稍有松懈怠惰，便被予以严惩。某次云芝贪睡，凌晨迟到个把时辰，竟被外婆在碗底上罚跪一炷香，直跪得小女孩的膝盖皮破血流。但外婆同时又是一个卓尔不群、性格开放的女子。一到夏天闷热的午后，她便将绣女们轰出绣房，引到后院水池边上，然后带头赤身下水，让绣女们尽情泡澡戏水。她说：“不赏自身之美，何知刺绣之道？”

正是在这样既严苛又开放的学习环境与昼夜不息的刺绣磨炼中，少女云芝慢慢褪尽了绣门小鸭的羽毛，日渐出落为刺绣行里的小天鹅。她的绣品逐渐开始“举重若轻，风韵独饶”、“能巧俱备，空际传神”乃至“化板为活，信手生风”。而至为关键的是，云芝从外婆身上，坚定了“刺绣天下”的艺术志向和追逐风潮、广纳新风的艺术心态。15岁时，云芝又大胆地走出木渎古镇，在江南各地巡游写生，以精美绝伦的《秦淮八艳》绣品向外婆交出了“毕业作品”。

未满十六，云芝便靠一缕丝线和十指春风名满江南绣界，而慈禧太后的赐字更让这位刚过30岁的苏州绣妇成为大清三百年内的第一女名人。大清商部不但赶紧赐予这位老佛爷青睐的沈寿以四品双龙勋章，而且还将其夫妇公费送至东洋日本考察刺绣之道。

1905年11月，沈寿抵达日本。正是在这个明治维新后迅速崛起的海中岛国，沈寿大范围地接触了西方绘画和摄影作品以及日本的“美术绣”工艺。西方美术讲究透视和用光用色的独特技法如一道闪电，引发了沈寿的头脑风暴。一滴接一滴的清亮露水在她的艺术狂想中逐渐映射出一轮崭新的朝阳——“仿真绣”的艺术思维就此在沈寿的大脑中喷薄而出。

1906年4月，从日本归来的沈寿成为大清新成立的绣工科总教习。在这所中国第一座皇家工艺美术学校里，沈寿在教88名皇家贵族女儿刺绣之余，将全部的精力投入融合西方绘画及摄影风格的“仿真绣”艺术实践中。

一位享誉全球的刺绣大师很快就要诞生了。

2

意大利皇后爱丽娜是世界四大美女之一。这位出生于世界艺术之都的皇宫贵妇见多识广，又“雅好修饰”，对自己的姿色极其自负，以致对世界上所有的著名画家为其所作的肖像皆嗤之以鼻。但在1911年10月的意大利都灵万国博览会上，当她看到一幅来自东方的四尺绣像时，顿时疯狂了。因为在一百种颜色的丝线构成的海洋中，她看到了自己的倒影。自己就像从海洋的泡沫中诞生的美神维纳斯那样诞生在中国丝线缠绕的唯美梦境之中。深谙绘画艺术的她带领一群意大利美术家仔细观摩后发现，这幅真人绣像仅面部深浅变化便运用了七重色彩，而金发碧眼、肩章彩饰、胸前锦佩、腰间宝带及飘飘飞舞的衣裙均一丝不苟，绽放出只有中国之丝方可具有的特殊光华与精致纹理。

这幅真人绣像的作者正是中国刺绣大师沈寿。沈寿以一张从意大利使馆找来的爱丽娜照片为底稿，从1906年开始，费时两年又四个月，方完成这幅《意大利皇后爱丽娜》。其实在赴都灵参展之前，这幅绣像已在1910年4月的南洋劝业会上获得一等大奖，当时即被估价“金镑三千，合银两万四千两”。面对如此天价，美国实业团的资本家当即就要拍板成交，但因要赴都灵参展此画没有出售。而当意大利皇后爱丽娜看到这幅绣像之后，立即通过外交途径，要以二十万意大利币购买这一杰作，并亲笔致函，将作者沈寿称为“世界第一美术家”。为了表达对这位东方刺绣大师的尊敬，对全世界画家一向吹毛求疵的爱丽娜将自己平日佩戴的钻石首饰以及镶嵌有意大利皇室徽章的五色镶钻宝星金表赠给沈寿，而意大利皇室也以皇帝之名颁发给沈寿一枚最高级别的圣玛利宝星勋章。博览会主席团的专家们更是对沈寿趋之若鹜，一致将“世界至大荣誉最高级之卓绝奖”颁给了沈寿。

这是中国刺绣首次在国际博览会上夺得的金牌，同时也是中国传统工艺美术获得的世界性最高荣誉。喜讯传回国内后，著名诗人王葆桢挥毫题诗道：“六洲生面掌中开，海国春风绣风来。博得大秦金十万，针神翻笑雪君才！”（沈寿字雪君，又字雪宧）

《意大利皇后爱丽娜》宣告了沈寿“仿真绣”的正式诞生。而在四年之后的巴拿马万国博览会上，沈寿的另一幅杰作《耶稣像》则再次撼动了西方世界的艺术心灵。这幅在东方女子针尖下呈现的上帝之子，这位在十字架上受难的宗教之神，以强大的痛感与尊贵的圣洁感染了西方观众。耶稣荆冠下斑斑的血迹，朝向苍天以寻天父的忧伤眼神以及既悲戚又坦然的面部表情，拨动了所有西方人源自宗教的精神之弦。而为了创作这一作品，沈寿采用了一百多种颜色的丝线，并突破从艺以来的所有绣法，创造性地将好多种丝线穿在一根绣针上，用“滚针”之法来表达耶稣脸部的明暗细节和肌肤毛发的各种纹路。

这幅融中西美术精华于一绣的杰作，获得当年巴拿马太平洋万国博览会特等奖，被誉为“世界最有名的艺术品”，当时估价为一万三千美金。到会的学者、专家一致公认沈寿为“全球刺绣大王”。《博览》会刊的点评是：《耶稣像》之所以能攀上艺术高峰，是由于作者在各个方面，无不领悟时尚，敢于大胆创新。而沈寿为了绣这幅作品，可谓倾尽了所有心血。她在去世前总结说，为了真正找到耶稣的“神”，她在刺绣时曾经“数十分或数十刻”地凝视着耶稣像，反复审视、琢磨，以求有所得，而忽有所得便赶紧下针，但也不过“着一二针”即停，然后继续审视。如此千针万线，真是要耗尽一个女子的精气神儿。

沈寿果然因劳致疾。从童年就开始的超负荷刺绣劳作，严重地影响了她的早年发育，而青春期昼夜不息的刻苦学艺又伤及她的“任督二脉”，让她终身不育。为人妇之后“终岁无一刻之闲”的生活，则更使这位刺绣大师生出血崩之症。对于这些艺术的代价，沈寿于心坦然，她在卧床养病的间隙，依旧刺绣不辍。

在巴拿马博览会赢得大奖四年之后，沈寿的一幅病中之作《美国女优倍克像》在纽约展览时再次轰动世界。这幅绣像，是病中的沈寿主动挑战美国女明星倍克的旷世杰作，也可以看成是一位东方艺术家对一位西方艺术家嚣张跋扈的回应。彼时的美国电影明星倍克身价亿万，屡屡在报端声言“世界无一人能呈现自己的绝色风姿，能呈现者其身价即可高过自己云云”。沈寿听闻不动声色，只托美国商界朋友觅得倍克玉照一张。数月之后，倍克在纽约的展厅里看到了自己水墨色的绣像。她狂喊一声，几乎晕倒在这幅无论从何种角度观赏都散发着强烈魅力的中国绣像上。

两万多名观众与倍克一起慕名前来围观这幅《美国女优倍克像》。连普通的观众都能强烈地感觉到，那些丝线构成的明星倍克甚至要比刚刚化过靓妆的本人更鲜活靓丽。尤其是人物面部的皮肤几乎吹弹可破，而在灯光下观赏竟似乎隐隐有水纹在其间流转。还有人物卷绕的发丝以及扑闪的眼睛，几乎就要呼之欲出。

而在来自世界各地的刺绣艺术家们看来，这幅中国刺绣的“针功”简直是难以想象的。因为在倍克的面部，千丝万线竟然找不到一丝明显的针迹。这是因为，沈寿用其出神入化的绣功使每一针的落点都隐藏在前一针之间。而在脸部肌肉细节的明暗浓淡之间，她又略施一二极其细微的短针，将美人无与伦比的微笑“捧”到了人前。

倍克说什么都要买下这幅绣像，先是砸出五千美金，继而又砸出一万美金，但大洋彼端的沈寿就是岿然不动，坚持不卖！她让人转告倍克说：“我绣此作，是想让你知道天外有天，而我的作品属于中国！”

中国状元、南通大佬张謇在听说这件事后畅谈：“嗟夫！莽莽人间，一代绣圣不忘母耳。”

从以《意大利皇后爱丽娜像》震惊世界艺坛以来，沈寿的苏绣作品连续几年在南洋劝业会等各种展会上获奖，共获得 138 块金牌、银牌，成为名副其实的世界绣圣。

3

1921 年，47 岁的沈寿在江苏南通实业大家张謇的濠南别业

"谦亭精舍"中因病逝世。

去世之前，她的身份是南通女红传习所总教习。自1911年大清灭亡后，应张謇之邀到南通办学授徒以来，沈寿在数年中教习优秀弟子150余人，其中有九名特优者日后开宗立派，领绣坛一时风骚。

沈寿在临终之前的病榻上，做了两件事。第一件是由她自己口述，由前清状元郎张謇笔录，将自己的从绣经历和刺绣心得及针法分门别类，写成了一部专业刺绣教科书《雪宧绣谱》。

《雪宧绣谱》是沈寿毕生心血的结晶，也是刺绣史上含金量最高的经典之作。该书1919年由翰墨林书局正式出版。

沈寿做的第二件事，便是收集自己病中的落发，精心绣出"谦亭"二字，赠予多年来对自己嘘寒问暖、照顾有加的状元郎张謇，以作为终身留念。

1921年，当年近70岁的一方大佬张謇与风流画家余觉为争夺沈寿的名誉所有权而各自在报纸上争风吃醋、大打笔仗之时，一枚紧捏在沈寿手中的绣花针无声地落地。

一代绣圣的香魂就这般随风飘散为水泥冢里的枯骨一坛，而刺绣江湖不老，千年万年，犹在传说着那一段金针银线的巾帼梦！

【"达"得有理】

中国传统苏绣艺术的集大成者：将西方油画引进中国传统刺绣进而开创刺绣新天地的第一宗师，中国第一所公立刺绣学校总教习，中国刺绣国际获奖排行榜第一人，第一本刺绣专业理论著作的作者及第一幅人物肖像刺绣的创作者。沈寿堪称刺绣达人。

大银幕，小老板
——影像达人任庆泰

电影，是一种工业，一种艺术，一种永恒的存在。

而在一百多年前的北京小老板任庆泰看来，电影就是个玩意儿，一个中国也必须有的西洋景儿。

为了弄出这个西洋景儿，这个小老板使尽浑身解数，拼上了身家性命，伴随一阵定军山上喊杀的锣鼓，他龇牙咧嘴地拉开了中国封建晚期的铁幕，硬生生地从后台牵出一个崭新而奇怪的“四不像”来。

他成为第一个捕光捉影的先行者，第一个在电影领域里吃螃蟹的人。有人喊他鼻祖，有人叫他达人，但他若听见了，一定会一哈腰，鞠个躬，殷勤地对你喊一嗓子：

“这位爷，这边引座儿，您老请——”

1

大清光绪三十一年（1905），是晚清乱世中非同寻常的一年。大厦将倾，风雨飘摇，一件接一件的大事让紫禁城里的老佛爷心惊肉跳，同时也给四九城里的老少爷们儿平添了茶余饭后的谈资。

这一年，先是东洋小日本和俄国老毛子在大清龙兴之地的东三省开了仗，紧接着就是怀揣炸弹的革命党人开始一次次行刺清廷宗室大臣，搅得朝野人心惶惶。更让慈禧太后老佛爷愤恨的是，这一年的八月，一个叫孙文的广东医生竟然在日本召集十七省代表，成立了什么同盟会，企图谋反篡逆，颠覆大清江山。而到了这一年的九月，老佛爷又下了一道废除科举考试的诏书，盛行一千三百年的科举制度寿终正寝，北京城大街小巷顿时出现了众多气得半疯半傻的老童生。

乱纷纷的一年间，北京城里几乎全是惊天动地的大事件，和这些大事件比起来，一个照相馆老板脑子里的奇思妙想，就实在算不得什么事儿了。但对丰泰照相馆兼大观楼影戏院老板的任庆泰（字景丰）来说，东洋人和老毛子干仗也好，革命党闹事也好，这些统统和他无关，作为一个商人，他的梦想就是把生意做亮堂。而眼下，如何才能把大观楼的西洋影戏生意做红火，才是应该大动脑筋的正经事儿。

位于北京城前门老街大栅栏西侧的大观楼，其前身叫马思远茶楼。经营照相业发了大财的任庆泰看中了这方繁华地界，于是拨巨款盘下茶楼，并将其改造成了既可以演京戏又可以放映西洋影戏的影戏院，并取皇皇大观之意，将之命名为大观楼。

作为一个富有前瞻意识的精明商人，任庆泰对新玩意儿、新技术充满了兴趣，因为他懂得这些新东西对自己生意成功的重要性。当年，他就是早早看出了照相这种新技术的重要性，才离开东北老家，远赴日本学习，学成归来后在京城开了绝无仅有的第一家照相馆并藉此发了大财。如今，任庆泰又非常敏感地意识到，比之照相术，这种源于法国的西洋影戏是一个更新的玩意儿，它势必会成为贵贱通吃、利润可观的娱乐项目。同时，作为一个早年曾在日本钻研过照相术的技术型人才，任庆泰没有费多少时间，便洞悉了西洋影戏的技术奥秘。和当时许多认为西洋影戏神秘无比的影戏经营者不同，任庆泰常常对徒弟们讲："西洋影戏和咱们照相没什么大差别，只不过是活动的而已。"这一切，让任庆泰产生了拍一部中国影戏的兴趣。而之所以要拍中国影戏，是因为西洋影戏放来放去就那么几部，而掌握片源的外国人常常待价而沽，让任庆泰这样的中国影戏院经营者很无奈。

其实，早在1896年，即世界电影诞生的第二年，被称为西洋影戏的电影便随着来往的航船越过大洋，来到了当时的东方魔都——上海。第一位将电影带到上海的人是美国商人詹姆士·里卡顿。1896年8月11日，里卡顿在上海徐园的"又一村"放映了由美国、法国人制作的电影短片，如《俄国皇帝游历法京巴里府》《吃西瓜的黑人》《脚踏赛车跑》《马由墙壁直上屋顶》等。西洋影戏乍现十里洋场，《申报》等上海滩报纸便给予了绘声绘色的报道。但任庆泰所在的北京城作为京畿重地，却直到1902年才等来了传说中的西洋影戏。当美国人在前门外的福寿堂第一次放映西洋影戏时，任庆泰便喜欢上了这一新鲜玩意儿，并立即决定投资开设自己的影戏院。但大观楼影戏院开张以来，任庆泰却遇到了当时很多中国影戏经营者共同的困难——片源问题。西洋影戏放来放去，不是戏法儿就是风景，最初的新鲜感一过，京城观众的劲头就下去了。

这且不说，最为可恨的是，西洋影戏的片源掌握在洋人手里，这些同样经营影戏生意的外国人为了挤兑中国同行，就垄断片源，每有新片，必先在洋人的影戏院中放映，像任庆泰的大观楼影戏院，用其徒弟刘仲伦的话说就是：“今天也火车进站，明天也火车进站，后天再进一回站，就得关张了！”

为了自己的戏院生意，也为了气一气挤兑自己的洋同行，任庆泰决定做那个第一个吃螃蟹的人，拍出一部中国影戏。但究竟拍什么才好呢？这又让任庆泰犯了愁。

2

任庆泰和徒弟刘仲伦走在从照相馆去大观楼影戏院的路上。一路上师徒二人闷闷不乐，因为他们虽然下了拍影戏的决定，也从东交民巷德国人开的祁罗孚洋行买回了法国式木壳手摇摄影机和 14 卷胶片，但对拍什么内容，师徒仍然心里没谱。

师徒二人正走着，就听见身后一片“借光，借光，谭老板赶场了！”的喊声。两个人回头一看，就见一辆豪华马车转过街角，奔驰而来，车前车后，跑着十几个青衣小帽的清秀随从，一边跑一边用喊声开道。刘仲伦一见这阵势，便对师傅任庆泰说：“师傅，您看人家谭老板这气派！也难怪啊，连紫禁城里的老佛爷也是‘无谭不欢’呢！这两天谭老板正演《定军山》，那是一场接一场地赶呢！”任庆泰看着京戏大师谭鑫培远去的马车，半晌呆呆地没有说话，突然，他又一拍大腿，对刘仲伦大声喊道：“有啦，有啦，这下有啦！咱就拍谭老板的《定军山》，谭老板的人气儿、影戏的新玩意儿，这样一捏合，那还能不大红大紫?!”

刘仲伦说：“师傅，这个主意是好，但咱能请出谭老板吗?”

任庆泰说："要你去自然是不能，但为师去那必然手到擒来！一切包在为师身上。"

任庆泰之所以敢说这样的话，是因为他和谭鑫培的确交情不浅。而两个人的相识竟然源于任庆泰的一声倒彩。

任庆泰从日本学成归来并在京城开办第一家照相馆之后，马上便以精明的眼光将照相馆的主要经营项目定为拍摄戏装照。二十世纪初的北京城，正是京戏被争相追捧的年头，各大名角以及热衷京戏的达官贵人都愿意请照相馆的师傅为自己拍摄戏装照。任庆泰抓住这一商机，精心拍摄，将戏装照经营成了自己照相馆的招牌项目。而要拍戏装照，就得懂京戏，要懂京戏，就得经常进戏院听戏。有一次，任庆泰在戏院里听名角谭鑫培的《飞虎山》，当时的任庆泰还是京戏外行，但看得十分认真。当谭鑫培饰演的李克用在台上纵马舞刀的时候，台下观众一连声地为其叫好。任庆泰起初闭着嘴没有发声，他皱着眉看谭鑫培在台上舞刀，当大刀斜着劈下来的时候，任庆泰突然站起身对着谭鑫培大喊一嗓子："马头掉啦！"台上的谭鑫培一愣，差点就下不来台，心说自己出道几十年，还从来没一个人敢喝自己的倒彩，今天这是哪个棒槌吃了豹子胆来这里撒野啊？忍着气将这出戏唱完后，谭鑫培打发戏院老板赶紧去把刚才喝倒彩的人给截住，叫他来后台。

照相馆老板任庆泰就这样和京戏大师谭鑫培在后台更衣室相遇了。四目相对，两个人同时在心里为对方喝了一声彩，心说："好一般人物！"任庆泰见谭鑫培板着脸不说话，就先自我介绍说："在下任庆泰，在南城前门大街上开着一家照相馆和其他几家小买卖。"还没等他说完，谭鑫培便打断他的话头，冷冷地说："这位爷，我不是问您是谁，我是想知道刚才在台下，您觉得我哪儿不合适啊？"谭鑫培心说："今天你要是说不出个一二三来，我就给你好看。"

任庆泰不慌不忙地说："谭老板，在下是外行，俗话说内行看门道，外行看热闹。咱就是看个热闹。但虽说如此，我却觉得您刚才扮的李克用有点儿问题。"

谭鑫培一惊："哦？说说看！"

任庆泰说："您看，李克用拿的兵刃是大刀吧，他是骑马打仗的将军，要真像您刚才在台上那么舞刀，这么一下，还不把自己的马头给劈到地上去？在下因此才忍不住喊了一嗓子，望您见谅！"

谭鑫培一听，噗嗤一声笑了，心说这个棒槌不是在胡诌吗？但转念一想，又笑不出来了，心想这个外行说得也有道理啊，京戏虽然讲究虚实相生，但这个动作是不是也可以改进改进，使其更加完美呢？自己演这出戏这么多年，怎么就无人看出呢？想到这里，他站起身对任庆泰施了一礼，并对身边的戏院老板说："你听好，今后任老板来听我的戏，不收戏票，雅座伺候着！"

任庆泰是个十分懂得礼尚往来的人，既然谭鑫培请自己看戏，那自己就得给谭老板照相，于是但凡谭鑫培有新戏上演，任庆泰都带着徒弟入场为谭老板拍摄戏装照，然后将照片冲洗放大后送到谭府。天长日久，两个人就成了好友，经常互相帮衬。任庆泰的大观楼影戏院开张后，谭鑫培还去为其演过压场戏。光绪三十年（1904）十一月，慈禧七十大寿，宫里来旨宣任庆泰进宫为其放电影，不想放映设备走水爆炸，任庆泰和徒弟被当成革命党刺客给下了大狱，最后还是谭鑫培在慈禧太后面前说了情，才免了任庆泰的囹圄之灾。

两个人有这一层关系在，任庆泰当然自信能请谭鑫培出山来拍西洋影戏。另外，更让任庆泰自信满满的一个重要原因是谭鑫培很快要过六十大寿了，自己若以为其献礼为由头，邀其出山拍影戏，他还能不答应吗？

任庆泰于是雄赳赳地向谭府走去。

3

“谭老板，您的六十大寿马上就要到了，庆泰不才，想为您拍一件好东西当寿礼，今日特到府上，与您老商量。”任庆泰小心翼翼地提出了自己的请求。

“景丰，你太客气了。是要照相吗？这些年来，你为我照的相形神俱全，我谭派京戏若能传之后世，有景丰你一份功劳啊！”谭鑫培品着刚沏的香茶说道。

“谭老板，您老的风采哪是一张照片能放进去的啊？我这一回，是想给您拍一出影戏。您只管在台上唱，我在下面给您拍，就像西洋影戏那样。您看如何？”任庆泰心想，自己说得这么周全，谭老板还能不答应吗？

但万万没想到，谭鑫培干脆利落地回了一声：“拍影戏？不成！京戏讲究唱念做打，一照西洋影戏，京戏就成了哑巴戏。我不能照！”

任凭任庆泰百般请求，谭鑫培就是不愿意，任庆泰只好灰溜溜地回家了。

三日后，任庆泰带着徒弟又敲开了谭府的大门。

“谭老板，我还是要请您拍西洋影戏！”

“景丰，我说过了，我不照哑巴戏！你不要让我为难嘛！”

任庆泰呵呵一笑，朝后面一挥手，徒弟刘仲伦急忙搬出一个蒙着红绸缎的大物件。打开一看，这竟然是一个带着大喇叭的西洋唱片机。

任庆泰在唱机上放了一张唱片，唱针旋转，客厅里立即传出了

《定军山》唱腔。

谭鑫培一惊，忙问："这，这是谁唱的啊？"

任庆泰笑着说："这是我唱的。谭老板您看，咱先把您老的唱腔灌到这张唱片里去，拍影戏的时候，放开这唱机，唱念做打不就齐活了吗？有了这声儿，再配上我给您照的影儿，您就擎好吧！"

谭鑫培念叨着"影儿配声儿，声儿配影儿"，终于满意地点了点头。

1905 年 7 月，北京宣武区南新华街，丰泰照相馆的院子里传来了京戏《定军山》开场的铿锵锣鼓声。只见照相馆的廊柱之间挂起了一块布幔，京戏名宿谭鑫培一如往常上演着戏里的老黄忠。但与往日不同的是，这一回他的对面不是听戏的观众，而是一架影戏匣子——任庆泰指挥徒弟刘仲伦，用一台法国匣式手摇摄影机，将台上盘马舞刀的谭鑫培摄进了胶片之中。为了让没有声音的影戏看上去更有效果，任庆泰特意让谭鑫培演了《定军山》中的"请缨"、"舞刀"、"交锋"三个场面，这些场面的动作、舞蹈、表情都十分精彩，特别适合影戏这一视觉娱乐项目。

这部总长八到十分钟的影戏拍了整整三天。拍完之后，任庆泰忙着冲洗，并和刘仲伦等徒弟多次观看了这部片子。这一年的 10 月，在谭鑫培的六十大寿仪式上，任庆泰为谭鑫培及其亲友亲自放映了这部影戏。消息不胫而走，当第二天大观楼影戏院上映《定军山》时，北京城里万人空巷，各色人等争先恐后，不惜重金，但求一睹《定军山》为快。直到二十世纪三十年代，当《定军山》在北京各大影戏院上映时，仍然时有"万人空巷来观之势"，该片还被运到江苏、福建等地辗转放映。

《定军山》大热，使任庆泰十分兴奋，他又趁热打铁，邀请各路名角，连接拍摄了《青石山》《收关胜》《艳阳楼》《白水滩》

《金钱豹》等京戏片段电影。直到1909年，丰泰照相馆失火，任庆泰的电影拍摄活动才告终止。

无声电影《定军山》的拍摄和放映，象征着中国电影的诞生。商人任庆泰当时想的仅仅是拍一部自己的影戏，红火自己的影戏院生意，但他没想到自己一不留神，竟然拉开了中国电影的帷幕，开启了一个崭新而伟大的时代——1905年，中国电影在北京大观楼诞生。这一年，距狄克逊发明电影机十六年，距法国的卢米艾尔兄弟放映世界第一部电影《火车进站》，仅仅十年。

【“达”得有理】

他是拍出中国第一部电影并将中国电影事业送入一个新时代的先行者，任庆泰因此青史留名。

影像達人